Os carnavais de rua e dos clubes na cidade de São Paulo

FUNDAÇÃO EDITORA DA UNESP

Presidente do Conselho Curador
Marcos Macari

Diretor-Presidente
José Castilho Marques Neto

Editor Executivo
Jézio Hernani Bomfim Gutierre

Conselho Editorial Acadêmico
Antonio Celso Ferreira
Cláudio Antonio Rabello Coelho
José Roberto Ernandes
Luiz Gonzaga Marchezan
Maria do Rosário Longo Mortatti
Maria Encarnação Beltrão Sposito
Mario Fernando Bolognesi
Paulo César Corrêa Borges
Roberto André Kraenkel
Sérgio Vicente Motta

Editores Assistentes
Anderson Nobara
Denise Katchuian Dognini
Dida Bessana

Reitor   Wilmar Sachetin Marçal

Vice-Reitor   Cesar Antonio Caggiano Santos

 Editora da Universidade Estadual de Londrina

Diretora   Neide Maria Jardinette Zaninelli

Conselho Editorial   Neide Maria Jardinette Zaninelli (Presidente)
Ângela Pereira Teixeira Victória Palma
Francisco Cesar Alves Ferraz
Joice Mara Cruciol e Souza
Maria Luiza Marinho
Marta Dantas da Silva
Odilon Vidotto
Pedro Paulo da Silva Ayrosa
Roberto Buchaim
Rossana Lott Rodrigues

ZÉLIA LOPES DA SILVA

OS CARNAVAIS DE RUA E DOS CLUBES NA CIDADE DE SÃO PAULO
METAMORFOSES DE UMA FESTA
(1923 – 1938)

Direitos de publicação reservados à:
Fundação Editora da UNESP (FEU)
Praça da Sé, 108
01001-900 – São Paulo – SP
Tel.: (0xx11) 3242-7171
Fax: (0xx11) 3242-7172
www.editoraunesp.com.br
feu@editoraunesp.com.br

Editora da Universidade Estadual de Londrina
Campus Universitário
Caixa Postal 6001
86051-990 Londrina PR
Fone/Fax: (43) 3371-4674
www.uel.br/editora
e-mail: eduel@uel.br

Dados Internacionais de Catalogação na Publicação (CIP)
Catalogação na publicação elaborada pela
Bibliotecária Neide Maria Jardinette Zaninelli/CRB-9/884.

S586c

Silva, Zélia Lopes da
  Os carnavais de rua e dos clubes na cidade de São Paulo: metamorfoses de uma festa (1923-1938) / Zélia Lopes da Silva. – São Paulo: Editora Unesp; Londrina: Eduel, 2008.

  il.
  Inclui bibliografia
  ISBN 978-85-7139-857-3 (Editora Unesp)
  ISBN 978-85-7216-492-4 (Eduel)

  1. História do carnaval. 2. Carnaval de rua. 3. Carnaval – São Paulo. I. Título.

CDU: 394.25

Este livro é publicado pelo projeto Edição de Textos de Docentes e Pós-Graduados da UNESP – Pró-Reitoria de Pós-Graduação da UNESP (PROPG) / Fundação Editora da UNESP (FEU)

Impresso no Brasil / Printed in Brazil
Depósito Legal na Biblioteca Nacional
2008

A Fundação Editora da Unesp e a Eduel são afiliadas à

Asociación de Editoriales Universitarias de América Latina y el Caribe

Associação Brasileira de Editoras Universitárias

Dedico este livro à minha mãe Dudu, a leitora mais assídua dos meus trabalhos, e a todos aqueles que contribuíram para sua realização, com sugestões, indicando materiais ou dando apoio afetivo. Sem a cumplicidade e o envolvimento dos amigos, seria impossível transpor os momentos de isolamento e da falta de glamour de algumas fases da pesquisa.

*"[O Carnaval é] a filaucia da classe privilegiada
a tripudiar covardemente sobre a inconsciencia letargica das
multidões esfarrapadas e famintas."*
(A Plebe, *21 fev. 1920).*

Agradecimentos

Algumas considerações são necessárias sobre este livro. Por ser originalmente uma tese para livre-docência, muitas pessoas precisam ser lembradas, pois a elaboração de trabalho dessa natureza também tem seus momentos de enfado e de solidão, o que torna a colaboração e o apoio dos amigos imprescindíveis. A preparação para o concurso de livre-docência não é diferente, pois, além de ter que superar os contratempos peculiares a qualquer pesquisa e os apelos da vida que continua o seu ritmo inexorável, não existe a figura reconfortante do orientador. A vontade, sempre reprimida, de *sair por aí*, atendendo aos apelos do entorno, as frustrações decorrentes das muitas interrupções em razão dos compromissos de trabalho tornaram mais longo esse processo e, com isso, a sensação de algo... sem fim. Mas, graças ao apoio dos amigos, esse percurso, tão solitário, tornou-se mais ameno. Com isso, foi possível resgatar a emoção da descoberta e o gosto da pesquisa, sobretudo de um tema que tocou de perto o desejo sutil de captar, mesmo que fugidiamente, a direção dos diversos olhares que se projetaram para os festejos de Momo. Nesse mergulho, emergiu a vontade enorme de entender os sentidos do cômico e do humor, presentes nas fantasias, brincadeiras e máscaras dos foliões que viveram as agitadas décadas de 1920 e 1930, cuja similaridade pouco restou em relação aos dias de hoje.

Dito isso, gostaria de agradecer o apoio de todos aqueles que, de uma forma ou de outra, colaboraram de diferentes maneiras para finalização deste texto: os amigos Janete Leiko Tanno, Gilmar Arruda, José Carlos Barreiro, meus familiares, em especial Marilene Lucena e Sebastiana Lopes da Silva, sempre solidários; os colegas de departamento, os meus alunos, os médicos que trataram de minha saúde e aqueles que me socorreram, localizando materiais ou dando dicas sobre as possibilidades de pesquisa em arquivos alternativos aos convencionais.

Meus agradecimentos aos bolsistas Pibic/CNPq, Fábio Augusto de Oliveira Santos e Marcos Paulo Ferreira, que empreenderam comigo o caminho de localização, leitura e discussão de materiais diversos que enfocavam o carnaval brincado no Rio de Janeiro e em São Paulo. Os agradecimentos deslocam-se, igualmente, às agências de financiamento que colaboraram no apoio a esta pesquisa, em especial ao CNPq pela bolsa-pesquisa de dois anos. O auxílio de apoio à pesquisa concedido pela Fundunesp foi fundamental, pois permitiu fotografar as imagens que foram utilizadas neste livro, quando não havia o conforto dos aparelhos modernos, como as máquinas de digitalização ou câmaras digitais, que facilitam a reprodução dessas imagens.

Sumário

Prefácio   15
Introdução   17

1   As diferentes percepções sobre o carnaval   43
    A pândega carnavalesca e seus múltiplos sentidos   43
    Os tipos e as figuras invadem as ruas e os salões   58
2   O carnaval dos anos 1930: metamorfoses de uma festa   125
    Os caminhos da nacionalização do carnaval brasileiro   125
    A oficialização do carnaval paulistano   148
3   A presença das mulheres nos carnavais da cidade   199
    As mulhers divertem-se nos festejos dos Dias Gordos   199
    As fantasias de carnaval   225

Considerações finais   241
Referências bibliográficas   245
Anexos   255

A lua ainda não nasceu
A escuridão propícia aos furtos,
Propícia aos furtos, como o meu,
De amores frívolos e curtos,

Estende o manto alcoviteiro,
A cuja sombra, se quiseres,
A mais ardente das mulheres
Terá o seu único parceiro

Ei-lo. Sem glória e sem vintém,
Amando o vinho e os baralhos,
Eu, nesta veste de retalhos,
Sou tudo quanto te convém

Não se me dá do teu recato
Antes, pulido pelo vício,
Sou fácil, acomodatício,
Agora beijo, agora bato

Que importa? Ao menos o teu ser
Ao meu anélito corruto
Esquecerá por um minuto
O pesadelo de viver

E eu, vagabundo sem idade,
Contra a moral e contra os códigos,
Dar-te-ei entre os meus braços pródigos
Um momento de eternidade...

(Manuel Bandeira, "O descante de Arlequim", 1919)

Prefácio
Carnavais, mulheres, experiências humanas

Este livro de Zélia Lopes da Silva dá continuidade a uma série de estudos e publicações que essa pesquisadora desenvolveu desde os anos 70 do século XX, e que foram divulgados a partir da década seguinte. Sua rica formação (graduação na UnB, mestrado na Unicamp, doutorado na USP), somada à importante experiência docente na rede de ensino básico e fundamental e na Unesp (campus de Assis), resultaram num percurso intelectual em que mudanças não apagaram experiências anteriores, podendo, sim, superá-las num sentido de alargamento e profundidade. Em termos do fazer historiográfico, isso significa a preservação de uma memória do saber, que não se esconde num *dernier cri* para fazer de conta que não se pensou por outras vias – como, lastimavelmente, chega a ocorrer com outros autores menos seguros. Mudar não é se negar, é tornar claras transformações necessárias de uma trajetória coerente, em diálogo com o mundo onde ela se dá. Como é coerente a trajetória de Zélia.

É assim que as brilhantes reflexões sobre condições de vida de trabalhadores pobres, presentes em sua dissertação de mestrado (Silva, 1990), se desdobram em reflexões sobre o debate institucional e a produção cultural (literatura, pintura, caricatura), estudados em sua tese de doutorado (Silva, 1999), para atingirem, na tese de livre-docência que serviu de base para o atual livro, experiências de corpo e gênero, ao redor de carnavais paulistanos.

Apresentada de maneira tão sucinta, Zélia pode aparecer para o leitor como escritora bissexta de dissertação e teses: nenhuma imagem seria mais enganosa que essa. Nossa autora pode ser comparada a uma paciente bordadeira artesanal (o que, aliás, também é). Ela constrói, no ponto-a-ponto de aulas cotidianas, funções administrativas e pequenos artigos, um trabalho que, de vez em quando, atinge a dimensão física de livro, sem ser menos importante em termos qualitativos que este. E dedica tanta atenção a questões teóricas gerais quanto ao dia-a-dia de ensino e gestão universitária.

Para falar de carnavais paulistanos, Zélia utiliza múltiplas fontes de pesquisa, com destaque para imagens impressas (ótimos comentários sobre caricaturas e ilustrações), informações sobre locais de bailes e um cipoal da vida administrativa que gerencia parte importante daquelas festas. Nesse mundo, as fantasias aparecem como referenciais de identidades que o zelo erudito procura destacar, misturadas ao mundo de fazeres cotidianos que a festa suspende temporariamente, mas não abole. A imagem romântica de um carnaval sempre democrático e popular é bem temperada pelas observações de Zélia, que evidenciam os poderes de elites e a multiplicidade de cenários. Assim, as hierarquias sociais se mantêm nas festas, talvez um pouco misturadas por diferentes modalidades de desobediência, mas sempre presentes. E a fluidez público/privado impede transformar a história da vida privada numa panacéia para todos os males.

A capacidade de Zélia para evidenciar nuances e possibilidades torna este livro uma referência muito importante tanto para o conhecimento do carnaval paulistano, quanto para o entendimento da diversidade dos carnavais brasileiros. E faz o leitor torcer para que este livro não acabe ou o próximo livro da mesma autora venha logo.

Evoé, Zélia! Evoé, História!

MARCOS SILVA
Professor-titular da Faculdade de
Filosofia, Letras e Ciências Humanas
da Universidade de São Paulo (USP)

Introdução

O carnaval brasileiro, festa símbolo da Nação, nem sempre despertou interesse ao pesquisador, ao contrário do que se poderia imaginar. A expectativa, ao iniciar esta pesquisa sobre o carnaval em São Paulo, era lidar com um tema exaustivamente pesquisado nas áreas das humanidades, o que não ocorreu em que pese o assunto ter sido tematizado em representações diversificadas.[1]

Perpassando espaços culturais distintos, os festejos momescos foram abordados por intelectuais diversos, compreendendo campos diferenciados de elaboração, como as artes plásticas (pintura, desenho, caricatura), a fotografia, a literatura, os meios de comunicação de massa do período e a imprensa periódica de grupos étnicos e correntes políticas das classes populares. Todas essas elaborações demarcaram, a partir de ótica própria, percepções estéticas singulares sobre os significados atribuídos a tais festejos pelos segmentos sociais que viveram nesse período.

Pensando a questão em termos mais amplos, diria que os estudos sobre *o carnaval brasileiro* não atingiram a magnitude e a importância que esses festejos passaram a ter para os brasileiros. Foi tradicionalmente tema de interesse de pesquisadores do folclore, de jornalistas, de foliões, de antropólogos, de sociólogos e, mais recentemente, de historiadores. Os primeiros trabalhos produzidos

---

1 Este texto é a versão revista de minha tese de livre-docência na área de História do Brasil, defendida em junho de 2004, na Unesp, campus de Assis. Ela contou com as instigantes leituras dos professores doutores Laima Mesgravis e Marcos Antonio da Silva, da USP; Rachel Soihet, da UFF; e dos professores Beatriz Westin Cequeira Leite e José Carlos Barreiro da Unesp, campus de Assis, a quem agradeço pelas muitas sugestões feitas na ocasião, dentre elas a elaboração dos mapas indicativos dos folguedos na cidade. Procurei, na medida do possível, incorporá-las ao texto.

no campo das Ciências Sociais surgiram no início dos anos 1970, como nos informou Olga von Simson (1989). Essa autora traçou o percurso do debate, assinalando que ele teria ocorrido primeiro entre os jornalistas e, somente nos anos 1970, tornou-se tema de pesquisa dos cientistas sociais. Posteriormente a essa fase, os próprios foliões, organizadores da festa, preocuparam-se em refletir sobre o folguedo. No campo da História, o carnaval somente tornou-se objeto de reflexão dos historiadores nos anos 1980, sendo essa participação ainda insignificante em relação às outras áreas.

Os principais trabalhos trataram dos festejos que ocorreram no Rio de Janeiro, este sim bastante estudado. Até mesmo o carnaval praticado em São Paulo foi pouco pesquisado, e essa situação acentua-se significativamente quando pensamos no carnaval praticado fora desse eixo.[2]

Entre os historiadores, José Carlos Sebe (1986), em livreto de divulgação, e Leonardo Pereira (1994) foram pioneiros. Seguiram-se a estes as pesquisas de Rachel Soihet (1998), Fábio Augusto de Oliveira Santos (2000) e Maria Clementina Pereira Cunha (2001), todas relativas ao carnaval brincado no Rio de Janeiro. Mas o interesse pelo tema ampliou-se paulatinamente. Nos simpósios da Associação Nacional dos Professores Universitários de História (Anpuh) e nas revistas especializadas da área, as notícias sobre pesquisas enfocando o carnaval praticado em diferentes espaços do país passaram a sinalizar a importância adquirida e em franca ascensão do interesse por essas celebrações nos circuitos acadêmicos e, ainda, o deslocamento das investigações para além do eixo Rio/São Paulo. Os trabalhos que apareceram no final dos anos 1990 e seguintes enfocam o carnaval praticado em outros Estados, como Bahia (Vieira Filho, 1997) e Rio Grande do Sul (Lazarri, 2001), sem, contudo, arrefecer o entusiamo pelos estudos do carnaval brincado no Rio de Janeiro.

A mobilização dos diferentes setores da sociedade em torno do carnaval, no entanto, coloca ao pesquisador múltiplas possibilidades quanto a escolhas a fazer, tal o espectro que se apresenta em relação ao próprio objeto. Por exemplo, o que privilegiar na abordagem de assunto que invadiu campos diversos de percepções? De que forma enfrentar as projeções sobre essa festa, que oscilam entre um mundo paradisíaco, livre de amarras, em oposição a um outro, sujeito a regras e normas que hierarquizavam as relações das

---

2 Sobre o aparecimento das pesquisas no campo das Ciências Sociais e da História, ver Silva (1998a).

pessoas em seu cotidiano? Parece que estaríamos diante de um confronto entre razão e desrazão.

Examinando os cenários e a movimentação dos foliões, nos diversos espaços da cidade, durante essas celebrações, percebemos que, nas visões dos sujeitos da época, emergiram percepções multifacetadas, mas também polaridades enfaticamente demarcadas que anunciam um duplo enfoque sobre o carnaval: o momento dos prazeres ilimitados e oníricos em oposição a um outro, embora prazeroso, carregado de perigos.

Na percepção onírica, os dias de folias estariam marcados por uma nova sociabilidade, cujo sentido seria dado pela quebra da ordem que reorganiza as relações entre os indivíduos. Essa idéia aparece de forma recorrente nas crônicas publicadas na imprensa e também na caricatura produzida sobre o tema.

O caricaturista Belmonte,[3] em "Carnaval" (*A Cigarra*, 1 fev. 1923) traduz, com perspicácia, a forma como tal folguedo foi caracterizado pelo imaginário social: dias de folia, quebra da ordem, inversão dos códigos e regras; o mundo de ponta cabeça, sob o comando do Rei Momo. Nesse desenho, Momo, um homem de formas avantajadas, fantasiado com máscara de palhaço, portando um bumbo a tiracolo, conduz o *Juízo*, ancião de amplas barbas brancas, ao Hospício do Juqueri. A legenda reitera esse desejo de reversão: "Momo: – Tem paciência, meu velho! Durante estes três dias tu vais ficar alli dentro...".

---

[3] Seu nome de batismo era Benedito Carneiro Bastos Barreto. Nasceu na capital de São Paulo, a 15 de maio de 1897, e faleceu em 9 de abril de 1947. Tornou-se referência em São Paulo na qualidade de intelectual, mas também se destacou com certa singularidade, na figura de caricaturista, por meio de charges publicadas nos jornais e revistas, entre os anos 1920 e 1940. O reconhecimento do público deu-se, sobretudo, pelo personagem "Juca Pato" que foi nome de restaurante, marca de café, sabonete, tango, entre outros. Herman Lima (1963) delineia as características mais marcantes do trabalho do chargista e informa que ele era preocupado com o detalhe e o refinamento da elaboração gráfica, o que torna sua charge de difícil apreensão de sentido. Isso ainda é reforçado pela erudição do autor, que geralmente recorria a fontes históricas, bíblicas e literárias, tornando as suas charges bastante herméticas, ao contrário das características desse gênero. Conclui Lima que Belmonte era apreciado "a despeito da falta de élan e de originalidade de seu traço". Começou sua carreira de artista gráfico em 1914, na revista *Rio Branco*, influenciado pelo trabalho de J. Carlos. Foi para o jornal *Folha da Noite*, substituindo Voltolino. Em 1922 foi convidado para assumir na revista *Careta* o lugar do caricaturista J. Carlos. Recusou o convite, porque não queria sair de São Paulo. Sem sair da cidade passou a colaborar com a revista e também com *Fon-Fon/* RJ. Colaborou ainda com *O Cruzeiro*, *Revista da Semana* e a revista *A Cigarra* (cf. Lima, 1963, p.1.362-72; *Folha de S. Paulo*, 4 maio. 1996, p.4; Fonseca, 1999, p.238).

Figura 1 – Belmonte, "Carnaval" (*A Cigarra*, 1923)

Criar esse universo comandado pelo "riso", pelo "chiste" e pelo "prazer" sem limites, seria o seu objetivo. Ou, pelo menos, era assim que uma parte significativa da sociedade via a festa de Momo.

No outro pólo, esse mundo dos "sonhos" e dos "prazeres ilimitados", porém carregado de perigos, emerge associado à figura do "diabo" (= o mal), que conclama todos a se submeterem às suas ordens, ou na forma mais sutil, a partir de figuras que trazem a marca do perigo, definido por um perfil que se delineia pela falta de escrúpulos e de princípios, embora carreguem as sutilezas que evidenciam suas possibilidades de sedução junto àqueles que se deixem enredar pelos seus encantos.

Tal idéia explicita-se em duas capas de *Fon-Fon*, uma no início da década de 1920 e a outra, em 1927. Na primeira, o carnaval foi visto como símbolo da permissividade e dos prazeres desregrados. No desenho, homens e mulheres (mascarados, colombina, arlequim, diabinho) dançam em volta do deus Momo, (Baco ou Dioniso!), instigados pela figura de um "diabinho", claramente desvelado. Na outra, de 1927 (Figura 2), a mesma representação, associando o carnaval aos prazeres ilimitados, foi expressa na mitológica figura de Sátiro (*Fon-Fon*, 26 fev. 1927), semideus, habitante da floresta e companheiro inseparável de Dioniso. Nessa alegoria, ele foi representado como um homem/animal musculoso, chifres e orelhas pontudas, pernas e pés de bode, veste rubra e olhar devorador, sentado à sombra de uma árvore, tocando uma flauta em atitude que evidencia a conclamação de todos a se submeterem ao seu comando. Traz, além de seus aspectos animalescos, os subjacentes atributos humanos, encarnados na figura de um homem de virilidade transbordante, bem próximo à descrição que aparece no *Novo dicionário Aurélio da língua portuguesa* (Ferreira, 1975), que o define como um *"homem devasso, luxurioso e libidinoso"*.[4] Esses elementos foram realçados em alguns traços do desenho a partir do perfil de um homem sedutor, postura que se expressa no olhar firme, nas vestes rubras, nos traços marcantes, acentuando uma musculatura vigorosa. Essa imagem completa-se com a flauta, sugerindo que seus acordes melódicos propiciariam o encantamento e o feitiço, necessários à situação. Personagem fantasmagórico vem lembrar, por meio "do burlesco primário, que o riso da loucura" (Minois, 2003, p.36), em oposição ao racional, desde os primórdios, transfigura-se no elemento capaz de promover o equilíbrio das relações sociais, em que pese a irrupção dessas forças vitais irracionais ser percebida como parte constitutiva da tragédia humana.

Figura 2 – "Sátiro", capa de *Fon-Fon*, 1927

---

4 Sentido atribuído a tal figura pelo *Novo dicionário Aurélio da língua portuguesa*. Existem algumas variações para o seu perfil, que poderia ser de um animal ou de um homem (a parte inferior do corpo poderia ser de um cavalo, de um bode ou humana), embora o sentido permaneça o mesmo, sempre associado a uma virilidade exacerbada e entregue aos prazeres diversos como o sexo, as danças e as bebidas (Kury, 1992, p.353).

Cair nesse jogo de sedução significava romper os limites impostos pela vida cotidiana, muito embora tal artimanha tivesse que se enredar pelo mundo das "máscaras" e das "fantasias", que operariam a metamorfose do sujeito em personagem emblematicamente instituído durante os dias de folia.

Apesar de bastante mobilizada por esse universo simbólico arrebatador, a decisão para estudar tal tema decorreu de pistas – que surgiram no trajeto de pesquisas sobre os anos 1930, visando à elaboração de minha tese de doutorado – que sinalizavam em direção ao significativo interesse atribuído pelos contemporâneos ao carnaval e também ao debate em curso, desde o início dos anos de 1920, entre segmentos intelectuais, preocupados com a identidade do país, que discutiam sobre as conveniências ou não de sua institucionalização e nacionalização.

A busca de um perfil para o país, sintonizado aos parâmetros europeus de modernidade, aí configurada nas transformações tecnológicas e culturais, no início daquela década, impôs novos padrões estéticos e de valorização de outras práticas culturais, bem como a remodelagem daquelas consideradas arcaicas em relação aos novos padrões de civilidade, que se afirmavam internamente desde o final do século XIX (Needell, 1993). Com isso, o carnaval brincado no país, que se traduzia em um conjunto de jogos conhecido como entrudo – que desde o século XVII dividia a opinião das autoridades —, foi definitivamente considerado impróprio, por ser qualificado de "grosseiro", "sujo" e "violento".[5] Porém, tais alterações não se processaram de forma "natural". Em oposição ao velho entrudo, impunha-se o carnaval de luxo, de modelo veneziano e francês, com seus préstitos e bailes de máscaras que exibiam ricas fantasias.

A introdução da nova modalidade de festejos veio, contudo, acompanhada de proibições e de demarcação dos espaços da folia. Em decorrência das proibições, travaram-se, ao longo dos anos, verdadeiras batalhas entre autoridades e foliões que teimavam em ocupar as ruas e encenar os seus "charivaris"[6] que propiciavam o velho entrudo. Nesse embate, o carnaval,

---

[5] O Entrudo era o nome dado às brincadeiras dos Dias Gordos, introduzidas pelos portugueses no Brasil e praticadas pelas elites e por homens livres, desde o período colonial. Eram jogos diversos que compreendiam os mascarados com as brincadeiras do "Você me conhece?", as batalhas de água, farinha, cinza ou de laranjinhas de cera perfumadas, e terminavam com o banquete entre os participantes das brincadeiras, formados por pessoas que se conheciam e que ficavam ocultas sob fantasias.

[6] Trata-se de uma forma de denunciar publicamente os vícios e os defeitos dos outros, permitindo, a partir da humilhação pública e do castigo, a punição coletiva e a condenação de práticas abusivas e intoleráveis à comunidade. Sobre o assunto, ver Davis (1990).

dia após dia, foi assumindo o estatuto de festa que congregava a (quase) unanimidade de seu povo e, em decorrência, a busca pela elite de um modelo único para o seu aparecer. A imposição desse padrão nem sempre foi aceita de forma tranqüila, como nos informou Maria Clementina Pereira Cunha (1996). Ao contrário, sua defesa desencadeou ao longo dos anos – final do século XIX e primeiras décadas do século XX – verdadeiras batalhas entre populares e autoridades em torno do velho entrudo, considerado uma prática arcaica de comemorar os festejos carnavalescos. Mesmo assim, essa modalidade de brincadeira ainda perdurou por muito tempo, já que era uma prática carnavalesca que agradava a (quase) todos.

Constatamos, novamente na passagem da década de 1920 para a seguinte, recorrentes mudanças e redefinições nas percepções sobre o carnaval nas produções dos segmentos letrados, que realçam, por um lado, o carnaval popular e, por outro, fustigam, em suas produções, a visão burguesa sobre esses festejos.

Em razão das evidências, as balizas para o estudo circunscreveram-se aos anos de 1923 a 1938, na expectativa de apreender as diversas maneiras de os alegres pândegos se divertirem nesses Dias Gordos. E, também, as alterações que ocorreram no enfoque dessa festa, no decorrer dos anos 1920, e nas modificações introduzidas nas formas de brincar esses festejos, após 1930, na cidade de São Paulo, a partir da análise de diferenciados registros, entre os quais os resultantes do olhar de artistas plásticos, chargistas, fotógrafos e jornalistas.

Tais parâmetros guardam, ainda, uma outra especificidade, talvez mais contundente, em relação às festividades carnavalescas, que é o fato de essas datas limites envolverem situações delicadas, do ponto de vista político. A primeira delas inaugurou o governo de Artur Bernardes, que tomou posse sob os ruídos dos motins militares de 1922 que – embora sufocados – alteraram a rotina dos folguedos carnavalescos de 1923, impondo regras duras aos foliões e às folionas e maior controle aos seus movimentos. Os foliões de 1938 também sofrerão as seqüelas do golpe de estado de 1937, que não censurou apenas os órgãos de imprensa, mas, igualmente, a "circulação livre" dos possíveis alegres pândegos, redefinindo os espaços cenográficos que conformavam a efetividade dos festejos de Momo. Em decorrência, o ano de 1938 marcou certo refluxo do carnaval em São Paulo, notadamente o de rua. As drásticas medidas que foram tomadas pelas autoridades de

Segurança Pública cercearam a movimentação dos foliões que, para caírem na folia, teriam de se submeter às rígidas exigências e proibições acionadas por essas autoridades, como veremos no capítulo 2.

As considerações anteriores permitem-nos formular algumas indagações, umas mais específicas e outras mais gerais, para compreendermos tais festividades. Se as práticas carnavalescas inscreviam-se no cotidiano dos sujeitos, por que as análises consagradas enfatizam reiteradamente a questão da origem do carnaval quando analisam o carnaval brasileiro desse período? Com isso, tais estudos não estariam minimizando o significado desses festejos para os brasileiros? Ou, ainda, se estava atrelado a origens longínquas, por que foi visto como definidor da identidade nacional?

Diante da complexidade que o tema sugere, no corpo deste texto, em muitos momentos, a acepção de "cultura"[7] será argüida a partir da tessitura das diversas representações estéticas sobre o carnaval e, também, com base em sua inserção pelos intelectuais no âmbito da cultura mais ampla.

No Brasil dos anos 1920, elemento inconteste nesse processo foi a emergência de percepções sobre o social, desfocando os personagens e a "identidade do país" para além do universo burguês. A discussão sobre o tema apareceu intimamente associada ao exótico e às "tradições" populares. Nesse período, a busca por registros de mitos, lendas, provérbios e festas populares que faziam parte dos costumes do povo brasileiro e a procura

---

7 Assinala R. Williams (1969) que o termo cultura se insere em um campo movediço, cuja origem vincula-se à idéia daquele que amaina e cultiva a terra. O autor rejeita o conceito de cultura inscrito na linhagem da tradição ilustrada e recoloca em cena a percepção de uma cultura partilhada que elimina a dicotomia entre a cultura de elite e cultura popular. Hannah Arendt (1972) perscruta a origem do conceito, vinculando-o à idéia daquele que amaina e cultiva a terra e o associou à busca pelo homem de sua imortalidade. Tal projeção manifestou-se na elaboração de artefatos que fossem capazes de propiciar sua continuidade ao longo de gerações sucessivas. A autora estabeleceu, em suas reflexões, uma íntima associação entre o belo e a procura dessa imortalidade, o que conferiu aos artefatos materiais, com tais características, sua inscrição no campo da cultura e da ilustração, caminho que tinha em vista a tentativa de superação da vulnerável perenidade do homem em relação à natureza. O debate prossegue animado pela polarização cultura de elite/cultura popular, em que pesem os problemas conceituais daí decorrentes. Deduz-se de tais reflexões que o tema "cultura popular" emergiu inicialmente associado a folclore, história das tradições populares, etnologia ou vinculado à antropologia social. Carlo Ginzburg (1987, p.17) esclarece-nos que o emprego do termo cultura para definir o conjunto das "atitudes, crenças, códigos de comportamento próprios das classes subalternas é relativamente recente e foi emprestado da antropologia cultural. Só por meio do conceito de 'cultura primitiva' é que se chegou de fato a reconhecer que aqueles indivíduos outrora definidos de forma paternalista como camadas inferiores dos povos civilizados' possuíam cultura".

de suas origens, no âmbito dos grupos étnicos, que conformavam a Nação brasileira,[8] foram a preocupação desses "novos descobridores do Brasil". Eles tinham como meta demarcar o "verdadeiro sentido" e a "alma" dessa Nação, movimento que mais se assemelhava à "celebração da beleza do morto",[9] conforme formularam Michel de Certeu e Dominique Julia (1989).

A percepção sobre a importância das "tradições culturais populares", em diferenciados níveis, como geradora de tal brasilidade, aglutinou as elites letradas de diferenciadas áreas de conhecimento como músicos, etnólogos, advogados, médicos, historiadores, políticos, literatos, entre outros, definindo um campo específico de interesse que passou a ser denominado de estudo do folclore (ou das tradições populares), e seus praticantes, intelectuais polígrafos, denominados folcloristas. Esses interesses, inicialmente voltados para a *poesia popular* – com seus canais de expressão articulados à tradição oral – deslocaram-se, nos debates das décadas seguintes, para a *música* e, posteriormente, para os *folguedos* populares (Vilhena, 1997).

Entre os modernistas brasileiros, o temário envolvendo essas tradições ganhou sentido próprio, muito embora a "crítica ao passadismo", elaborada por esses intelectuais, não pretendesse "romper" com a tradição e sim criá-la, compreensão essa que partia da trajetória específica do país, decorrente de sua condição de ex-colônia portuguesa. Também não implicou o rompimento com os referenciais que definiam a cultura vinculada ao erudito e ao ilustrado. Para essa elite ou vanguarda, a absorção das práticas culturais do povo (o seu outro) pelos seus projetos informava-se por perspectivas nas quais ele era pensado como substrato de algo em "construção".

Com base nesse entendimento, podemos alinhar, entre as múltiplas interpretações, duas tendências que se projetaram no processo, em relação ao povo:

Numa delas, esse povo é visto como um *ser incompleto, ignorante, irracional e supersticioso* (cf. Lobato, 1956a e b),[10] e expressa-se de forma contundente no personagem "Jeca Tatu", criado em 1914, por Monteiro Lobato. Nessa elabo-

---

8 Foram publicados recorrentes artigos na *Revista do Arquivo Municipal/SP* sobre diferentes aspectos das práticas culturais de diferentes grupos, das diversas regiões do país. Nela são abordados aspectos da cultura negra e indígena ou ainda danças consideradas do folclore regional. A *Revista Cultura Política* também dedica a esse tema semelhante destaque.

9 Sobre esse assunto, que será discutido em seguida, ver: Certeau & Julia (1989, p.49-75).

10 As críticas a esse sentido negativo aparecem em várias obras, embora uma discussão mais pontual seja feita por Márcia Naxara (1998).

ração, o autor qualifica a dramática situação do homem do campo brasileiro, consagrando a representação negativa, já existente, que o caracteriza como um ser irracional, atrasado e avesso às mudanças.

Márcia Naxara (1998), ao ler a obra de Monteiro Lobato, encaminha suas reflexões nessa mesma direção. A postura jocosa para discutir as mazelas do homem pobre, ali representado por Jeca Tatu, ganhou os corações e as mentes dos brasileiros e, mesmo sofrendo reelaborações do próprio autor para amenizar tal projeção, afirmou-se como ícone desse mesmo povo, sempre lembrado em seu sentido negativo e preconceituoso. A autora assinala enfaticamente que a força dessa elaboração no imaginário social acabou sedimentando certo perfil para o homem do campo, cujos traços o próprio autor não conseguiu apagar, tal a dramaticidade caricatural assumida pelo referido personagem.

Na outra perspectiva, ele é apreendido a partir de uma *acepção edulcorada*, projetando-se na figura de personagem mítico, cujo atributo principal era o de ser "puro", "alegre" e "brincalhão", distante dos conflitos de classe. Essa última abordagem, idealizada e harmônica da "cultura popular", apareceu na obra pictórica de Tarsila do Amaral, produzida nos primeiros anos da década de 1920. Esses traços expressam-se, em particular, nas telas que compõem a chamada "fase pau-brasil", na qual a pintora plasmou o povo numa postura apaziguadora, diluindo aí os conflitos de classe, diferentemente do que ocorria com suas personagens na vida real (Silva, 1992). A abordagem tarsiliana tem suporte numa certa linhagem que veio se desenhando, no escopo das artes plásticas brasileiras, desde o final do século XIX, sobre o homem brasileiro, encontrando respaldo na produção pictórica de José Ferraz Almeida Junior, que construiu uma interpretação singular sobre o homem do campo. Essa mesma percepção, sob enfoque próprio, também pode ser detectada na produção dos folcloristas que, nessse momento, rastreiam e recolhem pelo Brasil afora as múltiplas manifestações produzidas pelo homem do povo.

Tais preocupações inseriam-se nas proposições que pensavam os contornos da Nação, a partir da valorização das "tradições e das práticas culturais populares", o que implicava a aceitação, pelas elites, da integração plena de tais segmentos aos quadros da Nação. Tal embate, sem muitos resultados positivos, remonta ao início de constituição do Estado nacional (Schwarcz, 1993), com avanços insignificantes após a proclamação da República, considerando-se as recorrentes restrições dos segmentos populares à plena cidadania, com desdobramentos em todas as esferas de suas vivências.[11] No início dos anos 1930 novamente se acena para possibilidades de mudanças radicais, inclusive repensando os valores que deveriam informar o perfil da Nação, ao incorporar novas diretrizes em curso, para a brasilidade sonhada, a partir de seus mitos, lendas e história, com acenos de alargamento das possibilidades de pertença para outros grupos sociais. Como parte dessas inquietações que marcaram os anos 1920, na literatura e nas artes plásticas, o tema da cultura tornou-se o elemento que aglutinou as reflexões sobre os valores que deveriam definir esses parâmetros de brasilidade, opondo-se a certos modelos de arte, inspirados na experiência européia e ligados àquela tradição. Porém, tal alteração deu-se a partir da polarização de cultura de elite/cultura popular. Essa dicotomia serviu como parâmetro para que essa mesma corrente definisse as diretrizes de conformação do que seria o patrimônio histórico cultural do país e quais bens culturais seriam dignos de ser preservados. Nesse debate, as práticas culturais originárias dos segmentos populares foram classificadas sob rótulo de folclore, o que orientou sua exclusão do rol dos bens culturais dignos de serem preservados, como bens da Nação, em decorrência de sua natureza estética "inferior" (Fonseca, 2005). No âmbito desse processo, os intelectuais polígrafos também tiveram papel importante, uma vez que viam esse "movimento de descoberta" do popular a partir da mesma dicotomia e de uma postura nacionalista e apaziguadora, que dissolvia os liames de classe e ignorava as profundas desigualdades sociais que marcavam a sociedade brasileira. Diferentemente dessas elaborações, as mazelas vivenciadas por homens e mulheres e seus recorrentes dissabores apareceram expressos nos conflitos que eclodiram ao longo desses anos e, certamente, em suas manifestações culturais.

Os problemas enfrentados pelas classes populares nessa conjuntura e os estreitos limites dessa incorporação, no entanto, sinalizam em direção à "celebração da beleza do morto", tais quais interpretaram Certeau e Julia (1989), para um outro momento da experiência da sociedade francesa. Esclarecem os

---

11 Há uma vasta bibliografia que enfatiza os limites do regime republicano em relação à incorporação dos segmentos populares em seus quadros políticos e institucionais. Porém, a peça mais contundente é a própria Carta Magna, de 1891, que estabelece distinções de cidadania entre os integrantes da sociedade brasileira. Os letrados tinham direitos civis e políticos e os demais apenas os direitos civis. Essa gradação de cidadania ativa e passiva trouxe muitos problemas, por acentuar o processo de exclusão e desigualdade social no âmbito dessa sociedade. Consultar sobre o assunto: Carvalho, 1987; Needell, 1993; Silva, 1990.

autores que a descoberta da cultura popular, na experiência francesa, nasceu intimamente associada à repressão e às interdições às classes populares.

> Foi preciso ser censurada para passar a ser estudada. Tornou-se então objeto de interesse porque o seu perigo tinha sido eliminado. O nascimento dos estudos consagrados à literatura de *"colportage"* esteve ligado à censura social do seu objeto [...]. (Nesse sentido), a repressão política esteve aqui na origem da curiosidade científica: a eliminação dos livros julgados "subversivos" e "imorais".[12]

Com base nesses elementos indicados pelos autores, é possível afirmarmos que a *"celebração da beleza do morto"* estava em curso no Brasil dos anos 1930, pois, ao mesmo tempo que se enalteciam e se coletavam suas poesias, canções e folguedos, os movimentos contestatórios das classes populares eram violentamente reprimidos. No início dos anos 1930, por exemplo, enquanto as parcelas críticas dos trabalhadores, organizadas em seus sindicatos que

---

12 Michel de Certeau e Dominique Julia (1989) esclarecem que, na tentativa de proibir os livros que pudessem insuflar a população à rebeldia e às atitudes críticas em relação às autoridades francesas, em novembro de 1852, foi criada pela polícia da França uma comissão para esse fim de censura. A contrapartida desse processo (de censura política) foi que, nesse momento, tornava-se possível transformar em "objeto" científico aquilo que se tinha perseguido até aí. No século XVII, por exemplo, a linguagem da "canalha" havia sido introduzida – no tempo da Fronda entre 1647-1653 – pelos irmãos Perreault para fazer a crítica burlesca, numa polêmica contra os clássicos. À medida que foram surgindo os levantes populares, esse fundo popular tornou-se suspeito e houve um recuo desses segmentos letrados diante das ameaças políticas provocadas por seus inspiradores. Novamente, no final do século XVIII, "apoderou-se da aristocracia liberal e esclarecida uma espécie de entusiasmo pelo 'popular'". Mas esta "rusticofilia" foi também "o reverso de um medo: o da cidade perigosa e geradora de corrupção porque as hierarquias tradicionais aí se baseam. Donde o regresso a uma pureza original dos campos, símbolo das virtudes conservadas desde os tempos mais remotos" (ibidem, p.52.) A publicação dos livros, resultante do ato censor, foi explicada como um esforço para salvar da destruição a cultura popular. Certeau e Julia qualificaram essa atitude de "celebração da beleza do morto", questionando se seria possível falar em "cultura popular" a partir de algo criado em decorrência de interdições e supressão da liberdade dos sujeitos envolvidos. Além disso, os "livros azuis" eram provenientes da elite e dos estratos médios, sofreram cortes, alterações; e incentivo para publicações aqueles que abordavam temas que se coadunavam com os valores que se queriam impor junto aos setores populares; isso implicava colocá-los em sintonia com a imagem criada para exorcizar os fantasmas dos perigos da revolução e da cidade sediciosa. As festas, muitas vezes específicas de determinadas regiões, quando projetavam valores que enalteciam as virtudes do homem do campo, em sintonia com o ideal projetado, eram bem-vistas pelas autoridades e consideradas elementos que traduziam a verdadeira alma da Nação. Os autores duvidaram ainda da existência do próprio conceito, uma vez que sua emergência foi uma construção do poder que, ao mesmo tempo que interditou os sujeitos, elaborou a "celebração da beleza do morto". Na origem dessas preocupações, estaria a busca de um paraíso perdido, ou seja, de salvar da ruína a sociedade atravessada pelos conflitos de classe.

formavam o movimento operário combativo, eram violentamente reprimidas e a sociedade submetida à censura,[13] assistia-se, por parte das elites, à "valorização" e à frenética corrida para coletar *os diferentes modos de ser* do homem pobre, do campo e da cidade.

Os festejos momescos não ficaram imunes a esse processo. Alterações significativas, nem sempre isentas de tensões, ocorreram nos folguedos carnavalescos, nesse período, delineando o seu perfil para os anos subseqüentes. Porém, as análises especializadas, ao abordarem o tema, em regra deixaram de identificar essa tensão, qualificando tais modificações como uma decorrência de mudanças estruturais que se processavam na sociedade brasileira e que se reproduziam durante os festejos de Momo, a partir da mesma polaridade definida em torno da cultura ilustrada/cultura popular, expressa na qualificação "grande carnaval ou "carnaval burguês" e "pequeno carnaval ou carnaval popular".

Assim, as práticas culturais carnavalescas foram compreendidas também a partir da polaridade cultura ilustrada/cultura popular, como se fosse possível tratá-las de forma independente e fora do debate maior que envolveu a demarcação do novo perfil projetado para o país.

É consenso que essa festa foi brincada por todos os segmentos da sociedade e, ainda, que sua discussão nesse período articula-se a um debate mais amplo sobre o papel que os segmentos populares e suas formas de expressão deveriam ocupar na construção do perfil da própria Nação. Por ser uma festa de interesse geral, sofreu claramente as injunções desse processo, travestindo-se na percepção das elites dos ideais de brasilidade e, também, de possibilidades de negócios, altamente lucrativos para os setores empresariais articulados em sua volta.

Assim, de "festa organizada para a elite divertir-se" metamorfoseou-se, ao longo dos anos, em "festejos populares", os quais cada vez mais passaram a expressar o amálgama dos valores dos grupos ali participantes, informados pelas concepções estéticas que priorizavam o luxo, o refinamento e erudição, próprios ao universo das elites, embora voltados para a valorização desse novo perfil requerido para o país.

Depreende-se daí que a incorporação dos segmentos populares implicou para as elites pensar esses campos culturais, por um lado, a partir de uma "única dimensão" e, por outro, submeter os folguedos populares aos seus valores e,

---

13 Sobre a eclosão de movimentos grevistas e a repressão política no decorrer dos anos 1930, ver Silva (1990), Cancelli (1993) e Tanno (1995).

também, garantir a "aceitação" por esses setores de um modelo único de carnaval – o carnaval organizado em torno das escolas de samba —, em detrimento de outras práticas tão ao gosto do folião. Esse processo só se completou em São Paulo no final da década de 1960 e início da seguinte. Predominou, contudo, no eixo hegemônico, econômico, político e cultural do país, centralizado nos Estados do Rio de Janeiro e São Paulo, e em áreas periféricas. Mas não conseguiu se impor em algumas cidades das regiões Norte e Nordeste onde existiam outras tradições e maneiras de celebrar os Dias Gordos.

Tendo em mente essas hipóteses, o caminho inicial foi identificar os diferentes sentidos que marcaram as práticas e representações[14] de homens e mulheres que se envolveram nesses folguedos, a partir do entendimento do carnaval como uma prática de lazer que, por meio do riso motejador, em momentos de radicalização, fustigou a rigidez de uma sociedade polarizada. Os sinais dessas inversões tornaram-se perceptíveis em algumas das fantasias e em diversas brincadeiras, que objetivavam garantir *o tom jocoso e irreverente*, como uma das formas que, ao mesmo tempo, *criticavam os valores anacrônicos* de suas estruturas sociais e *insinuavam a dissolução das diferenças sociais* que marcavam a sociedade brasileira do período.

Para o encaminhamento dessas hipóteses e das muitas questões sugeridas no corpo deste texto, recorremos a uma documentação diversificada que envolveu materiais iconográficos – algumas telas de pintores, caricaturas, capas de revistas, fotografias – romances, crônicas e a cobertura da imprensa diária de grande circulação e periódica, entre outros.

O dia-a-dia dos festejos carnavalescos foi acompanhado pelos jornais da época, dentre os quais destacamos *Correio Paulistano* (de 1923 a 1938), *O Estado de S. Paulo* (1923 a 1938), *A Platea/SP, Correio da Manhã/RJ* (de 1923 a 1938) que, em notícias genéricas, registraram aquilo que, em sua ótica, ganharam realce nessas celebrações. Esses materiais permitiram-nos retraçar os caminhos e as percepções sobre esses festejos, ocorridos na cidade de São Paulo, nas décadas de 1920 e 1930. E, também, os sujeitos envolvidos, homens, mulheres e crianças, que ocuparam as ruas e os salões, com o firme propósito de se divertirem e divertirem o outro, projetando, com suas pândegas,

---

14 Tais conceitos serão discutidos ao longo do texto, com base na análise dos diversos materiais. Para tanto, tomaremos como suporte as leituras de autores como Baczko (1986) e Chartier (1990). Porém, alguns elementos dessas representações sugerem leituras que envolvem a problemática do riso de derrisão, notadamente, autores como: Bakhtin (1987), Minois (2003) e Propp (1992).

ora irreverentes, ora consensuais, novas regras para as relações sociais, durante as festividades dedicadas a Momo.

Os noticiários jornalísticos, em sintonia com algumas representações que vigoraram no social, destacaram, em regra, o "carnaval elegante" praticado pelas elites, nos clubes e nas avenidas da cidade. Nessa escolha, imprimem as marcas e os interesses dos grupos que representavam, embora se autoproclamassem os porta-vozes dos leitores em geral e até se esforçassem nessa direção. Tal postura, entretanto, não passava de mera intenção, pois o recorte, os locais privilegiados para o noticiário nesses órgãos da imprensa eram dos grupos endinheirados, mesmo que, também, aparecesse em seus *puffs*[15] – espaços no jornal reservados para a cobertura desses festejos, com editor próprio, diagramação e linguagem específica – o calendário dos clubes e teatros populares em que ocorreriam os bailes carnavalescos. Porém, a notícia não esclarece sobre o perfil de tais lugares e de seus freqüentadores. Decorrente de tal perspectiva, alguns segmentos sociais mereceram destaque, e outros foram esquecidos, mesmo que também ocupassem espaços na cidade e participassem dos festejos, com elaborações próprias, a exemplo dos negros e de outros segmentos das classes populares. Assim, em sintonia com esses interesses, os chamados *puffs* publicavam o calendário dos diversos eventos carnavalescos que ocorreriam na cidade, usando uma linguagem própria para a cobertura desses eventos e, até mesmo, a criação de personagens fictícios, encarregados de cobrir as diversas brincadeiras nas quais se envolviam os pândegos durante os dias festivos.

Em algumas situações, os próprios jornais consideraram, pretensiosamente, esses festejos sua criação, tecendo uma rede interativa em que os foliões se confundiam com os leitores. O jornal *O Estado de S. Paulo*, por exemplo, tinha o seu *puff* e os personagens que faziam a cobertura do evento e animavam os pândegos, com suas críticas e troças às pretensões de licenciosidade carnavalesca. Em 1923, criou o "Dominó Preto" que entrava na redação desbancando, com o seu sarcasmo, todas as notícias que o jornal pretendia publicar. Ainda, no final dessa década, criou o "Filósofo Tibério", velho ranzinza que odiava carnaval e, por isso, suas impressões sobre tais festejos sempre eram devastadoras e negativas. Esses personagens agradavam bastante o público leitor, "que esperava o dia seguinte, com an-

---

15 O nome *puff* era uma imitação do barulho do espoucar da rolha da garrafa de champanhe.

siedade" para saber quais eram os seus alvos. O referido jornal relembrou, particularmente, o sucesso feito pelo velho filósofo.[16]

Outros periódicos de grande circulação foram consultados, notadamente as revistas que circularam no período, como *Fon-Fon/RJ*, *A Cigarra* e *Eu Sei Tudo*, assumindo, em regra, uma postura positiva sobre o carnaval. Mas não se eximiram de expressar posições críticas ou jocosas nas capas e caricaturas publicadas em suas páginas. Algumas capas sinalizavam para o fustigamento de certos mitos do carnaval. Essas críticas assumiram contornos exacerbados nas caricaturas, que não contemporizaram com essas projeções de um mundo surreal e harmônico, no decurso dessas celebrações.

Dentre as revistas assinaladas, *A Cigarra* foi bastante pesquisada, por trazer significativa cobertura do carnaval paulistano. Essa revista iniciou seus trabalhos em 1914 e saiu de circulação em 1975. O seu surgimento coincidiu com o *boom* editorial que ocorreu no país nesse período. Ela apareceu como parte constitutiva de expansão do mercado editorial, com apostas claras no mercado, "assumindo-se enquanto empreendimentos comerciais, com estruturas de financiamento e produção bem mais profissionalizadas" do que as publicações domingueiras (Cruz, 1994, p.112-3).

Esse periódico também foi avaliado por outros pesquisadores que realçam sua importância no campo editorial do período. Foi identificada como uma revista que se dirigia aos diferentes setores da sociedade (Matos, 2003) ou apenas aos médios e populares, em detrimento de outros que almejavam os setores endinheirados da sociedade (Padilha, 2005).

Além desses materiais, consultamos a imprensa alternativa vinculada às correntes políticas libertárias, expressas em *A Plebe* e *A Lanterna*, e aos grupos étnicos, notadamente os da comunidade negra, tais como: *Kosmos* (1923-1924), *O Clarim* (1924), *Elite* (1924), *Progresso* (1928-1931), *Chibata* (1932), *Evolução* (1933), *O Clarim d'Alvorada* (1925-1932) – com tiragem que variava de 1.000 a 2.000 exemplares – e *A Voz da Raça* (1933-1937), órgão oficial da Frente Negra Brasileira, fundada em 16 de setembro de 1931.

---

16 Essas informações foram dadas em 1945 pelo próprio jornal, que fazia uma análise sobre a tibieza do carnaval nesse ano, rememorando sua importância para a cidade e, até mesmo, para os órgãos de imprensa que davam tratamento especial ao assunto, inclusive com editor específico para a seção. O último editor de *O Estado de S. Paulo* foi Manuel Leiróz (*O Estado de S. Paulo*, 13 fev. 1945, p.4).

O periodismo negro não teve um percurso linear, conforme atestaram os estudiosos do assunto. Roger Bastide (1973, p.129-56)[17] fez um levantamento exaustivo desse material e, igualmente, propôs a periodização para sua leitura; traçou o perfil desse tipo de imprensa, evidenciando o assemelhamento com a experiência dos grupos negros de outros países, notadamente dos americanos. Analisando esse material, consagrou um tipo de enfoque e, igualmente, propôs para a leitura dessa imprensa negra a divisão em três períodos. O primeiro foi definido após 1915, com a criação de *O Menelick*; o segundo estendeu-se de 1930 a 1937; e o terceiro iniciou-se após 1945.

O autor enfatiza que não se trata de uma imprensa informativa. O seu objetivo é noticiar e valorizar certas personalidades negras que se destacaram em suas profissões e divulgar eventos culturais do cotidiano dessa comunidade, notadamente aqueles que conferiam prestígio e serviam de exemplo em seu processo civilizatório, evidenciando os caminhos da ascensão social, com vistas à sua integração à sociedade branca. Destaca, ainda, o perfil pouco crítico dessa imprensa, uma vez que o seu objetivo não era o confronto com as elites ou a crítica ao racismo e à exclusão a que estavam relegados.

Inspirada nessa leitura, nos anos 1980, Miriam Nicolau Ferrara (1986), em sua dissertação de mestrado, voltou ao tema e propôs nova periodização, embora em suas grandes linhas os marcos fossem os mesmos definidos por Roger Bastide. Os autores, independentemente das diferenciações de enfoques, assinalaram que a atividade periodística começou em 1915, com o jornal *O Menelick*.

Ferrara (1985), partindo do perfil de sua atuação, definiu em três etapas o periodismo negro: a primeira compreendeu o período de 1915 a 1923; a segunda, de 1924 a 1937; e a terceira, de 1945 a 1963.[18] Assumindo tal recorte, a autora

---

17 O autor fez exaustivo levantamento da imprensa negra no Brasil e dedicou-se a vários estudos sobre esse grupo étnico no Brasil, comparando com outras experiências em países diferenciados.
18 A autora Miriam Nicolau Ferrara (1985), no artigo "A imprensa negra paulista (1915-1963)", arrolou diversos jornais da imprensa negra, entre 1915 e 1963. No primeiro período (1915 a 1923) foram produzidos os periódicos: *O Menlick* (1915), *A Rua* (1916); *O Xauter* (1916); *O Alfinete* (1918); *O Bandeirante* (1919); *A Liberdade* (1919); *A Sentinela* (1920); *O Kosmos* (1922) e *Getulino* (1923). No segundo período (1924 a 1937), surgiram os seguintes periódicos: *O Clarim da Alvorada* (1924), *Elite* (1924), *Auriverde* (1928), *O Patrocínio* (1928), *Progresso* (1928), *Chibata* (1932), *Evolução* – revista (1933), *A Voz da Raça* (1933), *Tribuna Negra* (1935) e *A Alvorada* (1936). O terceiro período (1945 a 1963) caracterizou-se pelo surgimento dos seguintes periódicos: *Alvorada* (1945), *Senzala* (revista, 1946), *União* (1948), *Mundo Novo* (1950), *Quilombo* (revista. 1950), *Redenção* (1950), *A Voz da Negritude* (1953), *O Novo Horizonte* (1954), *Notícias de Ébano* (1957), *O Mutirão* (1958), *Hífen* (1960), *Níger* (revista, 1960), *Nosso Jornal* (1961) e *Correio d'Ebano*. Ver também Ferrara (1986).

afirma que o primeiro momento caracterizou-se por uma imprensa voltada para o registro de acontecimentos do espaço privado, como casamentos, batizados, festas religiosas etc. As matérias de fundo reivindicativo eram reduzidas. Já o segundo, de 1924 a 1937, registrou o aparecimento de vários periódicos. Nesse período, a "imprensa negra atingiu o seu ápice" e suas demandas ganharam espaço significativo. Os negros reivindicaram seus direitos e reclamaram sua participação na sociedade, e seu "protesto se f(e)z ouvir em diferentes aspectos de sua vida, tanto no campo profissional, no político, como no lazer. Sua reivindicação começ(ou) com o jornal O Clarim da Alvorada para efetivar seus ideais com o jornal *A Voz da Raça*." (Ferrara, 1985, p.201).[19]

Os periódicos populares não estavam preocupados apenas com assuntos relativos ao carnaval.[20] A imprensa libertária, por exemplo, esporadicamente teceu reflexões sobre o assunto e, quando o fez, destacou-se pela crítica contundente a esses festejos, diferentemente da imprensa da comunidade negra, que apenas noticiou sua presença nessas celebrações, sempre com uma conotação bastante positiva.

As pesquisas foram além das matérias publicadas nos jornais e nas revistas do período. Recorremos a algumas obras ficcionais dos jovens escritores Jorge Amado e Patrícia Galvão, às fontes iconográficas, tais como: caricaturas, fotografias e, também, algumas telas que foram elaboradas tomando os festejos de Momo como inspiração.

---

19 O período de 1937 a 1945 foi marcado por um interregno da imprensa negra. Tal fato decorreu das iniciativas do Estado Novo que cassou e proibiu a liberdade de expressão, dissolvendo os partidos políticos e as entidades de classe. A comunidade negra foi atingida com a dissolução da Frente Negra Brasileira e com ela o seu jornal *A Voz da Raça*. Essa atividade publicista somente foi retomada a partir de 1945, e algumas das publicações emergentes estavam associadas a entidades que procuraram retomar o trabalho organizativo da comunidade negra.

20 Os demais assuntos referiam-se a temas variados. Mas, as datas relativas à abolição eram comemoradas e registradas com freqüência. Nessa matéria, o jornal informa que os associados do Club 13 de Maio "pela manhã assistiram missa e visitaram o túmulo dos abolicionistas. À noite em sua sede social os oradores Srta Eugênia Xavier de Carvalho e o Sr Eugênio da Costa discorreram sobre a data". Já o G. C. Auri Verde ofereceu aos seus convidados e sócios, no Salão das Classes Laboriosas, "um pomposo festival Literário dansante, sob as ordens do Sr. Veiga dos Santos que apresentou mais uma vez os componentes do seu escolhido corpo scenico, recitando poesias lindas, monologos e o sentimental drama O Escravo". Seguindo um calendário comemorativo distinto, o G. C. Barra Funda exaltou "a redenção dos cativos", na noite de 13 de maio, com um festival dançante, "o qual esteve muito concorrido". Como parte dos festejos, houve um concurso de valsa, cabendo o primeiro prêmio ao Sr. Dionysio dos Santos e à Sra. Maria Gentil de Andrade (*O Clarim d'Alvorada*, 20 jun. 1926, p.4).

Os romances dos jovens intelectuais Patrícia Galvão (*Parque industrial*, publicado em 1933) e Jorge Amado (*O país do carnaval*, 1931), ambos publicados na década de 1930, avançavam o debate ao trazerem para discussão o próprio sentido do carnaval e o caráter de classe que estruturava o seu acontecer, questionamento este que já se manifestara nas abordagens dos anarquistas, que serão discutidas ao longo deste texto.

Simultâneas às pesquisas nas fontes escritas, fizemos incursões aos materiais iconográficos sobre o carnaval paulistano, mesmo sabendo que essa investida representava novos desafios para o uso desse tipo de material, só muito recentemente explorado pelo historiador. Freqüentemente, sua utilização restringia-se à categoria de ilustração do texto escrito, como bem lembraram Marcos Silva (1991-1992) e Mirian Moreira Leite (1993) em várias ocasiões. Os autores, entretanto, insistem que essa perspectiva, nos últimos anos, estilhaçou-se com o surgimento de pesquisas que as tomaram como fontes e se interrogaram sobre sua natureza de materiais visuais. O desdobramento desse processo apontou para uma nova perspectiva que rompeu com as antigas premissas, inscrevendo a imagem no campo dos múltiplos materiais de pesquisa que buscam definições de métodos para o seu tratamento tal qual a fonte escrita.

Essa postura do historiador ante a imagética tinha uma razão de ser. No caso da fotografia, ligava-se à concepção que se firmou em relação a ela, conferindo-lhe a condição de prova e aferição do real, a partir do entendimento de seu aspecto meramente técnico. Ou seja, o de testemunho e prova irrefutável do real. Ora, essas questões deslocaram-se rapidamente, apontando para o entendimento da imagem (fotográfica, caricatural ou pictórica) em sua dimensão mais ampla, buscando os seus pontos de intercessão e não somente de seccionamento.

Em *Retratos de família*, Míriam Moreira Leite (1993) observou que o uso da fotografia como ilustração percorreu uma longa tradição de pesquisa no campo das Ciências Humanas, visto que era conferida a ela a condição de prova, de objetividade ímpar. Refletindo sobre essa questão, Annateresa Fabris (1991, p.173), citando Francesca Alinovi, argumentou que tal atributo de veracidade, em si mesmo, foi uma decorrência dos qualificativos conferidos à fotografia desde o seu nascimento e que "tem a ver com sua dupla natureza de arte mecânica: o de ser um instrumento preciso e infalível como uma ciência e, ao mesmo, tempo inexato e falso como a arte". Embora a fama adquirida de prova irrefutável tenha se orientado por essa filiação técnica, como lembrou

Fabris (1991, p.174), "os primeiros ensaios fotográficos mostraram que o novo invento pautou-se, sobretudo, por um repertório derivado da tradição pictórica: retrato, paisagens e naturezas mortas".

Esse duplo aspecto nem sempre foi considerado, prevalecendo o entendimento de seu caráter de prova irrefutável. Porém, como nos advertiu Boris Kossoy (1989), as imagens carregam significados, mesmo aquelas que apresentam aparente inocência, como as fotos do passado. Essa mesma situação também ocorre com as fotos do presente. Tal constatação pressupõe que se deve considerar que manipulações ou interpretações de diferentes naturezas ocorreram ao longo da vida de uma fotografia, desde o momento em que ela foi materializada iconograficamente: "Tais manipulações/interpretações, que muitas vezes se confundem numa única atitude, envolvem: o fotógrafo que registra – e cria – o tema, o cliente ou contratante que lhe confia a missão de retratar ou documentar; a casa publicadora, que a utiliza segundo determinada orientação editorial" (p.72).

No entender de Kossy (1989, p.72-3), o fotógrafo, no entanto, ao criar o tema, fez sua seleção num quadro de possibilidades de "ver, optar e fixar um certo aspecto da realidade cuja decisão coube exclusivamente a ele, quer estivesse registrando o mundo para si mesmo ou para o seu contratante".

Além disso, cabe assinalar que esse tipo de documentação igualmente não escapa à condição de fragmento do passado que expressa o resultado final de uma seleção de possibilidades, e isso não pode ser perdido de vista.

Assim, neste trabalho foram utilizadas como núcleo documental complementar, fotografias publicadas, entre os anos de 1923 e 1931, pela revista *A Cigarra*, relativas ao carnaval em São Paulo.

Ao sistematizar essas fotografias, dois tipos de situações ganharam realce: 1) as fotos "gerais" identificadas pela revista *A Cigarra*, em legendas que informavam aos leitores tratar-se de família ilustre da sociedade paulistana, sem a indicação individual de cada componente fotografado; 2) e também as anônimas, referentes a foliões que não foram identificados. Mesmo entre o primeiro grupo não havia uma preocupação em identificar cada folião. Entre as imagens citadas, apareciam ainda aquelas enviadas diretamente pelas famílias abastadas, para serem publicadas pela revista *A Cigarra/SP*. Nesse caso, a identificação vinha acompanhada de alguns dados que realçavam os atributos do sujeito fotografado, fosse ele homem, mulher ou criança, e também o fotógrafo. Geralmente, são fotos de estúdio que assumem as características já assinaladas por Boris Kossoy.

Além dos registros feitos pela elite, foram localizados ainda fotos realizadas pelo fotógrafo Rafael Moschetti, pertencentes ao acervo do Departamento de Patrimônio Histórico, da prefeitura do município de São Paulo, sobre o carnaval brincado no bairro do Bexiga, nos anos 1930 e 1940. Algumas delas estão precariamente datadas e flagraram momentos dos blocos que desfilaram pelo bairro, constituindo-se em evidências raras do carnaval popular brincado pela cidade.

Esse material constitui-se de fotografias históricas cujo tratamento exige alguns cuidados metodológicos, de modo que garantam sua inserção no contexto em que se originou, como nos adverte Míriam M. Leite (1993). Uma outra postura a ser seguida será agrupá-las por assunto ou tema. Tal procedimento metodológico foi utilizado tanto por Míriam M. Leite (1993) quanto por Roberto Da Matta (1981), que elaboraram pesquisa tomando a fotografia como documento.

Embora possamos identificar certa convergência entre os autores citados, em relação a esse procedimento, não significa que ambos tivessem as mesmas posturas na abordagem da imagem fotográfica. Míriam Moreira Leite, por exemplo, preocupou-se com a historicidade dessa imagem, enquanto para Da Matta ela não possuía muita significação, uma vez que "o carnaval opera(va) com a noção de tempo cíclico" que se repetia a cada ano. Nas fotos trabalhadas pelo autor, as referências de tempo e de espaço ficaram diluídas e não apresentam qualquer significação no cômputo de sua análise. Para ele "as imagens fotográficas [...] foram reunidas em conjunto e muitas vezes comentadas enquanto tal. De outras vezes, porém, preferi(u) o comentário individual" (Da Matta, 1981, p.34).

Se o uso da fotografia como fonte até 1980 ainda era raro entre os historiadores, o que dizer então sobre a expressão pictórica como possibilidade para a reflexão historiográfica? Material inscrito pelo historiador em um campo de silêncio, tal atitude desvelou certa desconfiança desse profissional sobre tal fonte, uma vez que, em regra, usou-a como mera ilustração.

Essa tem sido a apreciação feita por especialistas de História da Arte que, de forma recorrente, realçaram as dificuldades e o desinteresse do historiador ante esse tipo de fonte, afirmando, sem muitas sutilezas, que isso ocorreu por sua falta de conhecimento técnico e de erudição requerida por ela.

Ivan Gaskell – curador de Pinturas do Museu Margaret S. Winthrop dos Museus de Arte da Universidade de Harvard – no texto "História das Imagens" (1992, p.237) defende, em parte, tal posição, realçando o despreparo do historiador para lidar com o material visual, "muitos utilizando as imagens apenas de maneira ilustrativa, sob aspectos que podem parecer ingênuos, corriqueiros ou ignorantes a pessoas profissionalmente ligadas à problemática visual". Se isso aconteceu, também houve historiadores, observa Gaskell, que utilizaram a fonte visual de forma sofisticada e especificamente histórica. Apesar disso, raramente a sua opinião foi levada em conta, quando as imagens foram debatidas em um contexto mais amplo. "Por que isso ocorre?", indagou-se o curador.

Será que a questão pode ser reduzida a esses termos? Ela também não estaria revelando uma concepção de História que privilegiava outras dimensões do social e, em decorrência, certo tipo de fonte correspondente a essas preocupações?

Independentemente das questões levantadas, é possível percebermos uma nova perspectiva aberta pelo historiador em relação à imagética, assinalando rupturas em relação às antigas premissas e inscrevendo-a no campo dos múltiplos materiais de pesquisa. Como desdobramento dessa postura, há que se reconhecer a busca por definições de metódicas para o seu tratamento, tal qual a fonte escrita. Isso significa reconhecer as suas especificidades e também as dificuldades para análise desses materiais, o que não pode se constituir em elemento de inibição ao pesquisador.

Nesta pesquisa, utilizamos, além das fontes escritas, diferentes tipos de materiais imagéticos – pintura, caricatura e fotografia – que aparecem inscritos no campo das representações e, nesse sentido, resultantes de elaborações que nem sempre se referem a alguma realidade factual, embora se inspirem nela. Apesar da especificidade de cada um deles, como linguagem icônica, é possível aproximá-los no decurso da análise, já que possuem um núcleo comum. Isso significa assumir que esses materiais, independentemente das inspirações dos autores, inscrevem-se em um sistema de signos culturalmente determinado, dos quais eles, os autores, são partes constitutivas.

Tendo em mente tais questões, faremos incursões aos trabalhos de alguns pintores brasileiros que tematizaram o carnaval do país, esclarecendo que as escolhas foram quase automáticas, uma vez que o assunto não despertou tanto interesse entre os artistas plásticos brasileiros.

A partir de pesquisa que espero tenha sido a mais abrangente possível, identificamos nas primeiras décadas do século XX alguns pintores, de escolas distintas, que enfocaram o tema, traduzindo em seus trabalhos os novos sentidos atribuídos a esses festejos. Referimo-nos aos trabalhos dos artistas Rodolpho Chambelland, Arthur Timotheo da Costa e Tarsila do Amaral que, no decorrer dos anos 1910 e 1920, com sua sensibilidade, plasmaram nas telas *Baile à fantasia* (1913), *O Carnaval (O dia seguinte)* (1913), e *Carnaval em Madureira* (1924) os deslocamentos da trajetória de interpretação desses festejos, que se acentuaram no decurso do século XX. Na tela *Carnaval em Madureira*, a pintora redefine a perspectiva que privilegiava, em tal reflexão, a ótica e os interesses das elites, inserindo assim, no âmbito desses festejos, outro olhar que se projetava para além do universo burguês.

Além desses olhares, voltamo-nos, igualmente, às expressões caricaturais elaboradas pelo pintor/chargista Belmonte, para a revista *A Cigarra* que, de 1923 a 1931, deu sistemática cobertura ao carnaval paulistano. Optamos por trabalhar tais caricaturas em razão de sua indiscutível importância, em que pese o número relativamente pequeno (sete charges) – se pensado no cômputo de sua obra – que aborda poucos anos de suas atividades. A incorporação desse material assumiu significativa relevância para nossas reflexões, por constituir contraponto às abordagens recorrentes e aos clichês, que marcaram certo tipo de entendimento do carnaval, veiculados e consumidos por amplo espectro da população. Belmonte, com seu traço marcadamente expressivo, mas de difícil apreensão, nessas caricaturas carnavalescas, conseguiu atingir por meio da crítica, algumas vezes demolidora, personagens clássicas que definem esse imaginário, como o triângulo amoroso Pierrô-Colombina-Arlequim, ou os tipos e figuras lendárias que mobilizavam a imaginação do folião. O caricaturista, não contente com tal demolição, divertiu-se imprimindo castigos aos foliões, duvidando dos mitos construídos em torno do carnaval e trazendo os foliões de volta ao mundo das regras e das normas.

Como o universo pesquisado, o carnaval tem suas singularidades, embora a metódica possa assumir características distintas de autor para autor, as escolhas teóricas, com certa recorrência, inscrevem-se no campo das teorias estéticas, que discutem a comicidade e o riso (Eco, 1989) e sua significação no social ou, ainda, no âmbito dos festejos carnavalescos. Utilizar-se do chiste e do disfarce, seguindo alguns princípios dos *comics* como parecer o que não era, mesmo que isso significasse certo humor levemente perverso, como sugere Vladimir Propp (1992), foi uma das alternativas presentes nessas brincadeiras. Ou, então, com o objetivo de provocar o riso, recorrem ao uso de trajes que criticam os valores que subsistem no corpo social e que são considerados anacrônicos pelos foliões e folionas, com a clara intenção de recolocar na ordem do dia outras normas e regras para as relações sociais.[21]

O caminho proposto para esta investigação insere as imagens carnavalescas no campo teórico do riso e do grotesco, ao contrário da tematização feita por Da Matta (1981, p.19), que as considera meras extensões das teorias sobre o carnaval. Na introdução de seu livro ele estabelece essa inter-relação:

> [...] o que se deseja, de modo imediato, é discutir o Carnaval e, por implicação, a sociedade brasileira, utilizando um conjunto de imagens visuais e uma teoria do Carnaval. Noto, porém, que se buscou uma relação dinâmica entre texto e imagem, reflexão e documento visual.

Mas nem sempre definir os objetivos e fontes que pretendemos trabalhar garante a efetividade da pesquisa e tampouco nos indica os percalços enfrentados na coleta do material que permitiria o encaminhamento das reflexões pretendidas. No caso em questão, a dificuldade de acesso a esse material foi significativa. Para a caricatura, por exemplo, por tratar-se de material publicado em periódico, no início da pesquisa de acesso problemático, a solução encontrada foi utilizar um tipo de coleta, usando a fotografia, questão já superada, no momento atual, pelas amplas possibilidades oferecidas pela digitalização e já acessível em alguns arquivos.

As descobertas daí decorrentes foram trazendo, cada vez mais, à reflexão, as possibilidades de uso, nesta pesquisa, notadamente das fontes iconográficas, incorporando-se a ela a fotografia. Isso significou certo deslocamento do interesse inicial, da fonte ficcional para a iconográfica, materiais cujos campos teóricos supõem o envolvimento em intrincado debate teórico, em regra bastante penoso e peculiar a cada área de conhecimento como literatura, pintura, caricatura, entre outras. Assim, visando a esse aprofundamento, a investigação foi concentrada na análise desses materiais, incorporando, além disso, as capas das revistas *A Cigarra* e *Fon-Fon/RJ*.

---

21 Para essa discussão, autores como Bakhtin (1987), Vladímir Propp (1992) e Georges Minois (2003) foram fundamentais, bem como as contribuições de Gilda de Mello e Souza (1993), e Roberto Da Matta, notadamente em *Universo do carnaval: imagens e reflexões* (1981), Umberto Eco (1989), entre outros, que, ao problematizarem questões semelhantes em outras experiências históricas, fornecem pistas preciosas para pensar as experiências dos festejos carnavalescos ocorridos no Brasil daqueles anos.

No percurso desta reflexão, procurarmos dialogar com os autores que analisaram o carnaval brasileiro, realçando, na medida do possível, aspectos controversos e os problemas daí decorrentes, além da inserção dessa festa no âmbito de reflexões que discutem a identidade do país, buscando na cultura popular a inspiração para sua modelagem.

A leitura e a análise desses diferentes materiais possibilitaram o acompanhamento das modificações que foram introduzidas no carnaval durante o período estudado. Mas, para tal análise, partimos do entendimento de que as elaborações diversas, colhidas em fontes impressas e imagéticas, expressavam motivações múltiplas, situação difícil de ser recolhida, uma vez que as referidas dimensões perderam-se no tempo, pela falta de registros, ou porque os seus autores assim o desejaram. Contudo, há aspectos que podem ser trabalhados e dos quais se tem notícia por meio de fragmentos que chegaram até nós, resultantes de um processo seletivo do qual o próprio sujeito participou, por meio daquilo que recolheu e elegeu como portador de significado, em detrimento de outro que foi descartado. No seu âmbito também inserimos a própria obra de arte.

A conformação desta proposta de pesquisa ganhou materialidade por meio dos três capítulos que compõem a estrutura deste texto. Na introdução, foram explicitados os caminhos dos estudos sobre o tema, sua peculiaridade no período escolhido e as fontes trabalhadas para sua execução.

No capítulo 1, as preocupações voltaram-se em direção às diferentes percepções traçadas pela bibliografia especializada que definiu certo tipo de leitura para o carnaval brasileiro. Constatamos que esse debate projetou-se também nas obras de autores que utilizaram ferramentas próprias ao mundo das imagens e elaboraram representações que tematizam tais festejos em dimensões mais amplas, ora discutindo o sentido político dessas projeções para o próprio grupo, ora voltando suas críticas às ilusões criadas em torno desses festejos. Também analisamos as movimentações dos foliões, homens e mulheres, nos espaços públicos e nos salões, e as diversas brincadeiras nas quais estiveram envolvidos durante os festejos carnavalescos, ao longo dos anos 1920. Nesse processo, ficou evidente o papel que tais espaços tiveram para os seus freqüentadores ao longo do ano e também durante as festanças carnavalescas, propiciando a criação e a sedimentação de redes de relações que conferiram prestígio e ajudaram a forjar identidades diversas.

No capítulo 2, as discussões direcionaram-se para os carnavais brincados pela cidade de São Paulo, ao longo dos anos 1930, na expectativa de perceber as metamorfoses desses festejos, articuladas a preocupações em direção à sua institucionalização e nacionalização que redefinem o seu perfil nos anos subseqüentes. Procuramos, nos capítulos 1 e 2, localizar os diferentes espaços que conformaram diferenciadas formas de sociabilidades e os significados atribuídos por diferenciados grupos sociais às suas práticas lúdicas, notadamente durante os festejos de Momo.

A discussão desdobrou-se – capítulo 3 – para uma outra dimensão dessas festividades, ao acompanhar a presença das mulheres das elites e dos segmentos médios e populares nos carnavais da cidade, apesar da pouca visibilidade nos registros desses folguedos sobre tal participação, o que se agrava quando tentamos acompanhar as mulheres de origem popular nos diferentes palcos do acontecer carnavalesco. Mesmo assim, foi possível demonstrar que as mulheres de diferentes estratos sociais caíram na folia, sem se preocuparem com os estreitos limites impostos às suas condutas. Os beijos, os abraços e as condutas pouco comportadas como as troças, as fantasias e as saídas sem destino, longe dos olhares esquadrinhadores, foram as respostas às censuras dos mantenedores da moral e dos costumes da "boa" sociedade. Essas questões foram discutidas em múltiplas representações que duvidaram das regras e impuseram outras sociabilidades para as relações de gênero durante essas folganças.

O encaminhamento das preocupações já manifestas ao longo dessa introdução partiu do pressuposto da existência de uma sociedade plural, traduzida em interesses múltiplos e díspares, que se projetaram no âmbito das relações entre os sujeitos, durante as festividades de Momo. Nesse sentido, perpassaram os festejos carnavalescos, os conflitos de classe que se manifestaram na própria sociedade, até mesmo na forma como foram estruturados tais folguedos, ora aparecendo situações de consenso, ora polaridades, muitas delas inscritas nas diferenças de classe, étnicas e de gênero.

Pensando o trabalho na sua integralidade, diríamos que a pesquisa teve como meta trazer para o leitor as motivações que mobilizaram homens e mulheres, de todos os segmentos sociais, em torno dos festejos de Momo, que ocorreram ao longo do período. E, também, perscrutar os significados por eles atribuídos às diversas brincadeiras em que estiveram envolvidos; os conflitos e as disputas entre esses segmentos sociais que propiciaram a redefinição desses festejos, quando não mais correspondiam aos seus interesses, mesmo que o caminho tomado não fosse consensual e traduzisse o resultado de negociações, nem sempre do agrado de todos.

1
As diferentes percepções sobre o carnaval

> *"O carnaval era uma festa pública onde tanto brincava o pobre como o rico e... ninguém era atropellado por automóveis, porque naquele tempo não havia corso. Os carros allegóricos eram sumptuosos... e os de critica provocavam verdadeiras explosões de gargalhadas na multidão."*
>
> (O Apito, fev. 1932).

A pândega carnavalesca e seus múltiplos sentidos

Os festejos carnavalescos ocorridos na cidade de São Paulo, nas décadas de 1920 e 1930, dificilmente poderiam ser narrados em sua pujança e meandros. Quando muito, ganham vida nos fragmentos recolhidos aqui e acolá que evidenciam os disfarces, as fantasias usadas pelas elites e pelos estratos médios, e as brincadeiras populares, plasmados nas elaborações que apareceram na imprensa, nos periódicos das classes populares, nas letras e nas artes. Certamente, expressam algumas projeções que conformam aspectos dos imaginários dos diferenciados sujeitos que vivenciaram essas experiências, modulando suas práticas sociais diversificadas. A leitura desses vestígios e expressões nos permite, igualmente, identificar as percepções de classes e também dimensões indiferenciadas que traduzem os múltiplos sentidos e os desejos velados de diferentes sujeitos, em relação aos dias de folias. Alguns deles sinalizam em direção à quebra da rigidez de uma sociedade marcada por pesadas convenções sociais. Não seria esse o sentido do carnaval?

Entrar nessa discussão tem suas armadilhas. Em primeiro lugar, porque o debate não é novo e, em segundo, as indagações sobre os sentidos desses festejos acabaram definindo linhagens interpretativas que se assentam na batalha travada no social e no meio acadêmico, que continuam argüindo se o carnaval seria uma festa de evasão ou de subversão da ordem. Identificar os campos nos quais se inserem tais interpretações possibilita que situemos as linhagens que marcaram o debate historiográfico internacional e, igualmente, as interpretações sobre o carnaval brasileiro que se estruturam a partir dos mesmos paradigmas. Essas questões podem ser detectadas nas fontes e no debate especializado, embora haja quem diga que seguir tal caminho é "reiterar o já sabido" (Cunha, 2001, p.312).

Nas reflexões internacionais, a obra de M. Bakhtin (1987) marcou presença e acabou sedimentando determinado tipo de enfoque, já existente, sobre o papel subversivo do carnaval, em contraposição àquele que via em tal festejo o momento de reforço do *status quo* vigente.

No Brasil, esse debate ainda tem certa expressividade nas reflexões acadêmicas e, igualmente, aparece polarizado.

Maria Isaura P. de Queiroz, no artigo "A ordem carnavalesca", publicado em 1995, analisou os folguedos carnavalescos ocorridos nas cidades de Tatuí, Piracicaba e São João Del Rei, e concluiu, pelas observações das formas como o carnaval era celebrado nos salões e nas ruas, que o efetivamente praticado durante tais festejos desabonava as interpretações que qualificavam o carnaval como festa de reversão da ordem. Queiroz insiste que a situação socioeconômica das pessoas se mantém e se reproduz durante o carnaval. Nessas cidades pequenas, tal qual ocorreu nas grandes, a estrutura social permaneceu a mesma, o que pode ser notado pela separação, nas ruas, de foliões e espectadores e, também, dos blocos carnavalescos que, na sua composição e nos espaços de suas exibições, mantiveram as mesmas diferenças sociais, corroborando as conclusões de suas pesquisas realizadas sobre o carnaval brasileiro de outras épocas.

O texto não traz uma posição nova da autora, pois a perspectiva assumida já aparece subjacente em suas reflexões anteriores. A novidade é o enfrentamento das divergências com os autores que se alinham àquela perspectiva, notadamente Roberto Da Matta que enfatiza em suas análises o caráter libertador, igualitário e universal dos festejos carnavalescos, seguindo a linhagem interpretativa que se filia a Mikhail Bakhtin.

Em que pesem as divergências, há um consenso entre os diferentes autores sobre a generalização da prática carnavalesca entre os diferentes segmentos sociais, embora divirjam quanto à partilha dos espaços dessa festa. O mesmo posicionamento também apareceu entre intelectuais de áreas diversas que refletiram sobre esses festejos, polaridade que se expressou igualmente em relação aos significados atribuídos ao carnaval.

As questões que inquietavam os pesquisadores também apareceram nas produções veiculadas pelos meios de comunicação de massa e nas representações produzidas pelos contemporâneos. Nelas, deparamos com preocupações que valorizam um certo entendimento ingênuo e romantizado do carnaval, que foi expresso nas elaborações ou em fantasias que evocam personagens míticos freqüentemente associados ao carnaval. Mas esse tipo de abordagem conviveu com outras representações que fustigaram tais personagens, por meio de uma crítica, algumas vezes corrosiva, que incita e redefine o sentido desses festejos. Tais projeções apareceram, de forma explícita, nas crônicas publicadas em jornais e revistas, em caricaturas ou desenhos que compuseram as capas de *Fon-Fon/RJ*, *A Cigarra* e *Eu Sei Tudo* ou, ainda, entre os artistas plásticos que tenderam a se aproximar da perspectiva que exaltava a irreverência carnavalesca, o que poderia ser detectado em alguns dos trabalhos de pintores que, ao longo do século XX,[1] discutiram o assunto.

A visão idílica e harmoniosa do carnaval, por exemplo, projetou-se em diferenciados materiais, ao expressarem os tipos e mitos que compuseram o universo carnavalesco. Em alguns periódicos, apareceram ora Colombina, ora o triângulo amoroso, Colombina, Arlequim e Pierrô, que foram alegoricamente submetidos a uma percepção lírico-amorosa ou sofreram reelaboração que sinalizava em direção à ruptura com um mundo idílico e inadequado às mudanças que anunciavam os novos tempos.

Nos anos de 1922, 1924 e 1925, Colombina, ora sozinha, ora acompanhada, foi personagem-motivação da revista *A Cigarra* e pensada a partir de uma percepção lírico-amorosa. A capa de fevereiro de 1924 trouxe a colaboração de Belmonte, no clássico triângulo amoroso Colombina, Arlequim e Pierrô.

---

[1] No século XIX, esses festejos foram imortalizados na aquarela *Entrudo* (1823), por J. B. Debret que deixou registrado o enfarinhamento entre negros no Rio de Janeiro. Esse trabalho coloca em xeque determinadas análises que afirmam que os negros não participavam da folia.

Novamente, tal idéia foi revivificada nas capas da revista *Fon-Fon/RJ* de 1925, 1926 e 1927, que trouxeram como temário o par amoroso Pierrô e Colombina. Na sugestiva capa de *Fon-Fon/RJ* de 1926, o par romântico ganhou destaque em idílica cena amorosa numa noite enluarada, em desenho de Orozio Belém, intitulado *A noite de Pierrot* (Figura 3). Esses personagens foram abordados em capas, desenhos e caricaturas em A *Cigarra*, *Fon-Fon* (RJ) e *Eu Sei Tudo*, ao longo do período analisado a partir desses enfoques.

Figura 3 – Orozio Belem, *A noite de Pierrot* (*Fon-Fon*, 1926)

No ano seguinte, a mesma revista voltou ao tema (capa de 2 abr. 1927), reiterando tal perspectiva. Nela apareceu um Pierrô, saudoso, sentado em confortáveis almofadas, tocando o seu bandolim característico. O personagem buscou conforto na música, para aplacar sua tristeza decorrente do amor que se perdeu sob as máscaras dos festejos carnavalescos. Mas parece que a estratégia não surtiu o efeito desejado. A melancolia plasma-se em sua expressão facial que apresentava um olhar distante, alheamento ao que se passava em volta, e uma lágrima perdida rolando rosto abaixo. Nesse estado de espírito, seguramente, rememora o amor impossível de carnaval.

Em 1939, Moya Del Pino produziu a capa da revista *Eu Sei Tudo*, sob o título de *Galanteria de carnaval*, na qual tematizou o encontro entre a mascarada Colombina e o galanteador Arlequim, que tentou seduzi-la com *bouquet* de rosas vermelhas.

O reverso dessa postura romântica e alienada do carnaval evidencia-se, simultaneamente, em capas desses mesmos periódicos e também em caricaturas que, mesmo quando abordaram temas aparentemente românticos, impuseram um sentido demolidor às suas elaborações, evidenciando o deslocamento em relação àquele enfoque e, por extensão, ao universo burguês sustentado por aqueles valores. Em decorrência, o romântico triângulo amoroso sofreu reelaborações para adequar-se aos novos tempos.

Nos enfoques novos, romperam-se as perspectivas que os inseriam na tradição romântica. Em 1921, por exemplo, Meirelles inspirou-se em Pierrô para elaborar capas da revista *A Cigarra*. Em uma delas (Figura 4) flagrou um Pierrô de fim de festa adormecido sob serpentinas, numa calçada pública qualquer.

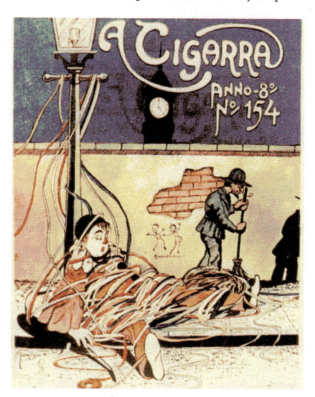

Figura 4 – Meirelles, *A Cigarra*, 1921

Em outra elaboração, o amor impossível entre o Pierrô apaixonado e choroso e a bela e frágil Colombina, sempre sucumbindo aos encantos e galanteios de Arlequim que a disputa com entusiasmo e alegria, sofreu profunda reversão. Foi o que se evidenciou na sugestiva capa de *Fon-Fon/RJ*, de fevereiro de 1925, em desenho de Tarquínio, no qual a história inverteu-se. Com o título *O dia seguinte de Pierrot* (Figura 5), a trama ganhou outro enredo, com uma Colombina apaixonada que, agarrada às vestes de Pierrô, tentou impedir sua partida, subvertendo, assim, a tradição carnavalesca em torno desses personagens.

Figura 5 – Tarquinio, *O dia seguinte de Pierrot* (*Fon-Fon*, 1925)

Nas artes plásticas, os personagens Colombina-Pierrô-Arlequim apareceram de forma pouco acentuada ao longo do período. Entre os modernistas brasileiros, o triângulo amoroso citado não foi explorado, deslocando-se o interesse para novos personagens. Quando isso ocorreu, Arlequim foi o escolhido, por ser o símbolo do boêmio e marginal e figura antítese ao personagem romântico Pierrô, homenageado por Manuel Bandeira em descante, datado de 1919, e destacado em epígrafe no início deste texto. E, também, na década de 1940, em tela de Portinari. Assim, entre os artistas plásticos, essa visão crítica anuncia-se, mesmo quando o foco ainda é o carnaval praticado entre as elites, como é o caso das telas de Rodolpho Chambelland e Artur Timotheo da Costa.

Figura 6 – Rodolpho Chambelland, *Baile à fantasia*, 1913

Refletindo sobre os festejos carnavalescos, em 1913, Rodolpho Chambelland, na tela *Baile à fantasia* (1913),[2] registrou suas impressões sobre momentos dessas celebrações. A tela (Figura 6) ambienta-se em amplo salão e foi recortada em diagonal por dois casais que, em destaque no centro, dançam bem juntos com bastante entusiasmo e alegria, tendo outros foliões ao fundo. Um dos pares, um alegre e risonho Pierrô, tinha uma bailarina como acompanhante, evidenciando o distanciamento radical daquela perspectiva que o inscrevia na tradição romântica. No outro extremo, aparece um marinheiro estilizado, com sua parceira. Esse sentido de reversão, presente na tela, pode ser pensado ainda mais pela figura do marinheiro, que sempre carregou a aura de marginalidade e de desregramento, no trato com as bebidas e as mulheres,

---

2 Rodolpho Chambellan nasceu em 1879 no Rio de Janeiro. Em 1901, matriculou-se na Escola de Belas Artes dessa cidade. Foi aluno de Zeferino da Costa, Rodolfo Amoedo e Henrique Bernardelli. Em 1905, ganhou prêmio de viagem à Europa, na Exposição Geral de Belas Artes, com *Bacantes em festa*. Permaneceu em Paris de 1906 a 1908, freqüentando a Academia de Julian e as aulas de Jean-Paul Laurens. Em 1916, substituiu Zeferino da Costa como professor de desenho figurado na Escola Nacional de Belas Artes, permanecendo no cargo até 1946, quando se aposentou. É considerado por Angyone Costa um "impressionista forte, cheio de sol, cheio de claridade, cheio de tons vivos que reproduzem a natureza como ela deve ser vista, animada, colorida, na alegria pagã que os nossos olhos de homem moderno a vêem".

sugerindo uma outra ótica para tais celebrações. E, igualmente, a emergência de novas regras de sociabilidade organizando as relações sociais. As próprias fantasias escolhidas – de tipos populares – são indicativas dessas possibilidades de inversão de sinais, já que se trata de um baile à fantasia nos moldes dos praticados pelas elites. Reforça essa idéia um outro elemento presente nessa tela que é a alegria partilhada por tais personagens que os inscrevem em outros parâmetros, distantes do mundo burguês.

No mesmo ano, Artur Timotheo da Costa,[3] em *Carnaval (O dia seguinte)*, apresenta-nos um Pierrô cambaleante, sustentado por um trabalhador da Limpeza Pública que o ajudara a encontrar sua casa (Figura 7).

Figura 7 – Arthur Thimoteo da Costa, *Carnaval (O dia seguinte)*, 1913.

A cena desenrola-se sob o olhar do motorista que, provavelmente, o trouxera e dos demais homens que recolhiam as serpentinas amontoadas pelas calçadas. Além do aspecto folião, a tela evidencia as diferenças sociais entre os envolvidos, deixando antever que participar dessa folia e chegar ao amanhecer não é para qualquer Pierrô.

---

3 Artur Timotheo da Costa nasceu no Rio de Janeiro em 1882. Iniciou os estudos na Escola Nacional de Belas Artes, em 1894, ao mesmo tempo que continuou trabalhando na Casa da Moeda do Rio de Janeiro. Seus mestres foram Daniel Bérard, Zeferino da Costa, Rodolfo Amoedo e, principalmente, Henrique Bernardelli. Participou da Exposição Nacional de Belas Artes, em Paris, em substituição ao primeiro colocado.

A clara alusão ao caráter de classe que envolve a organização e a participação nesses festejos não impede o desvelamento de aspectos importantes evidenciados pelo pintor, notadamente na nova abordagem dada a Pierrô e na opção cromática da tela. O colorido marca o espírito carnavalesco e também certo alinhamento nada ortodoxo ao impressionismo que o aproxima da tendência que poderia ser classificada de pré-moderna.

Ainda refletindo sobre a personagem Pierrô, reiteradamente presente nessas telas, é possível afirmar que, em ambas, as projeções clássicas foram abandonadas. O Pierrô de Cambelland apareceu em franca oposição àquela postura romântica de um sujeito derrotado e choroso. Já na elaboração de Artur T. da Costa, essa ruptura foi mais radical. Do personagem frágil e submisso aos caprichos de um amor impossível, emerge uma figura boêmia que de longe lembra o Pierrô da tradição romântica carnavalesca. Tais elaborações colocam os pintores em sintonia com uma perspectiva moderna que se acentuará nas décadas seguintes.

Entre os modernistas, o temário e os personagens deslocam-se para os tipos e brincadeiras populares voltados ao universo social do país.

Em *Carnaval em Madureira* (tela de 1924), resultante de anotações de viagem, realizada ao Rio de Janeiro em companhia de amigos e de Blaise Cendrars, Tarsila do Amaral[4] tematizou o carnaval popular de Madureira, subúrbio do Rio de Janeiro, a partir de observações colhidas no próprio local. Nessa tela, a pintora, invertendo a perspectiva ainda em voga, valorizou o carnaval popular. Plasmou, entre outros aspectos, o caráter lúdico e irreverente da festa, que se

---

4 A pintora Tarsila do Amaral nasceu em 1º de setembro de 1886, na fazenda São Bernardo, em Capivari, interior de São Paulo, e faleceu em São Paulo, capital, em 17 de janeiro de 1973. Era filha de Dona Lydia Dias do Amaral e José Estanislau do Amaral Filho, tradicional família de fazendeiros paulistas. Entre 1898 e 1902, estuda no Colégio Sion, em São Paulo, e no Colégio Sacré-Coeur, em Barcelona, Espanha. Em 1916, já casada, em São Paulo, estuda com os escultores Zadig e Mantovani. No ano seguinte, dedica-se ao estudo de desenho e pintura com Pedro Alexandrino. Após um breve estágio com o alemão Elpons, segue em 1920 para a Europa, continuando seus estudos de pintura. Primeiro, fixa-se em Paris e freqüenta a Academie Julian e o Ateliê de Émile Renard. Em 1922, expõe em Paris no Salon Officiel des Artistes Français. Em seguida, volta ao Brasil e liga-se aos modernistas, formando "o grupo dos cinco" – Tarsila, Anita, Oswald de Andrade, Mário de Andrade e Menotti Del Picchia. Em 1923, volta à Europa. Após viagem por outros países, fixa-se em Paris, conhecendo, na ocasião, Blaise Cendrars. Estuda pintura com os mestres cubistas: André Lhote, Albert Gleizes e Fernand Léger. Pinta *A negra*, considerado o primeiro quadro antropofágico e também o marco inicial de sua carreira. A partir daí, sua obra vai ganhando um perfil próprio, embora articulada aos parâmetros do cubismo (Gotlib, 1983, p.100-6).

expressa no personagem masculino travestido de mulher[5] e também na figura do cão, vestido com roupa em tom azul e lista vermelha, enfeitado com amplos laçarotes rosa, no rabo, e verde, no pescoço. A opção cromática valoriza a alegria e a descontração, recorrentes no universo cultural das classes populares. Ao enfocar as pândegas dos foliões e folionas desses segmentos sociais, a pintora redefinia a perspectiva que privilegiava a ótica e os interesses das elites em relação a esses festejos.

Figura 8 – Belmonte (Capa de *A Cigarra*, 1924).

A crítica aos mitos e tipos carnavalescos também foi feita, de forma devastadora, pela caricatura de Belmonte e pela imprensa anarquista.

Na capa de *A Cigarra*, de 1924, (figura 8) Belmonte ainda interpretou o triângulo amoroso de forma relativamente comportada. Colombina aparece faceira e ligeiramente sorridente, seguida de Arlequim, cuja expressão desvela

---

5 Diferentemente de Nádia Gotlib, vejo nessa tela uma figura masculina travestida de mulher e não uma "negra alta e espigada [...] com braços longuíssimos". Essa interpretação apóia-se no fato de o travestimento ser recorrente nos carnavais do Rio de Janeiro dessa época. Além disso, na obra de Tarsila, as figuras populares negras masculinas são altas e têm braços longos, como é o caso do personagem de "Morro da favela". O "vendedor de frutas" também tem braços longos (Gotlib, 2000, p.95).

o seu bom humor e o domínio da situação, para espanto e desgosto de Pierrô. A disposição e a estratégia na elaboração do desenho sugerem certa tensão que se evidencia na postura corporal e na expressão facial de Pierrô, cuja perplexidade contrapõe-se aos outros personagens que transbordam alegria.

Não deixa dúvida sobre a relação entre Colombina e Arlequim. Eles partilham momentos de prazer e de cumplicidade que não são vivenciados por Pierrô, o que é visível em seus olhos e na minúscula boca, cuja expressão traduz o desconforto e também o seu desencanto.

No ano seguinte, em charge intitulada "Frivolidades de Colombina" (Figura 41), produzida para a revista *A Cigarra*, Belmonte pensou essa personagem de uma forma acentuadamente crítica, postura antecipada no epíteto do desenho que a reduziu a uma figura banal e pouco sedutora. O assunto será discutido no capítulo 3.

Em outra charge do mesmo caricaturista (Figura 9), a imagem tradicional de Pierrô foi violentamente destroçada. Apareciam no quadro (charge com o título de *Arlequinadas*) dois personagens, um Pierrô e um Palhaço, que travaram o seguinte diálogo:

— Que é isso, Pierrot?
— Colombina abandonou-me!
— Ó "cabra" de sorte!

Figura 9 – Belmonte, *Arlequinadas* (*A Cigarra*, 1925)

A situação ganha intensidade nos diversos elementos que estruturam o desenho. Pierrô, personagem do primeiro plano do desenho, sentado em um banquinho (sem encosto), de costas, dobrado sobre o corpo, aparecia desolado e numa atitude de quem estivera chorando. Atrás dele, o palhaço, o outro personagem, seu interlocutor, vestido de fraque, rosto pintado, não conseguia esconder o seu contentamento em ante a notícia dada por ele.

A desmontagem do personagem fica evidenciada nos componentes plásticos utilizados pelo autor para contar sua história. Inicialmente, a desfiguração de Pierrô explicita-se no contraste em relação ao outro figurante do desenho, cuja alegria carnavalesca, em sua ambivalência, poderia traduzir sua superioridade diante da desgraça do amigo, mas também a celebração por ele ter se livrado de Colombina, ícone de mulher sedutora e, ao mesmo tempo, venal. O outro elemento pode ser percebido pelo uso do banquinho, sem encosto, que sugeria a situação de desconforto físico e fragilidade psicológica do personagem. Para completar, o seu interlocutor não se mostrou comovido diante de sua situação. Pelo contrário, comemorou, sem nenhuma preocupação com o sofrimento do amigo. Esses vários elementos sugerem que a desmontagem de Pierrô expressa-se na dupla humilhação imposta a ele: o desprezo de Colombina e a troça e a celebração de seu amigo, por ele ter se desvencilhado de Colombina.

Usando a linguagem bakhtiniana, poder-se-ia ao mesmo tempo afirmar o coroamento e o descoroamento de tal personagem, considerando-se que essa ambivalência é expressa já no título do desenho que sintetiza o desconforto vivenciado por Pierrô. Mais uma vez, ele é derrotado por Arlequim, embora o seu rival também sofra o revés de ter seu comportamento impiedosamente desqualificado[6].

Nas frestas desse texto/imagem, poder-se-ia pensar em outros aspectos, igualmente significativos das relações afetivas ali sugeridas, como o sentido duradouro ou eterno do amor que, nessa elaboração, não passa de um sonho de carnaval. Novamente, o caricaturista duvida desse tipo de suporte que estrutura a sociedade burguesa, bem como de sua vigência na sociedade brasileira da época.

Tal qual a caricatura, os setores populares também expressaram em seus periódicos, ligados a correntes políticas de feições distintas, suas posições em

---

6 Sobre as possibilidades de trabalhar a caricatura, além do livro citado de Bakhtin (1987), consultar, entre outros autores, Silva (1990) e Fonseca (1999).

relação a esses festejos. Contrapondo-se a certo tipo de percepção lúdica do carnaval, esses setores apresentaram repetidas críticas ao caráter pernicioso e negativo dessa festa, posição embasada no entendimento de que tinha componentes alienadores e corruptores da consciência de classe dos trabalhadores. Essas críticas apareceram nas análises de intelectuais e militantes identificados com o pensamento anarquista e comunista, este último expresso em romances. Esses militantes políticos classificaram o carnaval como uma festa que se exprimia nos parâmetros de uma permissividade que dissolvia a vigilância de classe, pois, ao projetar a quebra momentânea das diferenças, em distintos espaços da sociedade, criavam uma falsa igualdade social.

Embora não tenha sido um assunto que ocupasse espaço significativo nessa imprensa, foi tema de reflexão nos anos 1920 e 1930 em *A Plebe* (nas décadas de 1920 e 1930), *A Lanterna* (1935) e, também, em *O Apito*, jornal do sindicato dos ferroviários. Os periódicos comunistas não abordaram o assunto ao longo dos anos pesquisados.[7] Mas, suas posições podem ser apreendidas nos romances que foram produzidos, no início dos anos 1930, por jovens intelectuais como Jorge Amado e Patrícia Galvão, que se identificavam com os seus ideais políticos.

Entre os anarquistas, a imagem do carnaval foi intimamente associada a uma festa amoral, propiciadora de prazeres desregrados, corruptora das consciências e fator de dissolução das diferenças de classe. Essa interpretação apareceu em seu jornal de maior circulação, *A Plebe*, em 1919, 1920, 1921, 1924, 1933, 1934 e 1935, e também em *A Lanterna* (1935), jornal anticlerical da mesma corrente política. As matérias veiculadas em momentos distintos da história do país e também do próprio carnaval trouxeram as marcas dessas temporalidades e espacialidades que se traduziram nos deslocamentos expressos nas matérias assinadas por esses militantes.

Nas reflexões produzidas ao longo da década de 1920, sobre o carnaval, os anarquistas destacaram o caráter classista e amoral que se projetava nesses festejos. Em 1920, por exemplo, o carnaval foi caracterizado como o lugar da ostentação e da luxúria burguesa e do que ela era: um *regabofe e uma farsa* (*A Plebe*, 21 fev. 1920). No texto "Após a orgia carnavalesca", Beato da Silva

---

7 Foi feito um levantamento no jornal *Classe Operária*, órgão do Partido Comunista do Brasil, criado em 1925, e constatamos que o tema não foi abordado nas páginas desse periódico. Foram consultados no Arquivo Edgard Leuenroth os números disponíveis e relativos aos anos de: 1925, 1928, 1929, 1930, 1931, 1932, 1934, 1935, 1937 e 1938.

fustiga tais festejos e afirma que, nesses dias, "não são máscaras que se põem, são máscaras que se desfivelam". Nessa compreensão, o carnaval nada mais era do que a transposição da orgia que se celebrava "a luz discreta dos cabarés e nos palacetes dos grãs senhores por três dias seguidos, que (vinha) para as ruas, mostrar-se à luz do sol". Nessa concepção, o carnaval era uma *válvula de segurança* para manter o equilíbrio moral do burguês. Ou seja, uma festa organizada para proporcionar prazeres ilimitados a essa minoria de abastados que o articulista chamou de *corja de vagabundos e libertinos*, que se divertia à custa da exploração do povo que, apesar de produzir as riquezas, era excluído do bem-estar propiciado por elas.

Expressando a opinião dos integrantes de *A Plebe* (o texto foi escrito no plural), Silva explicou aos leitores que não eram inimigos da alegria e das festas. Ao contrário, amavam a verdadeira alegria e não essa que "periodicamente em três dias certos a folhinha determina rir e gritar nas praças" e que trazia embutida a desfaçatez, a luxúria, o egoísmo solerte que passavam a entremear as relações sociais, numa total inversão dos verdadeiros valores: "É a corrupção que charqueia da Virtude. É a má fé que zomba da ingenuidade. É a filaucia da classe privilegiada a tripudiar covardemente sobre a inconsciência letárgica das multidões esfarrapadas e famintas".

Nesse mesmo número de *A Plebe*, foi publicado o texto "Ilusão de Arlequim". O tom não foi muito diferente do anterior. Destacou-se, no entanto, pela linguagem corrosiva e caricatural, atacando metaforicamente os foliões por meio das alegorias voltadas aos mitos do carnaval, estratégia que serviu de mote para avaliar os sentidos desses festejos.

No texto em questão, João Russo discutiu o sentido do carnaval tomando os personagens símbolos como tema. Momo, que seguia à frente do cortejo, foi qualificado de "velhote lúbrico e cretino, mordendo um riso safado esgueirando uma piscadela insolente [...] Uma gargalhada satânica e cínica estoura e inaugura o carnaval".

Cerraram fileiras os outros personagens: Arlequim, Colombina e Pierrô. Arlequim, "como não pode varar as alas do cortejo", foi para as esquinas garantir o seu lugar e satisfazer o seu desejo de ver:

> Para ele ver é tudo. E espia por alto, meio embasbacado, meio compungido. E vê, entre invejoso e enlevado, rodar a chacota de Pierrot malicioso e o 'batton' romântico da solerte Colombina, o produto de seus dias de afanosa realidade (*A Plebe*, 21 fev. 1920).

O personagem, no afã de ver tudo, perambulou pelas ruas e fez algumas investidas para conquistar Colombina. Mas elas não passaram de tentativas vãs, pois logo perdeu esse jogo para Pierrô. A explicação para o fracasso foi o fato de pertencerem a mundos diferentes, o que não ocorria com Pierrô que partilhava com Colombina as mesmas condições sociais.

Essa situação não perturbou Arlequim e, logo adiante, sucumbiu ao luzir dos confetes e ao colorido das serpentinas, achando que isso era vida. E, finalmente, empolgado com a nova situação começou também "a berrar entre esgares e arremedos grotescos".

Na alegoria utilizada por Russo para descrever os festejos carnavalescos, com o passar das horas, a esbórnia foi assumindo um quadro grotesco com um Pierrô alcoolizado e em coma, em companhia de uma Colombina bêbada "a grunhir como cerda ciosa a melodia fúnebre e rouquenha da tuberculose".

Enquanto isso, Arlequim, após a vivência daqueles momentos de prazeres desregrados, retornou ao bairro onde vive sua miséria secular e logo foi envolvido pelos últimos ruídos das "ultimas plangências do bacanal, que perduram no espaço como na caixa de um violino a vibração das ultimas arcadas, e fica a pensar... a pensar... Começam a desfilar espectros pela imaginação". E essa evocação das cenas da folia misturou-se às cenas do cotidiano que retomava o seu ritmo costumeiro, mas que, nesse caso, passou a ter a eficácia conscientizadora para esse personagem/sujeito que, finalmente, percebeu o verdadeiro sentido do carnaval:

> Vultos que passam cabisbaixos e contrafeitos em direção as officinas onde se forja o ouro que alimenta os vícios todos e se eternisa a miséria. Arlequim que nada possue de seu... sente-se envolvido pelos tentáculos dessa tristeza incurável que é a maldição de paria... E de enfado em enfado reflete sobre o carnaval, arrancando de sua decepção as mais triviais ilações. Para ele agora esse tríduo do sensualismo nada mais é que o reinado absoluto da condescendência. Por condescendência da multidão de pândegos muito espirituosos consentiram no caftinismo, na rapinagem, no crapulismo... Lindas Colombinas se renderam a concupiscencia comatosa dos tristes Pierrots... E mais... e mais... Finalmente, num assomo de angustias, Arlequim exclama filosoficamente: – Ah! O Carnaval! O Carnaval não é um mascaramento inócuo, é um desafivelamento de mascaras. (ibidem, 1920).

A sátira aos outros personagens também foi formulada pelos anarquistas, em seus periódicos que ampliaram suas apreciações, pouco lisonjeiras, ao Momo e ao palhaço. Em "Ilusões de Arlequim", Momo foi qualificado de "velhote lúbrico e cretino", enquanto Pierrô e Colombina foram identificados como criação das elites e, como tais, carregavam os limites dessa linhagem. Definidos como libertinos que estavam entregues aos prazeres libidinosos e desregrados, não passavam de freqüentadores dos bordéis. Arlequim escapou a essa descaracterização, pelo fato de, nessa alegoria, simbolizar o povo ingênuo que sempre caía nas armadilhas propiciadas pela luxúria carnavalesca.

Os tipos e as figuras invadem as ruas e os salões

Vimos que as interpretações sobre os sentidos do carnaval amparam-se em algumas figuras mitológicas, o que certamente não traduz as possibilidades de fantasias efetivamente usadas pelos foliões e folionas. Analisando os vários materiais, constatamos que, nesses folguedos, tipos e figuras, apoiando-se em múltiplas tradições – européia, asiática, africanas e locais – compuseram personagens variados que saíram às ruas para brincar o carnaval. Anjos, plebeus, princesas de contos infantis, imperadores, piratas, ciganos, orientais, bandeirantes, baianas e prisioneiros projetaram os sonhos de um mundo surreal, no qual sujeitos diversos circularam por seus diferentes espaços, no decurso daqueles anos iniciais do século XX.

Ao longo do período, por exemplo, o folião paulistano participou dos festejos de rua, dos bailes diurnos – para as crianças – e noturnos – para os adultos – realizados pelos clubes, portando trajes de múltiplas inspirações. Nesses bailes, os adultos e as crianças fantasiaram-se de pierrôs, pierretes, arlequins, nobres, damas vestidas à moda da corte, de toureiros, de jornaleiros, de espanholas com suas mantilhas rendadas, de ciganas, de personagens do mundo infantil. Ou ainda, de algum tipo que propiciava a avaliação de valores considerados anacrônicos por certos setores da sociedade. Algumas dessas fantasias foram flagradas pelos fotógrafos e constituem fragmentos de um universo bem mais amplo dos festejos momescos que, em regra, apresentaram temas históricos clássicos, fantasias exóticas e personagens lendários, às vezes, não tão críticos e irreverentes como se esperava dessas elaborações carnavalescas.

A preferência pelos temas míticos do universo romântico, como o Pierrô, figurou nas fantasias dos grupos de foliões (Figura 10) nos bailes sofisticados da Sociedade Hípica Paulista, no corso da Avenida Paulista e nos demais clubes da cidade.

Figura 10 – Grupo de pierrôs e pierretes (*A Cigarra*, 1922)

A busca do exótico e de diferenciação de classe também se fez presente nesses festejos. Temas vinculados às atividades do cotidiano, como jóquei, o pequeno jornaleiro ou, ainda, a baiana estilizada (Figura 11), serviram de inspiração às fantasias de crianças das elites dos bailes da Sociedade Hípica Paulista. Os filhos do conde Guilherme Prates, o ícone da mais elevada distinção e projeção do refinamento de classe, circularam fantasiados de tipos populares. Essa opção despertou atenção e o aplauso da mídia, que vê com naturalidade a apropriação jocosa dos trajes cotidianos de jovens trabalhadores, como se eles tivessem sua infância roubada por mero deleite.

Figura 11 – Fantasias de baile infantil na Sociedade Hípica Paulista (*A Cigarra*, 1923)

A magia do Oriente, dos contos de mil e uma noites, a Rússia czarista, o orientalismo, representado nos tipos da mitologia chinesa e do Japão, a mitologia greco-romana, a bíblica e a busca de originalidade estiveram presentes nas elaborações dos foliões paulistanos endinheirados.

O mundo mítico greco-romano, por exemplo, serviu de inspiração à fantasia de menina pastora grega com seu carneiro, cajado e cantil antigo, flores na cabeça (Figura 12) que lembrava uma figura da mitologia bíblica judaica. E, também, às crianças fantasiadas de Cupido (Figura 13) que desfilavam nos salões da Hippica.

Figura 12 – Menina pastora (*A Cigarra*, 1924)

A fantasia da menina pastora, ao trazer para a composição do tema o próprio animal, também procurava realçar aspectos do cotidiano e conferir ao traje certo realismo exótico.

Já as crianças fantasiadas de Afrodite e Cupido exibiam nos salões trajes inspirados nos deuses da mitologia grega, o que projetava o universo de conhecimento e intenções de seus pais e sinalizava certa erudição e refinamento. Também evidenciavam a busca do exótico e do não-convencional para projetar os seus filhos nos refinados salões, que freqüentavam durante tais festejos.

Consultando os jornais da época, percebemos que as fotos acima expostas são fragmentos de muitas outras possibilidades de fantasias usadas, por crianças das elites nas vesperais carnavalescas, como constatamos na listagem publicada pelo jornal *O Estado de S. Paulo* (ver Anexo 4), que indica a variedade de trajes efetivamente usados por esses pequenos foliões e folionas.

Figura 13 – Crianças fantasiadas de Afrodite e Cupido (*A Cigarra*, 1924)

No entanto, o universo construído pelos adultos, para a aparição de seus filhos nas vesperais carnavalescas, nem sempre esteve relacionado ao mundo infantil. Muitos desses trajes traziam as ambigüidades, os desejos e as projeções de prestígio de seus pais que, aproveitando o clima de liberalidade propiciada por tais festejos, expandem os limites do possível para além das convenções sociais materializadas em seu cotidiano.

Voltando o olhar para o carnaval de rua, em geral, percebemos que a aparição dos adultos no espaço público far-se-á em diferentes modalidades de brincadeiras, embora o corso tenha assumido o lugar de destaque e espaço de exibição de fantasias e de seus donos. Os homens, por exemplo, geralmente usavam três tipos de vestuários: 1. paletó, gravata borboleta e chapéu; 2. camisa social, gravata comum e chapéu; 3. fantasias acompanhando o tema do grupo no qual estavam inseridos. Era comum entre os foliões do segundo grupo a eliminação do chapéu, complemento indispensável à indumentária masculina do período. Isso significava um desejo de ruptura com os costumes ou uma exigência das regras para os desfiles?

Simultaneamente a essa transgressão, também verificamos o aparecimento da cartola no cenário carnavalesco, peça que compusera o vestuário masculino do século XIX e era usada, nesse momento, como fantasia por grupos de foliões do sexo masculino e feminino, diferentemente de seu uso durante aquele século. Por muito tempo, foi o alvo preferido nos jogos do entrudo, por ser um dos ícones de *status* e poder de seus portadores, e cobiçado por aqueles que o alvejavam.

As fotos e as descrições de trajes de foliões, feitas pela imprensa diária, sugerem que o gosto e a busca pela irreverência nos carnavais dos anos 1920 conviveram, igualmente, com vestes pouco precisas. Contudo, alguns personagens problematizaram outras dimensões do social ou, ainda, os próprios foliões que foram objeto de avaliação demolidora. Isso nos permite pensar a pluralidade das encenações que marcou esses carnavais e, também, formular outras indagações: Quais eram precisamente os espaços cenográficos do acontecer carnavalesco que motivaram tais elaborações? Em que tipo de brincadeira o folião paulistano esteve envolvido, e qual o sentido atribuído por ele e por seus contemporâneos a essas *performances*? E o que era a cidade de São Paulo ao longo desses anos?

O caminho mais tentador para iniciar essas reflexões seria situar a cidade de São Paulo nesse período, uma vez que fora ali que os diferentes grupos construíram suas redes de relações que conformavam os vários aspectos de suas vivências.

Pensando a cidade de São Paulo, entre os anos 1920 e 1930, a historiografia[8] sinalizou para mudanças bruscas em seu perfil. Os novos traços foram decorrências de seu crescimento econômico, sustentado na economia cafeeira de exportação, que fora propiciadora do surgimento não apenas de muitos negócios, como também da instalação de indústrias de diversos ramos e de serviços. Além disso, ocorreu um crescimento populacional vertiginoso, forjado a partir da incorporação de pessoas originárias de vários países, com costumes, línguas e maneiras de ser multifárias e, também, na década de 1930, de migrantes originários de várias partes do país, notadamente do Nordeste brasileiro. Tal cenário conformava, na leitura de Nicolau Sevcenko (1992, p.37), uma São Paulo irreconhecível e quase indecifrável e, metaforicamente, definida por um de seus contemporâneos – Alberto Torres – como uma verdadeira "Babel invertida". Seguindo os passos dessa interpretação, mas acrescentando outros elementos, José Geraldo Vinci de Moraes (2000, p.140) afirma que São Paulo, nessas décadas, em virtude da permanente mudança em seu cenário urbanístico e de sua composição populacional diversificada, pode ser pensada como "uma

---

8 Consultar sobre as mudanças na cidade de São Paulo, entre outros autores, Fausto (1975) e Sevcenko (1992).

metrópole ao mesmo tempo com múltiplas faces e nenhuma identidade mais evidente, podendo ser captadas de inúmeras e diferentes maneiras".

Olhando a cidade sob o ângulo populacional, essas transformações foram significativas. Pelo censo de 1920, São Paulo já apresentava 579.033 habitantes, o dobro da população de 1900 e também ares de metrópole, moderna e industrial. No final da década de 1930, tal perfil desenhou-se com maior clareza pelo seu crescimento populacional vertiginoso, detectado pelo censo de 1940, que registrou 1.318.539 habitantes (Prado Jr.,1998, p.60), compostos de antigos moradores da cidade e da região, e de pessoas vindas de países diversificados dos continentes europeu, asiático e africano e de outras localidades do Brasil.

Seguiu-se a essa explosão populacional, a ampliação da malha de serviços diversos oferecidos aos habitantes da cidade, decorrentes da emergência de logradouros públicos – tanto para embelezamento quanto lúdicos – de lugares fechados, elegantes ou não, das associações e entidades diversas, entre outros. Esses espaços garantiam a ampliação das relações de convívio e de sociabilidade ao longo do ano inteiro. Compunham-se de praças, parques e jardins públicos, clubes, cinemas, teatros, restaurantes e cafés que foram palcos de festas e eventos diversos, propiciando aos seus freqüentadores a possibilidade de construção de uma ampla rede de relações e de lazer de diferentes modalidades. Era, portanto, uma metrópole que, além de sua face moderna e industrial, convivia com uma outra, cujos traços poderiam ser identificados como resistências rurais e provincianas. Esses indícios estavam fartamente presentes em seu cotidiano (Moraes, 2000, p.143-4), como os vendedores ambulantes de porta em porta, de produtos e serviços diversos e de muitas outras práticas informais ainda evidenciadas na cidade e voltadas para outros momentos de sua história.

As notícias sobre os festejos de Momo permitem acompanhar a ampliação da cidade, se considerarmos, mesmo que incompleta, a listagem dos clubes citada pelos jornais, nos anos 1920 e 1930, como indicativa do quadro potencial desses espaços de sociabilidade, podendo daí deduzir-se que tal ampliação relacionava-se com a diversificação e a segmentação maior da população da cidade e de sua espacialidade que se projetava em diferenciadas direções. Nesses espaços múltiplos, oferecidos pela cidade de São Paulo, os festejos carnavalescos espocaram aqui e ali.

As informações recorrentes que aparecem em notícias variadas indicam que os cenários públicos dessas celebrações compreendiam a região central da cidade, o famoso Triângulo Central – formado pelas ruas: Direita, São Bento e

Quinze de Novembro —, a região do Largo do Arouche, Avenida Angélica, Avenida São João e adjacências, Avenida Paulista, palco do corso e dos desfiles das grandes sociedades carnavalescas. Nesses espaços, desfilaram as principais sociedades carnavalescas, com seus préstitos multiformes, de exacerbada policromia e efeitos pirotécnicos durante os Dias Gordos, arrancando aplausos da plebe que, seduzida pelo espetáculo, arrastava-se atrás, ávida "por tudo ver", "meio embasbacada, meio compungida", tal qual Arlequim descrito pelo jornalista militante de *A Plebe*.

Algumas avenidas do proletário bairro do Brás, como a Celso Garcia e Rangel Pestana, também foram palco de exibição do corso, de batalhas de confete, de bailes públicos freqüentados pelos segmentos médios e populares que moravam nas redondezas. Esses festejos, invertendo os sinais, também atraíam os jovens burgueses, em busca de aventuras com "as mocinhas bonitas" da colônia italiana, engajadas na folia. O assunto foi explorado no romance *Parque industrial*, de Patrícia Galvão, que não poupou palavras para demonstrar o sentido de perversão para esse entrelaçamento de classes que, na prática, configurava a ruína para as mocinhas que se deixassem seduzir pelos galanteios desses "conquistadores" burgueses de ocasião.

Os bairros próximos ao centro da cidade, como a Barra Funda, Bexiga e Belenzinho, outros, como Jardim América e Pinheiros, nas mediações da Avenida Paulista e, ainda, os bairros Lapa, Santana e Santo Amaro, que após 1935 foi transformado em bairro da capital, mais afastados, foram mencionados pela cobertura dos jornais. Ao longo das décadas estudadas, estes últimos apareceram em notícias breves e esparsas, diferentemente do que ocorreu em relação ao carnaval do Brás, já famoso pela sua animação.

A irradiação dos muitos palcos desses festejos era bem maior, acompanhando os caminhos dos clubes (ver o Mapa 1), cujo circuito, em regra, não foi coberto pela grande imprensa que priorizou o chamado carnaval elegante, embora tal noticiário pretendesse ser o mais abrangente possível, independentemente de interesses específicos.

Durante o período estudado, algumas dessas agremiações exerceram funções diferenciadas no carnaval. Os clubes e congêneres foram suportes para os muitos carnavais, oferecendo aos associados os bailes que ganharam destaque na imprensa e até foram, em muitas ocasiões, considerados o núcleo dos festejos. Alguns deles, ao trazerem às avenidas os famosos préstitos carnavalescos (ver Mapa 2, dos desfiles das sociedades carnavalescas, na região central, e Mapa 3, na Lapa) que se constituíam em um dos pilares do chamado carnaval elegante, inscreveram-se na memória dos carnavais de rua da cidade. Ganharam fama por essa participação o Club Carnavalesco Tenentes do Diabo (fundado em 1916), os Fenianos, Os Democráticos, os Argonautas, o Lygia Club. Seguindo o modelo de carnaval que vigorava na capital do país, assumiram até mesmo o nome das agremiações folionas, já famosas e tradicionais nos carnavais do Rio de Janeiro, como os Tenentes do Diabo, Fenianos e Democráticos, fundadas desde meados do século XIX.[9] Essas modalidades carnavalescas já apresentavam, no período estudado, desgaste significativo diante de outras novidades surgidas nos carnavais da cidade. Contudo, a trajetória dessas agremiações diferenciou-se em relação aos seus inspiradores que se envolveram em causas políticas de significativa relevância, como a luta pela emancipação dos escravos.

Os clubes paulistanos que participaram do carnaval de rua, por sua vez, foram criados ao longo do século XX e desenvolveram projetos próprios, embora a estrutura dos préstitos que chegaram às avenidas elegantes da cidade não apresentasse distinções em relação aos desfiles ocorridos no Rio de Janeiro. Os seus préstitos foram marcados por muitos "sóis dourados e giratórios" para deleite da plebe paulistana, tal qual ocorrera nos carnavais da capital do país.

Alguns desses clubes – como seus coirmãos cariocas – foram criados por estrangeiros e brasileiros de certas posses, e destacaram-se no carnaval da cidade como os Tenentes do Diabo e os Fenianos. O Club Tenentes do Diabo,[10] integrado por brasileiros e imigrantes de origem italiana, ganhou significativa projeção em seus desfiles. Galgou por um longo tempo a simpatia dos órgãos de imprensa, ainda mais após doar, em 1932, suas taças e troféus à causa dos revoltosos paulistas na guerra contra o governo federal.

Se os seus préstitos tinham um aporte local, a clivagem de classe em relação às brincadeiras populares estava igualmente mantida. Ocupavam o lugar de honra nos espaços públicos, em oposição aos demais foliões que tinham igual

---

9 A respeito desses clubes cariocas, consultar: Cunha (2001, capítulo 2, notadamente a partir da p.98).

10 O Club Carnavalesco Tenentes do Diabo foi criado em 19 de março de 1916 e tinha como objetivo festejar interna e externamente o carnaval em São Paulo. Sua primeira diretoria foi composta por Carlos Camacho, presidente; Floriano Alves Vianna, vice; José Menotti Chiaruchi, 1º secretário; Joaquim Ribeiro Jordão, 2º secretário; Joviniano Oliveira Santos, tesoureiro; e Jacob Martins e José Farina, diretores de festas. Destacou-se nos carnavais da cidade, ganhando muitos prêmios ao longo de sua trajetória de exibições nos carnavais de rua (*O Estado de S. Paulo*, 1940, p.311-2).

Mapa 1 – Região central de São Paulo: bailes carnavalescos realizados em clubes, sociedades, teatros, cassinos, hotéis e cinemas da cidade de São Paulo (1923-1938)

OS CARNAVAIS DE RUA E DOS CLUBES NA CIDADE DE SÃO PAULO

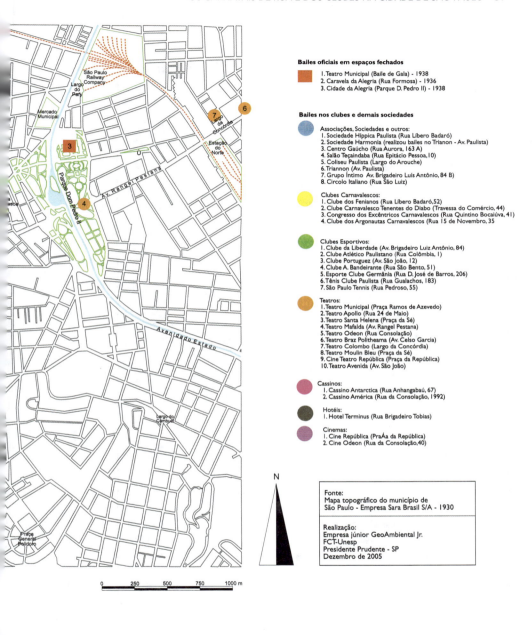

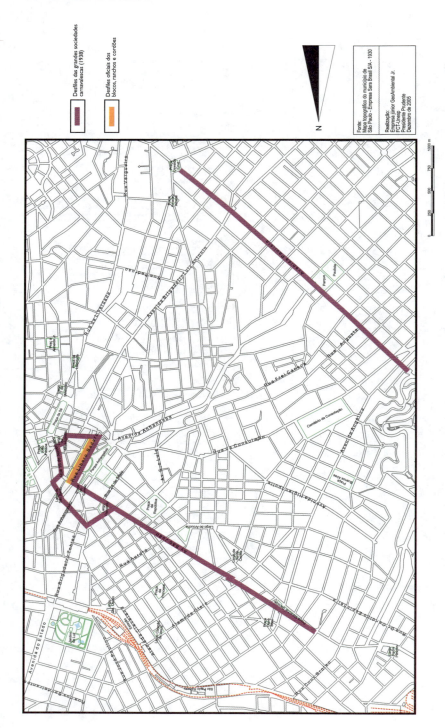

Mapa 2 – Mapa da região central de São Paulo (década de 1930). Desfile das sociedades carnavalescas

OS CARNAVAIS DE RUA E DOS CLUBES NA CIDADE DE SÃO PAULO 69

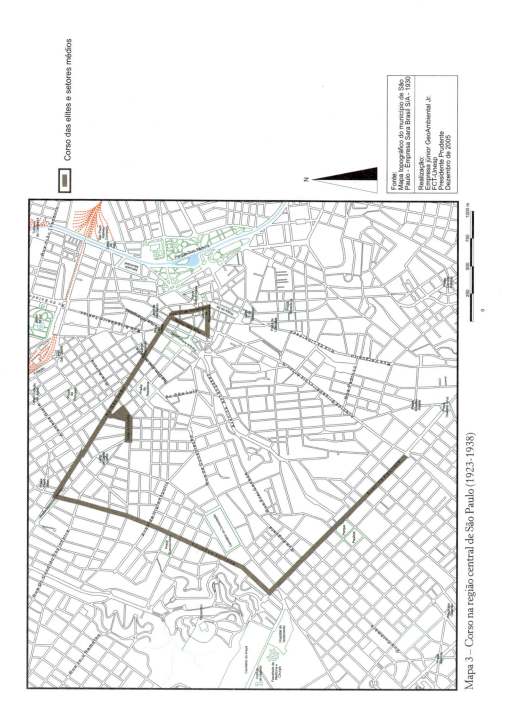

Mapa 3 – Corso na região central de São Paulo (1923-1938)

pretensão e que eram preteridos pelas elites e autoridades públicas por carregarem o estigma de perigosos e desordeiros.

As grandes sociedades, também em São Paulo, garantiram os seus privilégios, colocando-se como alternativas às manifestações de origem popular, seguindo os mesmos passos das associações do Rio de Janeiro[11], que dominavam os espaços públicos desde o século XIX. Tinham como aliado a própria polícia, com suas determinações que não davam trégua a toda e qualquer manifestação foliona que não tivesse a devida autorização para circular pelas ruas da cidade. Complementando esse trabalho, vigiava de perto as brincadeiras avulsas que lembrassem o velho entrudo, os blocos e os mascarados impertinentes.

As brincadeiras irreverentes e autônomas, portanto, desenvolveram-se entre estreitos limites. Mesmo assim, alguns cordões, ranchos e grupos de afrodescendentes e de brancos foram criados ao longo dos anos 1910, 1920 e 1930, e animaram o carnaval de rua da cidade. Em meio a muitas negociações e anos de teimosia, tiveram que aceitar certos padrões e regras exigidos pelas autoridades, como o pagamento de taxa à prefeitura e a autorização da polícia, para que pudessem se exibir nos logradouros públicos.

Os registros, ainda que indiciários, apontam a presença nas ruas de o *G.C. Barra Funda, G. C. Campos Elyseos, Vae Vae, Diamante Negro* (rancho), todos eles originários da comunidade negra. Muitos outros de origens distintas e, às vezes, de curta duração desfilaram pelas ruas da cidade. Rompendo essa perspectiva, os *Moderados* tiveram uma longa participação nessas celebrações e estruturaram-se a partir de trabalhadores da comunidade italiana, sem muitos recursos.

Se os clubes eram um dos suportes desses festejos, diríamos que os meios de comunicação paulistanos eram o outro, mesmo que os jornais e as revistas privilegiassem modalidades e espaços nos quais as elites estavam envolvidas, tais como o corso, os préstitos das grandes sociedades carnavalescas e os bailes nos clubes elegantes. Em detrimento desses limites, noticiaram, de forma genérica, os bailes carnavalescos que ocorreram nos clubes de diferentes categorias, freqüentados pelos setores médios e populares, notadamente os que aconteciam nos clubes esportivos. Igualmente silenciaram outros espaços e

---

11 No Rio de Janeiro, as grandes sociedades carnavalescas, criadas no século XIX, mantinham privilégios e opunham-se às manifestações populares que eram sistematicamente perseguidas pela polícia (Cunha, 2001).

brincadeiras que não traduziam, segundo tal concepção, a ótica a partir da qual essas festividades deveriam ocorrer.

Assim, ao longo dos anos pesquisados, deparamos com a cobertura das festas carnavalescas nos clubes elegantes, exclusivamente freqüentados pela elite endinheirada tais como: Club Athlético Paulistano (fundado em 1900), Sociedade Hípica Paulista (criada em 1911), Theatro Municipal (inaugurado em 1911)[12], Sociedade Harmonia (criada em 1915 por senhoras da elite paulistana), São Paulo Tennis, Circolo Italiano e o Triannon. Alguns deles tinham suas atividades voltadas para os esportes, como era o caso da Sociedade Hípica Paulista, fundada por Guilherme Prates, filho do conde Prates, dedicada ao hipismo, e do Club Athlético Paulistano que investia na prática de diferentes esportes. Nesse clube, praticavam-se a natação, o remo e o futebol, este último o esporte de maior empenho de um de seus fundadores, Antonio Prado Junior (Schpun, 1999)[13].

A Sociedade Hípica Paulista era considerada um dos clubes mais elitistas da cidade de São Paulo, o que se refletia nas exigências para participação de seus bailes carnavalescos, que eram exclusivos e destinados aos associados. Tais exigências objetivavam conferir aos seus membros a certeza da exclusividade e distinção social. Essa perspectiva esboçava-se na postura seletiva que orientava as diretrizes do clube, conforme salientou Schpun (1999, p.55-6):

> A política do clube (era), desde o início, a de manter um núcleo de sócios restrito e selecionado. Enquanto o Paulistano – também freqüentado por famílias muito ricas – divulga com orgulho o seu número de sócios, a Hípica faz o contrário: ela nunca publica o efetivo de seus membros e limita-se a afirmar que este é limitado e que novos pedidos de aceitação estão longe de ser automaticamente atendidos.

As orientações voltadas para o exclusivismo mantiveram-se durante os festejos carnavalescos promovidos pelo clube, no decorrer dos anos

---

12 O Teatro Municipal, inaugurado em 1911, foi visto como "a entrada no mundo europeu" e sua iniciativa esteve associada à gestão de Antonio da Silva Prado, que assumiu o governo da capital paulista de 1899 a 1911. Sua inauguração, porém, ocorreu na administração do Barão Raymundo Duprat que abrangeu os anos de 1911 a 1914. Consultar: Ruiz (2000).
13 Consultar sobre o assunto: Schpun (1999). A autora discute aspectos fundamentais sobre as práticas esportivas e a rede de relações das elites, tomando como referência os clubes que freqüentavam para suas práticas de lazer e de entretenimento.

pesquisados. Essa posição somente foi alterada no carnaval de 1938, no baile "Um carnaval no Havaí", quando, ao contrário dos anos anteriores, a diretoria autorizou "os associados levarem amigos em sua companhia, mediante convites requisitados antecipadamente na secretaria" (*Correio Paulistano*, 13 fev. 1938).

Com ou sem restrição à presença de convidados ou a proibição de transferência de convites para pessoas não associadas, os seus bailes despertavam o interesse dos meios de comunicação que davam destaque, em jornais e revistas, aos folguedos ali realizados.

As elites dispunham de outras opções, igualmente convidativas, para as celebrações dos festejos de Momo, como os bailes promovidos pela Sociedade Harmonia[14], dirigida pelas senhoras da sociedade paulistana, os quais se realizavam no Teatro Municipal ou no Trianon, espaço público alugado para a realização de eventos diversos. Durante os carnavais em foco, os seus bailes ficaram registrados no acontecer da cidade de São Paulo, tamanha a fama e o interesse que despertaram entre esses segmentos citadinos abastados.

Os foliões endinheirados dispunham ainda dos bailes promovidos pelo Club Athlético Paulistano que, embora fundado e freqüentado pelas elites, parecia ter uma política interna menos restritiva, se comparada à da Sociedade Híppica Paulista. Corrobora essa idéia o seu quadro associativo que se expandiu, ao longo dos anos, de forma significativa. Os seus associados eram "700 em 1917, 900 em 1919 e 2000 em 1927" (Schpun, 1999, p.56).

Além dos bailes organizados por esses clubes que reuniam os associados originários das elites, os demais foliões paulistanos, de origens e situações financeiras variadas, divertiam-se em espaços próprios. Os alemães, portugueses, italianos e sírios endinheirados brincaram os Dias Gordos, a partir de suas tradições, nos clubes Germânia, Club Portuguez, Circolo Italiano e Sport Club Syrio, que uniam essas colônias.

A irradiação da brincadeira também envolveu os segmentos médios e populares que participaram, ao longo desses anos, em seus clubes e congêneres, dos bailes carnavalescos e, ainda, de várias atividades programadas, que iam dos bailes rotineiros, festivais, saraus, chás ou piqueniques às diferentes modalidades esportivas. Esses eventos estavam direcionados aos objetivos propostos por esses clubes e aceitos por seus associados. Durante

---

14 Essa sociedade surgiu com um baile nos salões do *Trianon*, em virtude da extinção do *Clube Concórdia*. Foi uma iniciativa de *Elvira de Paula Machado Cardoso, Ermínia Pereira de Queiroz e outras senhoras* da elite paulistana, assim informou-nos Jorge Americano (1962, p.294).

essas comemorações, os segmentos médios e o público, em geral, tiveram ao seu dispor, além dos bailes realizados em suas entidades recreativas, os bailes promovidos por cassinos, teatros, cinemas, hotéis e associações profissionais. Esses locais transformaram-se em espaços cenográficos durante os Dias Gordos, propiciando outras opções àqueles que quisessem se integrar à folia carnavalesca e partilhar os momentos lúdicos e prazerosos prometidos por essas festividades. Embora alguns desses lugares – como os cassinos, teatros, hotéis e cinemas – fossem liberados àqueles que pudessem pagar, os altos preços de ingressos, mesas ou frisas eram a garantia de certa seletividade aos seus freqüentadores, diferentemente do que ocorria no Rio de Janeiro, em fins do século XIX e início do XX, onde as pessoas tinham um perfil bastante misturado e popular, de acordo com Maria Clementina P. Cunha (2001, p.92-3).

Os clubes dedicados aos esportes, em geral, e ao futebol, em particular, também se integraram de forma significativa aos festejos carnavalescos, oferecendo aos seus associados —- infantis e adultos – os bailes durante os Dias Gordos. Destacaram-se nesta última categoria os bailes do Sport Club Corinthians Paulista (criado em 1910)[15] e os do Clube Atlético Ypiranga (criado em 1912)[16], ambos de origem bastante popular. Isso significou a ampliação dos laços de convívio entre os seus integrantes, propiciando interações que iam além dos interesses pelos esportes, tal o envolvimento desses clubes nas festividades de Momo.

Ainda entre os setores populares, os clubes da comunidade negra aglutinavam o grupo e, igualmente, traduziam as hierarquias e as diferenças existentes em seu interior. Esses clubes, estruturados como eram, de acordo com a situação financeira e status – que supostamente já haviam alcançado na sociedade brasileira – promoveram bailes para os seus associados durante os carnavais desses anos, embora tenham sido praticamente ignorados pelos órgãos da imprensa diária da cidade de São Paulo, notadamente nos anos 1910

---

15 O Sport Club Corinthians Paulista foi criado em 1910 por um grupo de amigos do bairro Bom Retiro, todos eles trabalhadores de "origem humilde": Rafael Perrone (sapateiro), Carlos Silva, (estudante), Anselmo Correia (motorista), Joaquim Ambrósio e Antonio Pereira (pintores de parede). O seu primeiro campo foi na Rua José Paulino. Em 1926, o clube foi transferido "para área atual, inaugurando, dois anos depois, o seu estádio, conhecido como Parque S. Jorge" (*Guia dos Documentos Históricos na Cidade de São Paulo*, 1954-1954, p.626-7).

16 O referido clube foi organizado em 1912, por "empregados do comércio do centro da cidade que, nas horas vagas, dedicavam-se ao esporte futebolístico". Posteriormente, foi construído seu campo de futebol na Água Branca. Em 1932, fundiu-se com o Clube Nacional e transferiu-se para o bairro do Ipiranga. Nessa época vários membros da família Jafet foram presidentes do Clube (ibidem, p.609).

e 1920. Quando isso ocorreu, geralmente os jornais fizeram rápida referência ao desfile de algum cordão ou rancho, como em 1927, em que O Estado de S. Paulo destacou o desfile do Grupo Carnavalesco Barra Funda e do rancho Mimoso Girasol, formado por mocinhas negras. O rancho foi descrito de forma mais detalhada do que de costume, com destaque para as características e performances públicas do grupo.

As notícias, embora escassas, começaram a aparecer após 1930. Contudo, ainda eram seletivas e desproporcionais em relação à cobertura do carnaval da elite. Tal questão já foi abordada por Olga von Simson (1989, p.180) que observou a preterição no tratamento dado aos folguedos praticados pelos negros:

> [...] Não houve por parte da imprensa uma valorização do brincar negro, nas décadas iniciais (de 10 e 20). Noticiavam com destaque o carnaval da burguesia: o corso da Av. Paulista e os bailes em clubes e teatros [...] Quanto aos folguedos negros não havia referência a eles, a não ser simples menção na seção policial, quando alguma briga ou conflito com a polícia era registrado. [...]
> Já na década de 30, havia um jornalzinho satírico, O "Governador", que só saúa para envenenar. Esse dava cobertura ao artista, é o que afirma Seu Zezinho".

A precariedade de notícias sobre os folguedos negros não significa que eles não tivessem ocorrido ou, mesmo, recebido algum registro. As pesquisas feitas em seus periódicos, *Clarim/SP* (1923/1924), *O Clarim d'Alvorada* (1924/1932), *Kosmos/SP* (1923/1924), *Progresso* (1928/1932), *Chibata* (1932), *Evolução* (1933), *A Voz da Raça* (1933/1937) permitiram que identificássemos o brincar negro durante os anos estudados.

Assim, graças a essa imprensa, tornou-se possível rastrear as notícias das comemorações carnavalescas entre uma parte dos segmentos populares que habitava a cidade de São Paulo. Esse esforço resultou da perseverança de alguns líderes negros que, rompendo as barreiras e os preconceitos que marcaram as dificuldades de absorção de sua comunidade no âmbito da sociedade branca, foram, aos poucos, construindo espaços alternativos de afirmação de sua identidade. Isso foi feito por intermédio de instituições diversas e de veículos que ampliaram essa ação positiva, como os jornais, que foram os seus porta-vozes mais eloqüentes.

Tanto foi assim que, no final da década de 1920, a comunidade negra ganhou maior visibilidade e expressão, traduzidas na ampliação de seus veículos de circulação de idéias. Nesses periódicos foram publicadas notícias sobre a participação dessa comunidade em tais festividades, apesar de serem matérias bastante resumidas. O Clarim d'Alvorada, a exemplo dos demais jornais, publicou em suas páginas, no decurso dos anos 1920 e 1930, entre outros assuntos, a participação da comunidade negra nos bailes realizados em seus clubes e, também, no carnaval de rua, estruturado a partir dos cordões, ranchos e blocos que surgiram nas décadas mencionadas. Ou seja, a comunidade negra divertiu-se em seus clubes e associações, a saber: Club 13 de Maio, Club XV de Novembro, G. C. Campos Elyseos, G. C. Barra Funda, G. R. D. Kosmos, G. R. Princesa do Norte, G. R. Flor da Mocidade, Elite da Liberdade, União da Mocidade, entre outros (O Clarim d'Alvorada, 24 jul. 1926, p.4 e 26 set. 1926, p.4). Tais espaços constituíram-se em pólos de agregação e reforço de seus interesses, lapidando a identidade desejada por seus membros com base em suas práticas culturais multifárias.

Olga von Simson (1989), a partir dos depoimentos dos foliões negros veteranos – homens e mulheres –, localizou os espaços socioculturais dessa comunidade nos bairros da Barra Funda, Bela Vista ou Bexiga e Baixada do Glicério. Na avaliação da autora, eram áreas distintas da cidade, mas tinham características comuns:

> Todas se concentravam próximas ao centro da cidade; cada uma delas possuía um bairro elegante limítrofe que fornecia a possibilidade de empregos domésticos, com relativa abundância. [...] Por suas características geográficas eram áreas urbanas desvalorizadas, oferecendo, portanto moradias baratas (Simson, 1989, p.84).

Além dos locais citados, os clubes da raça, localizados na região central da cidade, "circundantes ao centro velho paulistano, distribuindo-se pelas ruas Florêncio de Abreu, do Carmo, Quintino Bocaiúva, 25 de Março, Largo do Piques e Praça da Sé" (ibidem, p.87), reuniam uma população jovem negra, flutuante, moradora de bairros afastados.

Outras informações veiculadas em seus jornais permitiram não somente acompanhar as várias atividades desenvolvidas no âmbito dessa comunidade, mas também localizar diferentes associações e entidades que ela organizou e, ainda, o papel que desempenharam em seu interior, incluindo, entre elas, alguns dos cordões e blocos carnavalescos. Essas várias alternativas, propiciadas aos diferentes públicos da comunidade, sugeriam que os seus membros partilhavam das mesmas preocupações que buscavam na distinção e nas regras de convívio, tão caras ao mundo culto, formas de demonstrar sua sintonia a essas normas que faziam parte dos códigos do dito mundo civilizado.

Assim, as atividades desenvolvidas por esses clubes sinalizavam para um espectro amplo de propostas lúdico-culturais, que só poderiam ser realizadas com a consolidação dessas associações. Percebemos os indícios desse processo na ampliação do quadro de associados[17] e na renovação dos dirigentes de suas entidades mais representativas, como eram as situações dos cordões G. C. Barra Funda (fundado em 1914, por negros sem muitos recursos, moradores da Barra Funda) e Campos Elyseos (criado em 1919, também por negros residentes da Barra Funda, porém "com situação financeira um pouco melhor", conforme nos esclarece Olga von Simson (1989).

Em 1928, *O Clarim d'Alvorada* noticiou a renovação da diretoria do G. C. Barra Funda. Embora os irmãos Barboza, os seus fundadores, ainda ocupassem cargos em sua diretoria, outros integrantes passaram a exercer os postos mais altos da entidade.

Cargo	Nome do membro da Diretoria
Presidente	Mário Jandyr
Vice-presidente	José Alexandre Silva
1° secretário	Cornello Ayres
2° secretário	José Alexandre Silva
1° tesoureiro	José da Silva
2° tesoureiro	Leôncio Esmael
1° procurador	Luiz Pereira
2° procurador	Thomaz Galvão
1° fiscal	Antonio Margué
2° fiscal	Marcello Rogne
1° mestre-sala	Jorge Raphael
2° mestre-sala	Waldemar Ramos
Diretor geral	Luiz Barbosa
Diretor auxiliar	Dionysio Barboza

Quadro 1 Diretoria do G. C. Barra Funda (1928)
Fonte: *O Clarim d'Alvorada*, 1 abril 1928, p.4.

Já o G. C. Campos Elyseos, desde sua fundação em 1919, por Argentino Celso Vanderlei, continuou seu trabalho associativo, mostrando vitalidade e

---

17 O G. C. Barra Funda, quando foi fundado em 1914, contava com seis a oito integrantes. Em 1920, já aparecia com mais de vinte, e em 1936 desfilou com mais de cem integrantes.

empenho nas tarefas de arregimentação e de renovação de sua diretoria. No balancete publicado em *O Clarim d'Alvorada*, de 1927, a diretoria era composta por Augusto Pereira (presidente), Argentino Celso Wanderlei (tesoureiro) e Juvenal Souza (secretário).

No ano seguinte, o G. C. Campos Elyseos passou a ter maior visibilidade com a criação de o jornal *Progresso*, por Argentino C. Wanderley, tesoureiro do cordão. Nesse ano, o *Progresso*, comemorando o nono aniversário da entidade, contou um pouco de sua história, realçando os objetivos e os nomes de seus fundadores. Tendo como emblema uma figura, misto de águia e serpente, e as cores branco e roxo, os "moços de almas sonoras" – como foram nomeados pelo periódico —, Argentino Celso Wanderley, Antenor Ferreira, Benedicto de Oliveira, Cezmo de Oliveira, Luiz Gonzaga, Saturnino de Oliveira e Euclides dos Santos, resolveram "afastar da terra as tristezas" e, ainda, "com suas canções quebrar a monotonia do carnaval paulistano", tarefa que, segundo o jornal, cumpriram com empenho ao longo dos nove anos (*Progresso*, 23 jun. 1928, p.4).

Na década seguinte, notícias sobre a renovação de sua diretoria indicaram a incorporação das mulheres ao seu quadro dirigente, marcando o ano de 1933 uma situação nova no âmbito dessa entidade.

Cargo	Nome do membro da diretoria
Presidente	Antonio Brigido Gomes
Vice-presidente	Srta Benedicta Carvalhaes
Diretor	João Valério
Diretora	D. Sebastiana M. Barreto

Quadro 2 – Diretoria do Cordão Campos Elyseos (1933)
Fonte: *Evolução/SP*, 13 maio 1933, p.12.

A aglutinação da comunidade em torno dessas associações e o seu funcionamento aconteceram graças a várias atividades como quermesses, piqueniques, bailes de diferenciados níveis, realizados durante o ano todo, seguindo, em sua estrutura, padrões semelhantes aos dos clubes das elites, sem perder de vista as especificidades do próprio grupo. Além disso, propiciaram a sedimentação de relações e laços afetivos entre os seus integrantes, que interagiam por meio de eventos, realizados com as mensalidades pagas pelos associados e pelo *livro de ouro*, passado entre os comerciantes do bairro e entre aqueles que se dispusessem a ajudá-los. Essas estratégias foram usadas tanto pelo G. C. Barra Funda quanto pelo G. C. Campos Elyseos[18].

No final da década de 1920, o sucesso dos cordões já havia ultrapassado os limites dessa comunidade. Seus desfiles nos espaços públicos ganharam destaque, ainda que sumário, no noticiário da imprensa diária. Em 1929, arrancou elogios do *Correio Paulistano*, que anunciou o costumeiro desfile do G. C. Barra Funda que seria realizado pelas ruas da cidade, na terça-feira de carnaval, destacando como fundamental o fato de ser uma agremiação tradicional da Barra Funda. Em suas páginas, na terça-feira de carnaval (12/02/1929), noticia os desfiles do grupo Campos Elyseos, composto por cem figurantes, e do Grupo Carnavalesco Barra Funda. Seguindo a tradição, o préstito do C. G. Barra Funda percorrerá inicialmente as ruas do bairro, dirigindo-se, em seguida, ao centro da cidade, "onde cumprimentará as altas autoridades, visitará as redacções dos jornais, conforme a praxe dos annos anteriores" (*Correio Paulistano*, 12 fev. 1929).

Com base nos elementos apresentados anteriormente, é possível deduzir-se que, no processo de interação da comunidade negra, os clubes desempenharam um papel fundamental. Ao oferecerem atividades múltiplas, tornaram possível a esse estrato social a ampliação das relações de convívio e de engendramento de práticas sociais mais diversificadas. Assumiram, além da demarcação dos parâmetros da sociabilidade desejada para os seus membros, também o delineamento da identidade sonhada. A engenharia para sua execução forjou-se em suas atividades lúdicas e político-culturais, realizadas ao longo do ano inteiro. Tanto foi assim que, passado o carnaval, as sociedades recreativas voltavam-se para um outro calendário de eventos[19].

---

18 Nos balancetes do G. C. Campos Elyseos, publicados em *O Clarim d'Alvorada* e em *Progresso*, aparecem o montante arrecadado e também as atividades realizadas pelo grupo. Em 1927, por exemplo, as contribuições dos associados dessa agremiação foram da ordem de 3:000$000 durante o ano, quantia que, embora significativa, não cobriu as necessidades de funcionamento do grupo, cujo montante total gasto foi de 11:000$100 (onze contos e cem réis) aproximadamente.

19 Os eventos eram diversificados e celebravam as datas cívicas e políticas que se relacionavam com a comunidade negra, como a promulgação da Lei Áurea, ou o aniversário de Zumbi. Ou eventos culturais diversos, como o festival literário dançante, leituras de poesias, encenação de peças de temário voltado para o grupo, como a peça *O escravo*. Ou, ainda, festas com características apenas lúdicas como podemos ler em *O Clarim d'Alvorada*, em 1926, que traz o calendário de festas de algumas agremiações que se realizariam em junho e julho daquele ano, a saber: "G. C. Campos Elyseos – Em 24/07/1926 realiza, em sua sede, Festival dançante em benefício de *O Clarim d'Alvorada*; G. C. Barra Funda realizou em 20/06/1926, Chá Dansante em homenagem as Amadoras do Barra Funda, em sua sede à rua Lopes Chaves; Elite da Liberdade, em 10/07/1926, realizou um sarau; Brinco de Princesas – realizou matinê dançante." (*Clarim d'Alvorada*, 20 jun. 1926, p.4.)

O esforço associativo desencadeado por essas lideranças negras, como o grupo do G. C. Barra Funda liderado por Dionísio Barboza, os responsáveis pelo G. C. Campos Elyseos e pelo periódico *Progresso*, liderados por Argentino Wanderlei, os integrantes de *O Clarim d'Alvorada*, como José Correia Leite, Jaime de Aguiar e Lino Guedes, entre outros, garantiu a pluralidade de interesses e, ao mesmo tempo, canalizou energias de homens e mulheres que, usando da criatividade, burlaram a escassez de recursos, na busca de implementação daquilo que consideram as formas mais adequadas de promoção de seus membros, atacando, à sua maneira, a pobreza e os preconceitos que causavam sua exclusão social.

Vale lembrar que nem sempre o dia-a-dia dessas entidades foi marcado de êxitos. Em vários momentos, a imprensa negra registrou os percalços enfrentados por tais associações que, ano após ano, desligaram de seus quadros muitos de seus integrantes. Porém, como não explicitaram os motivos, uma hipótese plausível seria a falta de pagamento das contribuições mensais, ou ainda, de adesão, diante da recorrência dos desligamentos. Aqui e acolá, eram feitas por essas lideranças rápidas observações sobre a falta de recursos para a realização das atividades almejadas. As mesmas dificuldades enfrentaram os seus periódicos. *O Clarim d'Alvorada* queixou-se do desinteresse dos membros da comunidade em relação aos seus jornais. Constatou a falta de pagamento das assinaturas e de apoio às atividades programadas para socorrer o periódico, como o festival dançante organizado pelo G.C. Campos Elyseos, em 1926, com essa finalidade e que foi um retumbante fracasso.[20] Essa, aliás, não era uma peculiaridade da comunidade negra. As lideranças operárias queixavam-se da comunidade italiana em relação aos seus jornais e, também, da fraca adesão à causa libertária.

Em que pese a situação constatada, não estão em questão a relevância, os significados e os papéis assumidos por tais entidades na aglutinação e na defesa de seus interesses, construídos a partir da ampla rede de relações sociais engendradas em seu interior que, no decorrer dos anos 1920, ampliou-se ainda mais com o surgimento de novos grupos carnavalescos que saíram às ruas em blocos, ranchos, cordões e grupos. A leitura desses periódicos permite-nos,

---

20 O periódico assinalou no ano seguinte esse episódio, mencionando que a justificativa apresentada por muitas pessoas para o não-comparecimento ao evento foi o fato de haver chovido torrencialmente na cidade, o que deixou essas lideranças ainda mais irritadas e descontentes.

igualmente, perceber que o interesse pelo carnaval cresceu significativamente no início dos anos 1930, produzindo em decorrência algumas modificações em relação à década anterior quanto à composição dessas agremiações, que deixaram de ser entidades comandadas apenas por homens. No início dessa década, constatamos a existência de cordões comandados por mulheres (*Evolução*, 13 maio 1933, p.15) e também sua participação como membros da diretoria do Campos Elyseos (ibidem, p.12).

Para que essas instituições participassem em eventos públicos, era necessário seguir os trâmites legais. Colocar os préstitos dos cordões e dos blocos nas ruas pressupunha a autorização policial e, ainda, o pagamento de uma taxa para ter o direito de exibição nos logradouros públicos. Tais exigências, ao que tudo indica, não se constituíram em empecilhos para a participação dos segmentos populares nessas festividades. Porém, isso abriu espaço às seguintes indagações: Qual a relação desses grupos com as autoridades, e até que ponto as exigências oficiais eram entraves para os cordões saírem às ruas? Quais os limites para a desobediência ou não a tais pré-requisitos?

Responder a essas questões implicaria rastrear a documentação policial para verificar as prisões ocorridas durante o carnaval, ao longo dos anos investigados, uma vez que a cobertura desses festejos, feita pela grande imprensa e, também, pelos periódicos alternativos, não permite elucidar a questão, pela ausência de informações.

Assim, avaliar até que ponto essas agremiações cumpriram a advertência das autoridades policiais de que deveriam estar devidamente inscritos, em decorrência das proibições expressas contra iniciativas espontâneas de foliões em razão do grau de tolerância da polícia, parece uma hipótese de pesquisa a ser perseguida, mas de difícil alcance, pelas razões assinaladas.

A esse respeito, Olga von Simson (1989) informou-nos que a regulamentação para os desfiles públicos dos blocos, ranchos e cordões seguia os mesmos procedimentos definidos no século XIX para as agremiações dos estratos dominantes. Ou seja, eles deveriam registrar-se na Seção de Divertimentos Públicos da Prefeitura Municipal, preenchendo fichas, definindo as cores que seriam usadas pelos agrupamentos carnavalescos na apresentação e pagando as respectivas taxas. Para garantir o controle, no próprio dia de carnaval, era preciso ir à prefeitura carimbar o estandarte (ibidem, p.175). Essas exigências foram reiteradas pela polícia, ao longo das décadas de 1920 e 1930, e amplamente divulgadas pela imprensa.

Embora os interditos fizessem parte dos percursos do carnaval, penso que seria ingenuidade supor que todos os foliões seguiriam à risca as regras projetadas pelas autoridades para tais festejos. Diante disso, uma questão se propõe: até que ponto os empecilhos para os foliões colocarem os seus blocos nas ruas eram considerados? Os jornais da comunidade negra não registraram qualquer impedimento a esse respeito. No entanto, os carnavalescos reafirmaram em diversas ocasiões a necessidade de solicitar a autorização oficial para os desfiles de suas agremiações. Assinalaram que as dificuldades de aceitação dos seus cordões nos desfiles públicos por parte das elites ainda eram marcantes no decorrer dos anos 1910. A situação paulatinamente modificou-se a partir de meados dos anos 1920, em que pesem as exigências de registros continuarem em vigor.

Enfim, esses diversos espaços, constituídos pelos clubes e congêneres, propiciaram aos habitantes da cidade canais de expressão de seus interesses que, nas práticas dos esportes e nas atividades lúdico-culturais, deram conformação às suas relações sociais e afetivas, demarcando e reforçando identidades diversas.

O percurso de tal processo não foi linear. Durante os anos 1920, os foliões paulistanos vivenciaram experiências carnavalescas, seguramente algumas delas distintas daquelas experimentadas pelos foliões dos anos posteriores. Pensando os festejos de Momo do ano de 1923, diria que foram atípicos, e isso talvez se devesse às seqüelas dos problemas políticos enfrentados pelo país, decorrentes dos levantes militares ocorridos em 1922 e das eleições presidenciais que impuseram medidas restritivas à sociedade. O presidente Arthur Bernardes, eleito em 27 de maio de 1922 e empossado no último dia daquele ano, teve o início de seu governo marcado por certa instabilidade política, em decorrência dos levantes militares que antecederam a sua posse. A conseqüência imediata foi o maior controle sobre o movimento das pessoas durante os eventos diversos. O carnaval de 1923, por exemplo, sofreu o revés dessa situação, conforme observou Fábio Augusto de Oliveira Santos (2000) que destacou as dificuldades de os blocos saírem às ruas, no Rio de Janeiro, para a celebração dos festejos momescos.

Os percalços decorrentes dos enfrentamentos militares também tiveram desdobramentos em outras cidades do país. Em São Paulo não foi diferente embora, nesse caso, a visibilidade maior tenha sido a explicitação dos interditos que recaíam sobre os foliões.

Apesar disso, os preparativos para essas celebrações ignoraram as dificuldades políticas, e algumas das representações tematizaram, com humor, o sentido desses festejos naquela conjuntura, notadamente o caricaturista Belmonte. Na charge "Carnaval" (Figura 1), o caricaturista apresentou um Rei Momo vestido de palhaço, conduzindo o ancião de barbas brancas (O Juízo) ao Hospício do Juqueri, informando-o de que ali era o seu lugar durante os três dias de carnaval. Pensando no sentido dessa projeção, poder-se-ia dizer que as regras que garantiam a sociabilidade de homens e mulheres, durante tais festejos, deveriam ser o oposto daquelas que regiam o cotidiano durante o ano inteiro. E, ainda, que os cidadãos, às voltas com um novo estado de sítio, deveriam ignorar as agruras do momento e cair na folia. Afinal, era carnaval!

A demolição e o descaso com os assuntos sérios também invadiram outros temas do cotidiano do paulistano e do brasileiro do período, quando o autor articulou o carnaval à política e tematizou a suspensão da rotina ordinária, submetendo-a aos códigos e às regras próprios a esses festejos. Essa situação foi argüida por Belmonte em duas charges. Na primeira, com o título "Momo desbanca a política" (Figura 14), tal questão foi discutida por dois personagens: uma velha identificada como Politicagem, e o outro, o próprio Rei Momo. Dona Politicagem, matrona de aparência desgastada, seios caídos, olhos miúdos e nariz grande, evidenciou certa surpresa com a chegada de Momo. O seu interlocutor, Rei Momo, o outro personagem que invadiu os espaços do quadro e, por extensão, do social, era uma figura gorda e risonha. Portava uma fantasia que tinha como complemento um gorro na cabeça, com pompons nas pontas e um bumbo que sugeria uma animada batucada, avisando suas intenções de reinar absoluto em todas as esferas da sociedade, já que ele era o próprio Estado.

Figura 14 – Belmonte, "Momo desbanca a política" (*A Cigarra*, 1923)

Já a segunda charge, intitulada "Nas vésperas do Carnaval" *(*Figura 15*)*, o diálogo travou-se entre um funcionário público, às voltas com os baixos salários, e o Congresso, este último expresso por um ancião de barbas brancas, portando uma tesoura pronta para cortar, identificando em uma de suas laterais a palavra Economia. Na legenda, o pobre homem, magro, indefeso, agarrado aos rolos de papéis, implorava para que o Congresso não cortasse o seu salário, pois, do contrário, suas filhas e mulher ficariam em apuros no carnaval. O diálogo não deixava dúvidas sobre a importância desses folguedos para os segmentos médios assalariados, que projetavam nessa participação a garantia de manutenção de certo *status* social que os diferenciaria dos demais assalariados sem muitas posses:

– Não, seu Congresso!
– Não me corte o ordenado!
– Que vae ser de minhas filhas e de minha...
– !?
– Agora que estamos em vésperas de carnaval.

Figura 15 – Belmonte, "Nas vésperas do carnaval" (*A Cigarra*, 1923).

Essas charges tinham um sentido bastante emblemático, e isso Belmonte desnudou sem piedade, deixando antever que, para esses segmentos médios assalariados, o verdadeiro sonho de carnaval era poder participar dos bailes e dos corsos elegantes, nas avenidas, alinhando-se aos segmentos endinheirados que encarnavam a tão sonhada distinção social.

A cobertura da imprensa sobre o carnaval brincado na cidade ateve-se a informações genéricas sobre os espaços que promoviam o chamado carnaval elegante, e deu informe panorâmico sobre os demais locais do acontecer carnavalesco.

O jornal *O Estado de S. Paulo* abriu – na coluna "Notícias Diversas", publicada na página 5 – a cobertura do carnaval de 1923 com uma matéria que descreveu metaforicamente a metamorfose das pessoas, naquele sábado de carnaval, ao vestirem suas fantasias e adereços. Como em um passe de mágica, transformaram-se em seres irreais, brincalhões e irreverentes que, às portas das casas, passaram a desafiar os transeuntes com seus narizes vermelhos, língua de sogra, serpentinas e lança-perfumes. Invadiram as ruas com seus bumbos e clarins, e transformaram o visual da cidade, impondo outros odores e maneiras de comportar-se, indicando o prenúncio daquilo que se projetava para a cidade, ao longo dos Dias Gordos.

Tais práticas descritas pelo jornal, no entanto, não passavam de um sonho de carnaval, conforme demonstrou o dominó preto, personagem imaginário que invadiu a redação e leu a matéria que seria publicada. Com o intuito de desmascarar as ilusões projetadas para essa festa, deixou em texto próprio, jogado ao chão, o seu posicionamento sobre os problemas reais que marcam esses festejos. Cumpria assim os desígnios de seu personagem, cujo papel era zombar da fantasia de um mundo idílico e alegre, forjada em torno dos festejos de Momo, a qual o jornal ajudava a construir. No texto escrito pelo dominó/personagem, tal mundo dos sonhos desmoronava-se rapidamente diante de uma realidade que se sobrepunha sem nenhuma mediação, pois o carnaval não passava de um negócio, cuja auréola era construída e alimentada pelas notícias da imprensa que, a todo custo, procurava evitar sua derrocada final.

> [Para o dominó preto]... o que há... o que há... o que há, é isso o que ahí se vê: livros de ouro nas ruas, corso a 50$000 e 100$000 por hora, bailes nos clubes recreativos, ceias nos hotéis e noticias nos jornaes, é o que é. O carnaval está morrendo e a imprensa é que é a alma de tudo, atucha-lhe injecções de óleo camphorado (*O Estado de S. Paulo*, 10 fev. 1923, p.5).

A estratégia de enfocar o carnaval, assumida pelo *O Estado de S. Paulo*, embora marcada por certa criatividade, igualmente sinalizou para uma rotina configurada pela ausência de novidades e repetições de matérias, seguindo o roteiro que foi alvo da crítica do personagem fictício. Ao mesmo tempo que o jornal criava esse jogo de sedução em relação aos festejos momescos, publicou na mesma coluna outros textos que seguiam um roteiro repetitivo de seqüência previsível: a programação do carnaval de rua, dos clubes, dos teatros e hotéis, o policiamento da cidade e as proibições aos foliões, estas últimas destroçadoras do prelúdio inicial.

Sintetizando esse conjunto de notícias, vinham as proibições das autoridades policiais para os dias de carnaval, expressas na portaria do secretário de Segurança Pública, que não deixava dúvidas quanto aos limites que deveriam marcar as festas de Momo e o esperado de cada folião pela autoridade policial. Os termos da portaria eram os seguintes:

> 1º – é expressamente prohibido o entrudo ou divertimentos idênticos, antes e durante o carnaval, sob pena de aprehensão dos artigos a elle destinados, onde encontrados, incorrendo os infractores na pena de multa de 30$000 e prisão por oito dias.
> 2º – São formalmente prohibidos, antes e durante o carnaval, os chamados "Cordões", as cantorias em grupo ou de indivíduos isoladamente quando ofendam os bons costumes ou o decoro publico, bem assim qualquer referencia directa ou indirecta, a determinada pessoa por meio de gesto, signal ou palavra offensiva.
> 3º – É também prohibido o uso de estalos, carrapichos, pós, graxa, kerozene, ou artigos idênticos, e objetos que possam molestar qualquer pessoa incorrendo os infratores nas mesmas penas estabelecidas no nº 1 desta portaria.
> 4º – A policia procederá contra os que se servirem de lança perfumes contendo substancias perigosas ou impróprias desse artigo e bem assim contra os [que] concorrerem para esse fim.
> 5º – A policia agirá energicamente contra os indivíduos que faltarem com o devido respeito às famílias e às pessoas que transitarem pela cidade. Os que, não obstante, forem encontrados nessas praticas, serão presos e processados.
> 6º – Nenhum préstito, fantasiado ou não, poderá sahir à rua sem prévia licença. As sociedades carnavalescas deverão apresentar quanto antes, para o respectivo exame, o plano dos préstitos, seus carros alegóricos ou críticos e o itinerário a percorrer. (*O Estado de S. Paulo*, sábado, 10 fev. 1923, p.5)

As interdições recorrentes permitem-nos deduzir que os espaços reais, e simbólicos, de possível acesso aos foliões estavam marcados por barreiras diversas, circunscrevendo a eles os estreitos limites para o chiste e a zombaria. E, qualquer movimentação do folião, nos espaços públicos, tinha como pré-requisito a autorização prévia da autoridade policial. Isso significava que a rua não era extensão da casa, pois a livre ocupação estava vetada ao folião. Não bastava promover a metamorfose do sujeito em personagem para diluir as barreiras e os interditos impostos ao cotidiano. O personagem, para exibir-se nos espaços públicos, precisava da autorização prévia, pois a rua não era o espaço que o povo, no sentido amplo, podia ocupar e exibir informalmente suas fantasias e os seus blocos, uma vez que pesadas interdições recaíam sobre brincadeiras irreverentes e impunham ao outro algum castigo. Era a morte do charivari[21] e a (des)ritualização[22] do carnaval.

As medidas afixadas, ao tornarem evidentes as interdições que recaíam sobre os foliões resultantes do enquadramento do carnaval em seu sentido amplo, igualmente definiam a cartografia de seu controle, por meio do deslocamento de efetivos policiais para os espaços de seu acontecer. Nada escapou a essa máquina de interdição dos possíveis desejos irracionais. Essas diretrizes o jornal O *Estado de S. Paulo* detalhou primorosamente.

As notícias sobre o carnaval de rua desse ano (1923) enfocaram a programação prevista para o carnaval do Brás, que deveria acontecer nas avenidas Celso Garcia e Rangel Pestana, de sábado a terça-feira. Compreendiam desfiles com premiações, batalhas de confete, animadas por bandas que "tocariam no sábado e na 2ª feira até a uma hora da manhã e no domingo e 3ª feira, até as duas horas da manhã."[23] Seguiu-se a esse programa do carnaval do Brás o roteiro de policiamento das avenidas que seriam ocupadas por foliões das elites, durante o corso, e o nome das autoridades policiais, responsáveis pelo trabalho de policiamento nessas áreas.

Além dessas notícias, o jornal publicou a programação dos bailes nos clubes, nos hotéis, nos teatros e nas sociedades recreativas espalhados pela cidade de São Paulo, com ênfase para os bailes dos clubes chiques tais como: os da "Sociedade Hippica Paulista, da Sociedade Harmonia (que aconteceu no Teatro Municipal), do Centro Democrático Royal, do Cine República, do City Bank Club, da Casa Mappin e do Triannon". Apareceram nessa programação também as chamadas para as reuniões dançantes que seriam realizadas nos diferenciados espaços que congregavam os foliões dos setores

---

21 Era um tipo de brincadeira que ocorria durante esses festejos que podia ser expressa por insultos, chistes e provocações, geralmente aplicadas a pessoas de comportamento duvidoso para a comunidade.

22 O carnaval tem suas regras e um cerimonial que poderá ser pensado nos mesmos parâmetros de um ritual religioso.

23 "Para o sábado de carnaval haverá a inauguração da iluminação pública, batalha de confete, serpentina e corso com a presença de bandas que tocam até uma hora da manhã. No domingo, haverá concurso de préstitos (premiações de 500$000 e 300$000), que ocorrerão nas avenidas Rangel Pestana e Celso Garcia. As bandas tocarão até as duas horas. Na 2ª feira, ocorrerá o corso. E, na 3ª feira, haverá concurso de préstitos com três premiações (1:000$000; 600$000 e 500$000). As bandas tocarão até as duas horas da manhã, no domingo e na 3ª feira de carnaval." *O Estado de S. Paulo*, 10 fev. 1923, p.5.

médios da sociedade paulistana. Em relação aos setores populares, o destaque específico foi para o carnaval do Brás.

De um modo geral, podemos afirmar que os diversos espaços de sociabilidade ofereceram bailes aos seus associados ou freqüentadores durante todos os dias de carnaval. Uns programaram atividades para uma noite, revezando-se com outros de igual gênero no atendimento aos foliões.

No Quadro 3 é possível visualizar a lista de algumas das agremiações que participaram dessas celebrações.

Nome dos clubes/teatros/hotéis	Local	Dia/mês/ano
Sociedade Harmonia	Teatro Municipal	sábado, 10/02/1923
Centro Democrático Royal	Cine República	sábado, 10/02/1923
City Bank Club	Casa Mappin	sábado, 10/02/1923
Hotel Terminus	Salão do Hotel	Todos os dias
Triannon	Avenida Paulista	Domingo, 11/02/1923
Theatro Mafalda	Av. Rangel Pestana	Terça-feira, 13/02/1923
Theatro Apollo	R. 24 de Maio	Terça-feira, 13/02/1923
Cassino Antártica	Parque Antártica	Todos os dias

Quadro 3 – Bailes carnavalescos em São Paulo – 1923
Fonte: *O Estado de S. Paulo*, 10 fev. 1923, p.5; 11 fev. 1923, p.5-6; 13 fev. 1923, p.4

No ano seguinte (1924), ao cobrir as festividades de Momo, o jornal *O Estado de S. Paulo* ignorou as elaborações em relação aos mitos do carnaval. Apresentou, sem mediações, as mesmas proibições do ano anterior, acrescentando o veto policial à participação de caminhões no corso e ao desfile de carros, após as 22 horas[24].

---

24 "Os itens proibidos são os mesmos estabelecidos para o ano anterior, a saber: 1° – é expressamente proibido o entrudo ou divertimentos idênticos, antes e durante o carnaval, sob pena de apreensão dos artigos a elle destinados, onde encontrados, incorrendo os infractores na pena de multa de 30$000 e prisão por oito dias. 2° – São formalmente prohibidos, antes e durante o carnaval, os chamados "Cordões", as cantorias em grupo ou de indivíduos isoladamente quando ofendam os bons costumes ou o decoro publico, bem assim qualquer referencia directa ou indirecta, a determinada pessoa por meio de gesto, signal ou palavra offensiva. 3° – É também prohibido o uso de estalos, carrapichos, pós, graxa, kerozene, ou artigos idênticos, e objetos que possam molestar qualquer pessoa incorrendo os infratores nas mesmas penas estabelecidas no n° 1 desta portaria. 4° – A policia procederá contra os que se servirem de lança perfumes contendo substancias perigosas ou impróprias desse artigo e bem assim contra os concorrerem para esse fim. 5° – A policia agirá energicamente contra os indivíduos que faltarem com o devido respeito às famílias e às pessoas que transitarem pela cidade. Os que, não obstante, forem encontrados nessas praticas, serão presos e processados. 6° – Nenhum préstito, fantasiado ou não, poderá sahir à rua sem prévia licença. As sociedades carnavalescas deverão apresentar o quanto antes, para o respectivo exame, o plano dos préstitos, seus carros alegóricos ou críticos e o itinerário a percorrer." (*O Estado de S. Paulo*, sábado, 1° fev. 1924, p.4)

A proibição de caminhões nos desfiles provocou protestos de foliões que, em anos anteriores, costumavam participar do corso nesse tipo de veículo. Eles foram à redação do jornal pedir para que este transmitisse sua reclamação em nota pública.

> Esteve hontem nesta redação uma commissão de rapazes, e nos pediu transmitíssemos sua reclamação contra uma das disposições [...] da delegacia de policia [...] referente à proibição da entrada, no corso, de caminhões [...]
> Declararam-nos os reclamantes que essa medida lhes acarreta sensiveis prejuizos, pois, como nos anos anteriores, em que tal ordem não existia, já fizeram despesas com a ornamentação dos caminhões automoveis, despesas essas das quaes, com a proibição alludida, nenhum proveito apreciavel ou compensador fruem, inhibidos como ficam de participar no corso, motivo dos principaes da organização de seu rancho automobilístico (*O Estado de S. Paulo*, 2 mar. 1924, p.5).

Suas demandas, no entanto, não foram atendidas e sequer foram mencionadas durante os preparativos para essas celebrações.

As notícias publicadas nos jornais sobre o calendário das programações descreveram as providências tomadas pelas diretorias das várias agremiações na preparação desses espaços, de acordo com o espírito que marca essas festividades. As notas sobre os preparativos para os bailes no Club Athlético Paulistano, Circolo Italiano e Club Portuguez são exemplares como prelúdio carnavalesco.

Finalmente chegou o carnaval. *O Estado de S. Paulo* não foi otimista em relação ao seu sucesso, pois considerou que "os preparativos foram desanimadores". De um modo geral, a imprensa diária destacou, em sua cobertura panorâmica, o carnaval realizado por clubes, sociedades recreativas, teatros e também os desfiles do carnaval de rua, com ênfase para a programação do corso no centro da cidade e no Brás e, também, dos préstitos das sociedades carnavalescas, Tenentes do Diabo, Argonautas e Democráticos no centro da cidade. Esses desfiles ocorriam em outros espaços da cidade. Na Lapa, o Clube Carnavalesco Lapeano, ao longo dos anos, promoveu os desfiles de rua, para alegria dos foliões. Iniciava as suas *performances* pelo bairro em direção ao bairro de Perdizes, de lá retornando ao ponto de partida (ver Mapa 4). Em 1924, não foi diferente como evidencia a foto abaixo. O carro chinês exibe o apelo que elementos dessa cultura propiciavam aos carnavalescos, o que se expressa no desenvolvimento da cenografia do carro alegórico que saiu às ruas durante os Dias Gordos.

OS CARNAVAIS DE RUA E DOS CLUBES NA CIDADE DE SÃO PAULO 89

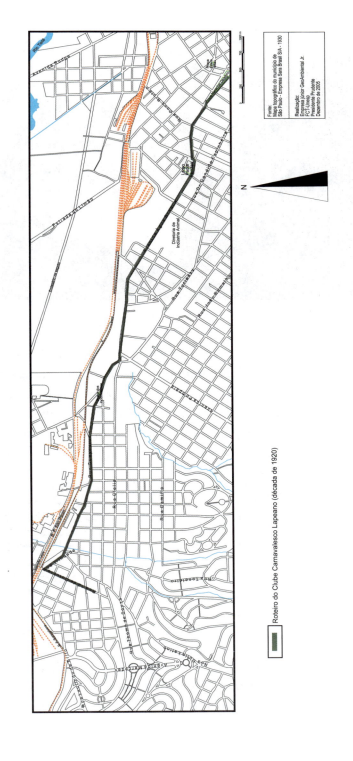

Mapa 4 – Desfile das sociedades carnavalescas, Lapa (década de 1920)

Figura 16 – Carro alegórico chinês do Clube Carnavalesco Lapeano, 1924 (MIS 31.168)

As folhas periódicas também se manifestaram sobre a folia desse ano.

Os bailes realizados pelos clubes, notadamente das elites, receberam alguns destaques com uma rápida apreciação sobre os preparativos que as diretorias estavam implementando para o conforto e agrado de seus associados. No Quadro 4, assinalamos as programações veiculadas pelo *O Estado de S. Paulo* sobre os bailes em alguns clubes.

Nome dos Clubes/Hotéis/Teatros	Local	Dia/mês/ano
Club A. Paulistano	Colômbia, 1 – Jd. América	Segunda-feira, 03/03/1924
Circolo Italiano	Sede – R. S. Luiz,	Segunda-feira, 03/03/1924
Club Portuguez	Av. São João, 12	Segunda-feira, 03/03/1924
Hotel Terminus	Salão do hotel, Brigadeiro Tobias, 98	Terça-feira, 04/03/1924
Hotel Esplanada	Salão do hotel	02 e 04/03/1924
Avenida Clube	Salão do Germânia, Largo Paissandu, 20	Segunda-feira, 03/03/1924

Quadro 4 – Bailes carnavalescos em São Paulo – 1924
Fonte: *O Estado de S. Paulo*, 1º mar. 1924, p.4; 2 mar. 1924, p.5; 4 mar. 1924, p.2

O jornal mencionou, igualmente, a animação esperada para os bailes de alguns clubes, com destaque para os do Trianon, na Avenida Paulista, e os bailes da Sociedade Harmonia.

Apesar do prognóstico de certa forma negativo, as celebrações desse ano estiveram marcadas por uma participação intensa dos foliões no corso, que se destacou por certo tom crítico (Figura 17) e, também, nos muitos bailes ocorridos na cidade, que ficaram gravados por algumas fantasias irreverentes que concorreram aos diversos certames. Os destaques podem ser feitos às fantasias do "Bloco de casar... eu posso" (Figura 37) que foi premiada, ou ainda, à moça vestida de odalisca (Figura 38). Ambas foram devidamente registradas pela revista *A Cigarra* (ver capítulo 3).

O corso foi marcado por certa animação em vários pontos da cidade. Os registros fotográficos assinalam sua presença na Avenida Paulista e na Lapa.

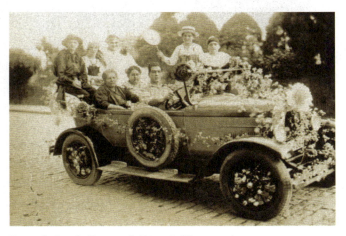

Figura 17 – Corso da família Barreto da Lapa (MIS. 31.157)

Ao examinarmos a Figura 17, verificamos que alguns foliões da família Barreto, da Lapa, apresentam-se modestamente fantasiados; as senhoras, como era costume na época, portam indumentárias que não se distinguem daquelas usadas em seu cotidiano. Os trajes do grupo são individuais, e apenas alguns deles deixam perceptíveis as suas fontes de inspiração, como o pierrô. O carro, de capota aberta, segue as exigências do desfile, apresentando-se ornamentado com flores em toda a sua extensão.

Imagens do corso da Avenida Paulista foram publicadas na capa de *A Cigarra* e indica-nos trajes mais elaborados, com fantasias mais precisas. Os desfiles são de famílias endinheiradas que se deslocam para as avenidas em seus carros enfeitados, participando deles inclusive as senhoras, com trajes de seu cotidiano e adornos mais exagerados nos chapéus.

Figura 18 – "Corso na Avenida Paulista" (*A Cigarra*, 1924)

Os bailes infantis também ficaram gravados pela originalidade de algumas fantasias, como podem ser verificadas nas fotos da menina pastora (Figura 12) e das crianças vestidas de Cupido (Figura 13).

Embora não tenha havido menção a proibições, o policiamento da cidade apareceu em detalhes, inclusive a indicação da autoridade policial encarregada do policiamento dos locais de concentração das atividades carnavalescas.

Além dessa cobertura da grande imprensa, o carnaval de 1924 também ganhou espaço nos periódicos *O Clarim*, da comunidade negra, e *A Plebe*, que congregava em torno dos ideais libertários a comunidade italiana politizada.

O periódico *O Clarim*, sem entrar em detalhes, apenas noticiou que o carnaval daquele ano foi bastante animado, marcado pelos bailes nas sedes de seus clubes como "Flor das Maravilhas, Princesa do Sul, dos Bandeirantes, XV de Novembro, XIII de Maio, União Militar e o Grupo dos Três Carnavalescos" (*O Clarim*, 6 abr. 1924, p.4). Na coluna "Echos do Carnaval", publicada no mês seguinte, O Clarim destacou o sucesso do baile ocorrido no clube XV de Novembro e dos desfiles dos cordões G. C. Barra Funda e G. C. Campos Elyseos. Para esse jornal, o carnaval de rua realizado pelos cordões da Barra Funda teria propiciado maior animação aos festejos ocorridos na cidade.

Outro facto que concorreu muito para o brilhantismo do Carnaval desse anno, foi a passeata pelas principaes vias da cidade, dos dois cordões "Barra Funda" e "Campos Elyseos". Ambos esses cordões, de fundação recente, vem de anno em anno colhendo justas victórias, graças ao bom gosto e ao fino esperito com que em publico se apresentam. Ainda por ocasião do carnaval foram elogiados, motivo porque lhes enviamos votos de prosperidade para os annos vindouros. (*O Clarim*, 6 abr. 1924, p.4)

Os cordões citados já eram referências para a comunidade negra pela importância que desempenhavam na organização desse grupo durante o ano todo, podendo ainda constituir-se em alternativas para aqueles que não dispunham das redes de relações oferecidas pelos círculos familiares. Eram pólos aglutinadores de singular importância, mesmo que tivessem surgido a partir de um grupo familiar e de amigos, geralmente congregados em torno de alguma atividade anterior, quase sempre de natureza esportiva.

As avaliações dos integrantes do jornal *A Plebe*, sobre o carnaval de 1924, encaminharam-se para fustigar esses festejos e seus adeptos, alargando, de forma enfática e direta, o universo de suas críticas que se dirigiam a um contingente maior de participantes. Ao mesmo tempo, classificavam tais festejos de momentos de orgias desenfreadas – de libertinagem, corrupção e prostituição – partilhadas por ricos e pobres que "confund(ia)m-se, mistura(va)m-se e corromp(ia)m-se mutuamente" *(A Plebe*, 16 fev. 1924, p.2).

O balanço feito pelo *O Estado de S. Paulo*, na terça-feira de carnaval, não foi muito otimista em relação ao conjunto dos festejos, chamando a atenção para o fracasso do corso dos dias anteriores, em razão das péssimas condições climáticas – fortes chuvas e calor insuportável. Essa opinião já fora expressa no primeiro dia dos festejos, em que o jornal qualificou os preparativos de lastimáveis. As expectativas eram para os desfiles das três sociedades – Argonautas, Tenentes do Diabo e Democráticos Infantis – e dos grandiosos bailes dos hotéis Esplanada e Terminus.

Percebemos que os carnavais ocorridos entre os anos de 1925 e 1928, na cidade de São Paulo, foram discutidos pelos meios de comunicação de forma bastante rápida, ocupando um espaço bem menor em relação aos anos de 1923/1924. A hipótese mais plausível para falta de entusiasmo carnavalesco seriam as dificuldades políticas enfrentadas pelo país, que tinham desdobramentos imediatos sobre esses festejos, cujo impacto só não era maior porque sua organização ficava a cargo dos foliões nucleados em suas agremiações.

Mesmo assim, o carnaval de 1925 foi brincado nas ruas e nos salões. Entre os folguedos de rua, ganhou destaque o corso, que teve suas regras publicadas pela imprensa e, também, o seu acontecer. Sob o título "Policiamento nos corsos", o *Correio Paulistano* (23 fev. 1925, p.3) publicou, em suas páginas, em todos os dias de carnaval, as exigências para a participação nesses desfiles. Elas estavam resumidas aos seguintes itens:

> Não poderão tomar parte no corso os caminhões e os veículos de tração animal.
> Os automóveis não poderão parar, qualquer que seja o motivo.
> Os automóveis guardarão entre si a distancia de dois metros.
> Os automóveis poderão sahir do corso por qualquer rua ou travessa, na mão, com exclusão das ruas de entrada.

Analisando as proibições ou normas, verificamos que, apesar do protesto ocorrido no ano anterior, as objeções em relação aos caminhões mantiveram-se intocáveis, questão que somente será resolvida em 1929. As demais regras são recorrentes e estarão presentes nas normas para o funcionamento do corso dos anos subseqüentes.

Os registros desses cortejos ocorridos na Avenida Paulista foram feitos pela revista *A Cigarra* que, em capa composta de três fotos, evidenciava foliões animados, vestidos em fantasias pouco precisas. Na primeira delas, crianças e adultos estavam fantasiados com trajes que lembravam piratas; os foliões portavam lenço na cabeça, faixa na cintura e cachimbo na boca. Na seguinte, a estilização é ainda maior: a gola e o cone na cabeça sugeriam uma recriação livre de um Pierrô. As folionas da terceira foto vestiam trajes que lembravam Branca de Neve ou camponesas européias.

Além do corso, os préstitos das Grandes Sociedades Carnavalescas traduziam o esperado dessas exibições dos elegantes que saíam às ruas para deleite dos paulistanos. O Lygia Club, os Democráticos Infantis, o Congresso dos Excêntricos Carnavalescos, Congresso do Braz Carnavalesco e os Tenentes do Diabo desfilariam nas principais avenidas, no domingo, na segunda-feira e na terça-feira. O calendário desses desfiles foi publicado pelo jornal *O Estado de S. Paulo*, no domingo de carnaval, 22 de fevereiro de 1925. O texto explorou os seguintes aspectos:

> Concorrem ao Carnaval deste anno, exhibindo carros allegoricos, os seguintes clubs carnavalescos: Lygia Club – com quatro carros, devendo sahir hoje, [domingo] as 20 e meia horas; Democráticos Infantis – com quatro carros que deverão sahir

hoje, às mesmas horas. Congresso dos Excêntricos Carnavalescos – com dois carros, que deverão sahir segunda feira, às 20 horas. Congresso Braz Carnavalesco – com três. Sahirá hoje, às 20 horas. Tenentes do Diabo – com cinco carros, que sahirão na terça feira, às 20 horas. (*O Estado de S. Paulo*, 22 fev. 1925, p.4)

As propostas dos desfiles dessas agremiações foram descritas pelo *Correio Paulistano* que destacou, carro a carro, aquilo que seria apresentado ao público, nas avenidas da cidade. Na leitura do jornal, tal exibição poderia ser sintetizada como um espetáculo de cores que não passava do simulacro de outros carnavais, tal a pobreza de seus enredos, que finalizavam com um "Zé Pereira" bem comportado. Esse personagem, de longe lembrava a irreverência de suas origens, com seus bumbos, paletó pelo avesso, enfeitados com alho ou vestidos de capim (Cunha, 2001, p.185).

Os préstitos de domingo de carnaval – O Congresso do Braz, os Democráticos Infantis e o Lygia Club – eram bem mais modestos do que os programados para terça-feira de carnaval. Mesmo assim, foram descritos de forma relativamente detalhada.

O desfile de *O Congresso do Braz Carnavalesco* trouxe um cortejo bem simples, com apenas três carros. O carro-chefe intitulado "Carro da Victoria" é seguido pelos carros "As Fontes da Juventude" (2º carro) e "Rei Momo" (3º carro).

Já o Lygia Club foi para avenida com o seguinte préstito:

1º – Na frente, a titulo de abre-alas, irá a turma dos batedores composta de doze personagens a cavallo, de smoking preto.

2º – seguirão os clarins em numero de quatro, que por sua vez serão seguidos da banda musical, ricamente uniformizada.

3º – Carro estandarte.

4º – Virá o carro chefe, que representa o triumpho duma fada, guardadas por quatro ninphas ricamente vestidas. [...]. É um carro luxuoso e (tem rodas giratórias). Farão a guarda deste carro seis meninos com phantasias de lacaios.

5º – Acompanharão os guardas victorias conduzindo moças.

6º – "Carro Reino das Margaridas" – Colossal canteiro de innumeras margaridas... O carro é giratório [...].

7º – Seguirão este carro victorias com moças.

8º – "Pombal Phantasia" – Trará este carro grandes e ricas pombas que, num vôo gracioso conduzirão nos bicos cestas de flores [...].

9º – Seguirão este carro victorias com Moças.

10º – "Defesa do Lar" – Representa num rochedo uns ninhos de pássaros que travam lucta com tres colossais cobras que investem furiosamente para o ninho. A presa cobiçada é representada por uma chic menina.

11º – Zé Pereira, organizado pelo lorde Luiz Marim Motta, com afinadíssimo "jazz-band", dirigido pelo maestro Sant'Anna tendo como auxiliar o pistonista "Boquinha". (*Correio Paulistano*, 22 fev. 1925, p.4)

Os Democráticos Infantis abriram seu desfile com os seguintes destaques: 1. "comissão de frente" composta de oito meninos vestidos de *smocking*, tendo no braço esquerdo as cores do clube; 2. a *banda de clarins* formada "por 10 clarins trajados de Pierrot e montados em fogosos corcéis"; 3. banda de música com "16 figuras montadas e trajadas de marinheiros"; 4. carro-chefe – formado por um grande "kiosque chinêz", ornado com flores naturais e, em seu interior, uma "graciosa democrática portando o estandarte" do clube; 5. guarda de honra formada por oito meninos vestidos à Luís XV; 6. Landau conduzindo a diretoria de Os democráticos; 7. O pescador de pérolas, representado por duas enormes conchas ocupadas por um menino e uma menina; 8. Landau conduzindo sócios; 9. "Ovos de Páscoa"; Fechando o desfile "um retumbante e barulhento Zé Pereira".

Já o desfile do Congresso dos Excêntricos Carnavalescos, programado para segunda-feira, não foi descrito. Apenas houve rápida menção aos "dois bellos carros" que desfilariam pela rua da cidade.

Diferentemente dos clubes anteriores, foi lembrado que o desfile de os Tenentes do Diabo teria lugar na terça-feira de carnaval, considerada o auge dos festejos. Embora não tenha um tema claramente demarcado, uma vez que os carros traziam assuntos diversificados, a lavoura foi o destaque do carro-chefe, sinalizando que esse era o temário central, que remetia ao perfil do Estado e do próprio país. Abria o desfile "uma garbosa guarda de honra, que irá tocando seus vibrantes clarins". Em seguida, vinha o carro–chefe "Allegoria à lavoura", composto por "um arado puxado por dois bois cavalgados por duas moças". Ao lado das moças apareciam dois bonecos representando os lavradores. Havia, nessa exibição, a representação sobre o ato de amainar a terra e, em seguida, semear. No centro do arado ocupavam lugar mais três mulheres. À frente desse carro, "vem um índio armado de arco e flexa, representando o Brasil".

O segundo carro, "O pavão", foi descrito nos seguintes termos: "Um lindo pavão abrindo e fechando as asas... Ocupa assento sobre o mesmo uma mulher".

O terceiro carro, "Apollo", era um grande sol, com rodas giratórias, tendo a frente um centauro.

O quarto carro, "Japonez", era ornamentado com motivos nipônicos e muitas flores artificiais e naturais; foi representado por uma mulher vestida de "geisha". A cor predominante desse carro era o branco.

No quinto carro, "Hortencia", a cor predominante era o azul e a ornamentação, feita com hortênsias. "Uma balança giratória se move periodicamente. No assento, morenas são 4 lindas hortencias" (*Correio Paulistano*, 22 fev.1925, p.4).

Pensando o conjunto dessas exibições, poder-se-ia dizer que a preocupação era garantir ao público um espetáculo de cores e movimentos, a partir de temas pouco precisos ou míticos, em regra distantes de questões que remetiam ao cotidiano dos brasileiros. Uma ou outra sociedade apresentava em suas exibições referências ao próprio país, como fizeram, por exemplo, em seu desfile, os Tenentes do Diabo.

A garantia de sucesso do espetáculo também passava pela busca de novidades e do atípico, o que explica as exibições de tipos que simbolizavam "culturas exóticas" que, nesse ano, apareciam destacadas no carro "quiosque chinês" dos Excêntricos Infantis e no "carro japonês" de Os Tenentes do Diabo. Embora o interesse pelo Oriente fosse uma tendência internacional, não se pode perder de vista a presença dessas culturas no cotidiano de algumas cidades brasileiras, em decorrência dos contingentes de imigrantes residentes no Brasil[25].

A análise mais particularizada dessas exibições permite a compreensão dos suportes que delineavam o perfil de brasilidade projetado durante o carnaval, em alegorias de fácil compreensão, exibidas nas avenidas, sob os efeitos luzidios e cromáticos dos cenários, das serpentinas e dos confetes e dos aromas propiciados pelas flores e pelos lança-perfumes.

---

25 Nas décadas de 1910, 1920 e 1930, chegaram ao Brasil contingentes significativos de imigrantes japoneses. De acordo com Jeffrey Lesser (2001, p.26), entraram no país os seguintes números: de 1900 a 1909 entraram no país 661 japoneses; de 1910 a 1919 o número chega a 27.432; de 1920 a 1929 amplia-se para 58.284 e, na década seguinte (1930 a 1939), entram no país 99. 222 japoneses, o maior contingente de todo o processo migratório. A presença chinesa no país data da chegada da Corte ao Rio de Janeiro, em 1810. Nesse ano, chegam os primeiros chineses com o objetivo de plantar chá, conforme desejava Dom João VI, "que pretendia transformar o chá num produto de exportação importante". Porém, segundo Lesser, não houve propriamente uma imigração desse grupo, embora o debate sobre o assunto tenha sido inflamado ao longo do século XIX, com posições favoráveis e contra, e desdobrou-se para o século XX. Serviu, segundo o autor, para definir o posicionamento sobre a etnicidade desejada para o país.

Examinando o préstito do Club Tenentes do Diabo, verifica-se que ele trouxe, nesse ano, a encenação de um temário que, ao mesmo tempo, traduzia uma explosão de cores e a tentativa de articular esses folguedos a alguns mitos que se inscreviam na tradição da antigüidade clássica e no cotidiano dos brasileiros, igualmente mitificado, a partir de uma proposta que privilegiava o luxo e o esplendor. Nessa elaboração, o carro-chefe precisou a importância da agricultura para o Estado e para a Nação, a partir de uma visão idílica de suas origens. O campo foi representado a partir de uma percepção romântica – o boi, o arado, a semeadura –, idealização que se projetou para o país, simbolizado na figura do índio que ocupou o lugar mais alto nessa alegoria, ao representar o Brasil. Todos esses elementos, certamente buscavam os seus suportes no romantismo do século XIX e, na transposição para o país, do modelo épico de identidade paulista (Ferreira, 2002).

Juntou-se a esse enredo o carro japonês, que desvela fragmentos de uma nova situação – a presença desse grupo no Estado e na cidade. O recorte dessa presença ainda estava voltado para a celebração do exótico e de tipos lendários, como a gueixa, que foi associada à sociedade japonesa dos séculos anteriores. Certamente, a colônia nipônica teria dificuldade de identificar-se com tal projeção, em que pese o papel mítico e prestigioso dessa figura em sua história. Não podemos, porém, esquecer que se trata de figura valorizada no âmbito daquela cultura, mas de situação equivalente à cortesã existente nas sociedades do mundo ocidental. Além disso, traduz características de um outro momento histórico da sociedade japonesa que se distancia do perfil projetado para as novas relações sociais que se estruturam entre os japoneses residentes no Brasil.

Os Democráticos Infantis exibiram nas avenidas um cortejo que privilegiava nas fantasias alguns assuntos e tipos – pierrôs, marinheiros, ovos de Páscoa, quiosque chinês, pescador de pérolas, entre outros – nem sempre próprios ao universo infantil. A estratégia do desfile foi privilegiar projeções fragmentárias, que remetiam a múltiplas tradições, apresentadas, nesse mesmo cortejo, sem a preocupação de garantir certa coerência naquilo que era exposto ao público. Nesse caso, como explicar a presença chinesa nessa miscelânea de assuntos, uma vez que nem sempre a referência ia além dos cenários? Se as ilações têm um alcance limitado, também é factível afirmar que os chineses apareceram nas elaborações carnavalescas desse período, em duas situações: na primeira, eram considerados apenas como elementos plásticos sem nenhuma alusão ao papel ocupado por eles internamente; na segunda, o foco era o chinês, embora minoritário, residente no país. Nessa situação, sofreu os reveses propiciados por esses festejos – expressos por meio da crítica e da ironia – que traduziam também os preconceitos do social em relação ao próprio grupo, que fora rejeitado como opção para compor os contingentes de imigrantes que deveriam ser incorporados ao país.

Os desfiles não ocorreram apenas no centro da cidade. Nos bairros, a animação ficou registrada na memória fotográfica dos carnavais do período, deixando antever as muitas possibilidades dos diversos palcos que emergiram em vários bairros da capital.

O carro alegórico que desfilou pelas ruas do bairro da Lapa, intitulado "Orquestra dos Malucos", sugere certa vontade do grupo de subverter a ordem, questão já anunciada pelos foliões no próprio título do carro alegórico. As pessoas que se encontravam no caminhão estavam fantasiadas de tipos diferenciados, e um deles escondia-se sob a máscara de um animal.

Figura 19 – Carro alegórico – 1925 – Lapa – Orquestra dos Malucos (MIS. 31.164)

Analisando as brincadeiras que se desenvolveram nos espaços fechados, os destaques foram os bailes que ocorreram em alguns clubes, hotéis e teatros que agregaram estratos diferenciados da sociedade e, somente alguns deles tiveram visibilidade nas páginas de os jornais *O Estado de S. Paulo e Correio Paulistano*.

O jornal *O Estado de S. Paulo*, por exemplo, publicou a lista de alguns dos espaços (Quadro 5) que promoveram atividades durante os Dias Gordos. Fez menções mais particularizadas aos bailes ocorridos nos hotéis Esplanada e Terminus, que alcançaram sucesso significativo e, também, aos bailes promovidos pela Sociedade Harmonia – caracterizados como "muito selecto e concorrido" – e pelo Trianon, "que esteve repleto"; todos eles se inscrevendo na memória dos carnavais elegantes da cidade.

Nome dos clubes/hotéis/teatros	Local	Dia/mês/ano
Sociedade Harmonia	Teatro Municipal	Domingo – 22/02/1925
Club Esperia	Rua Voluntários da Pátria	segunda-feira – 23/02/1925
Theatro Colombo	Largo da Concórdia	segunda-feira – 23/02/1925
Trianon	Sede – Av. Paulista	segunda-feira – 23/02/1925
Hotel Terminus	Salão do hotel	segunda-feira – 23/02/1925
Hotel Esplanada	Salão do hotel	segunda-feira – 23/02/1925
Casino Antarctica	Sede	22 e 23/02/1925
Braz Polyteama	Av. Celso Garcia	segunda-feira – 23/02/1925
Club Democráticos	Sede	segunda-feira – 23/02/1925

Quadro 5 – Bailes carnavalescos em São Paulo (1925).
Fonte: *O Estado de S. Paulo*, 24 fev. 1925, p.4.

O *Correio Paulistano*, por sua vez, divulgou os bailes em alguns espaços (Quadro 6), enfatizando a animação daqueles que já haviam ocorrido e projetando o sucesso para os que ainda iriam acontecer.

Nome dos clubes/hotéis/teatros	Local	Dia/mês/ano
Club dos Fenianos	R. Líbero Badaró, 52	21, 22, 23, 24/02/1925
Centro Republicano Portuguez	Sede	domingo – 22/02/1925
Club dos Argonautas Carnavalescos	Casino Antarctica	sábado – 21/02/1925
Mappin Stores Club	Salão Casa Mappin	segunda-feira – 23/02/1925
S. C. Corinthians Paulista	Rua São Jorge, 777	21 e 24/02/1925

Quadro 6 – Bailes carnavalescos em São Paulo (1925).
Fonte: *Correio Paulistano*, 22 fev. 1925, p.4; 23 fev. 1925, p.3.

Os ecos dessa folia ainda estiveram presentes dois dias depois de seu término. O jornal *O Estado de S. Paulo*, no balanço feito sobre o carnaval desse ano, qualificou-o como um dos mais animados que a cidade já vivenciara, pelo número de automóveis que tomaram parte nos corsos e pela animação e freqüência aos bailes. Para o jornal, o papel decisivo deve ser atribuído às ótimas condições atmosféricas, durante toda a semana, que deram uma trégua aos foliões paulistanos.

Passada a euforia carnavalesca, novamente a rotina e os velhos problemas ocuparam o dia-a-dia dos não tão felizes foliões e folionas. Em 1925, esse percurso não foi diferente dos anos anteriores, embora em alguns clubes esse interregno, em relação aos festejos do ano seguinte, fosse insignificante.

Os primeiros sinais do carnaval do ano seguinte, 1926, já indicaram o tom otimista dessas celebrações. Os órgãos de imprensa trouxeram para o debate aspectos já enfocados em outros carnavais, como os bailes, os préstitos e o corso, embora outros aportes devam marcar os festejos desse ano.

Entre a comunidade negra, os bailes promovidos pelos clubes da raça foram registrados em *O Clarim d'Alvorada*. Segundo esse periódico, durante os dias de carnaval, ocorreram "retumbantes bailes carnavalescos realizados pelas sociedades Brinco de Princezas, 15 de Novembro, Kosmos, 13 de Maio, Campos Elyseos, Auri-Verde, Paulistano e outros mais". Informou-nos que o Brinco de Princezas, na terça-feira gorda, ofereceu três prêmios às fantasias, selecionadas a partir dos quesitos: luxo, originalidade e beleza. Os prêmios "foram conquistados pelas senhoras Sebastiana Oliveira, Virginia Santos e Esmeralda Godoy respectivamente" *(O Clarim d'Alvorada,* 21 mar. 1926, p.3).

Embora as informações sobre esses clubes sejam precárias, é certo que organizavam parcelas diferenciadas da comunidade negra. O clube Elite, por exemplo, reunia os negros abastados que, também, tinham suas regras visando a certos *status* e à diferenciação em relação aos demais membros da comunidade.

Nessa matéria, entretanto, fica evidente a busca pelo grupo, de um modo geral, dos mesmos padrões estéticos vigentes na sociedade de elite. O concurso de fantasias realizado pelo Brinco de Princezas nada mais era do que a versão popular dos certames promovidos pelos clubes elegantes das elites, e traduzia, sem nenhuma mediação ou crítica, a incorporação às suas práticas culturais, dos padrões estéticos, tão caros aos seus inspiradores.

Nem todos os contemporâneos foram complacentes com esses festejos. Belmonte, por exemplo, fustigou, em diversas charges, os seus suportes e as pretensões irreverentes dos foliões, utilizando-se dessas mesmas prerrogativas para castigá-los em suas pretensões. Publicou, nesse ano, em *A Cigarra* (1926, p.39), algumas charges que forjaram esse sentido. Sob o título de "Carnaval Avinhado" (Figura 20), flagrou dois foliões fantasiados de Napoleão sendo presos por um guarda. A legenda que deu suporte à charge – "Este soldado é um besta hein Maneco? Quer prender logo uma dupla de Napoleões" – expressou as contradições vivenciadas por esses personagens e sinalizou para o desnudamento dos sonhos de carnaval, manifesto na presença da polícia que se constituiu em elemento destroçador dessa liberalidade momesca. Aliás, a irreverência manifestou-se, igualmente, no conjunto do quadro, composto de dois planos. Ao fundo, duas personagens assistiam à cena e se divertiam com a situação. Um deles era Pierrô, e o outro um homem vestido de forma elegante. No primeiro plano apareceu a dupla de Napoleão que esboçou um protesto diante da atitude do guarda, ao segurar o braço de um deles, indicando tratar-se de voz de prisão. O gestual, as expressões faciais e os movimentos irregulares do traço, precisando o caminhar de ambos, indicavam que estavam bêbados.

Belmonte, com suas charges, deixou evidente que os "sonhos de carnaval" nem sempre remetiam a uma situação de plena liberdade e de prazeres desregrados. Brincando com essas projeções, criou personagens inspirados em tradições lendárias que traziam certa carga simbólica associada a atributos de poder. Essas projeções, permitiam ao folião alimentar *suas fantasias e sonhos de liberdade* para, logo em seguida, dissolver tais possibilidades, ao transformar esse mesmo folião em motivo de troça, zombaria e castigo e mostrar sua volta à dura realidade cotidiana.

Figura 20 – Belmonte, "Carnaval avinhado" (*A Cigarra*, 1926)

Ainda, zombando do folião, castigou-o de forma impiedosa em "Ironias" (*A Cigarra*/SP, 1926, p.42) (Figura 21). Nessa charge, um anjo esmurrou Nero, em total inversão dos papéis que os identificavam na tradição histórica e religiosa, submetendo-os a uma situação de ridículo. A legenda corrobora de forma contundente essa quebra do mito carnavalesco: "Um Nero esmurrado por um anjo! Só mesmo no carnaval [...]". O quadro estruturou-se a partir de três personagens: uma figura masculina, sentada ao chão, em trajes romanos, indicando em sua expressão facial certo sofrimento. O gestual e o rosto contorcido denunciavam, de forma acentuada, as marcas do entrevero. E, ainda, a mão, posta no lado esquerdo, na altura da cintura, reforçava o conjunto da situação e, também, sua derrota perante o outro. Logo atrás vemos o anjo, com suas amplas asas, olhos arregalados, boca entreaberta e crispada, em atitude de enfrentamento aberto com o seu oponente, já caído ao chão em atitude de plena derrota. Ao fundo, apareceu uma figura fantasiada de palhaço estilizado, com um ar mordaz, que ria não tão discretamente da situação.

Essa alegoria carregava uma dupla crítica: 1. destroçava as projeções sobre os sentidos do carnaval, associados a certa percepção idílica que festejava a alegria, os prazeres e a felicidade, distante de qualquer outra preocupação que marcava o cotidiano e, igualmente, trazia para o debate a violência que se manifestava nesses festejos, tema presente em "Ironias" e na charge em discussão. 2. Ao trabalhar as polaridades que provocavam o riso, destroçava, de forma sarcástica, as possibilidades de diversão desse folião, que se via negado de sua condição de personagem, cuja intenção era investir contra as regras presentes em seu cotidiano.

Figura 21 – Belmonte, "Ironias" (*A Cigarra*, 1926).

Nas representações discutidas anteriormente, as elaborações sobre esses festejos assumiram características diversas, que foram da glorificação de alguns mitos à crítica ferrenha ao folião que se deixou enredar pelos sonhos de liberdade e ascensão sugeridos por esses folguedos. Os registros fotográficos sobre esses carnavais, mesmo que fragmentariamente, também trouxeram elementos para ampliar as possibilidades de reflexão, uma vez que o seu universo era bem mais amplo. As fotos que registraram os corsos dos últimos anos da década de 1920 são sugestivas: ora convergem no sentido dos ideais de liberalidade dos costumes, ora desvelam os limites desses sonhos (Figuras 20, 21, 22 e 23).

Figura 22- Corso na Avenida Paulista (Capa de *A Cigarra*, 1925).

Figura 23 – Corso na Av. Paulista/ Av. Angélica (*A Cigarra*, 1926).

A riqueza dessas elaborações sinalizou para aspectos importantes do carnaval desse ano – 1926 – que, nas ruas, contou com o corso e apenas com o préstito do Congresso dos Excêntricos Carnavalescos, cujo desfile foi programado para terça-feira de carnaval, isso se as chuvas permitissem.

Segundo as apreciações de *O Estado de S. Paulo*, o carnaval, de fato, acontecia nos muitos bailes que estavam ocorrendo na cidade, que se destacaram pelas diversas brincadeiras e pela animação dos foliões infantis e adultos. O Quadro 7 permite que visualizemos o envolvimento dos foliões nos bailes de alguns clubes e congêneres que ocorreram na cidade.

Nome dos clubes/hotéis/teatros	Local	Dia/mês/ano
Sociedade Híppica Paulista	Sede- Vesperal Infantil	Sábado 13/02/1926
Theatro Santa Helena *	Praça da Sé	Sábado – 13/02/1926
Theatro Scala	Sede	14, 15 e 16/02/1926
Theatro Apollo	R. 24 de maio	14, 15 e 16/02/1926
C.D.R. Royal	Cine República	14, 15 e 16/02/1926
Trianon	Sede – Av. Paulista	14, 15 e 16/02/1926
Hotel Terminus	Salão do hotel, Brig. Tobias, 98	14, 15 e 16/02/1926
Hotel Esplanada	Salão do hotel	14, 15 e 16/02/1926
Casino Antarctica	R,. Anhangabaú, 67	14, 15 e 16/02/1926
Salão Egypcio	Theatro Santa Helena	14, 15 e 16/02/1926
Congresso dos Excêntricos Carnavalescos	R. Quint. Bocayuva, 41- sede	14 /02/1926

*Vesperal Infantil
Quadro 7 – Bailes carnavalescos em São Paulo (1926)
Fonte: *O Estado de S. Paulo* (14 fev. 1926, p.5; 16 fev. 1926, p.4)

Também o *Correio Paulistano* noticiou, em poucas linhas, os bailes realizados em alguns clubes da cidade (Quadro 8). Aliás, as notícias sobre esses festejos foram precárias, diferentemente do que ocorreu nos anos anteriores. Porém, os clubes indicados atendem públicos distintos e congregam tanto as classes populares quanto as elites, nacional e de origem estrangeira. Os bailes do Theatro Colombo destinavam-se às classes populares, como nos indica Madrinha Eunice (Diolinda Madre), presidente da Escola de Samba Lavapés (criada em 1936), relembrando sua experiência de mocinha e os locais que costumava freqüentar em São Paulo (Museu da Imagem e do Som – MIS, fita 112.23). Já o Circolo Italiano era freqüentado pela elite endinheirada, de origem italiana, como veremos em páginas mais adiante, e que cuidavam com esmero da preparação desses folguedos. O Trianon, por sua vez, era um espaço freqüentado pelas elites que, em regra, alugavam os seus salões para eventos diversos, como os bailes carnavalescos.

Nome dos clubes/hotéis/teatros	Local	Dia/mês/ano
Theatro Colombo	Largo da Concórdia	Todos os dias
Circolo Italiano	R. S. Luiz	15 e 16/02
Trianon	Av. Paulista	Todos dos dias

Quadro 8 – Bailes carnavalescos em São Paulo (1926)
Fonte: *Correio Paulistano* (15 e 16 fev. 1926, p.3)

Já o jornal *O Estado de S. Paulo*, para descrever o que aconteceu em diferentes palcos desses festejos, criou o personagem "philosopho Tibério", que foi apresentado ao público no domingo de carnaval. Tibério não perdeu tempo. Tendo como parâmetro os carnavais de outrora, teceu suas considerações sobre os preparativos para esses festejos, concluindo, ao final de sua preleção, que o carnaval morrera, metáfora que não era nova nas análises da imprensa. Vaticinou Tibério:

> Os srs. estão vendo: plena véspera do domingo gordo, o que é que se vê por ahi? Uma pasmaceira, um silencio funerário, uma macambusidade, como se todo mundo estivesse com a casa ameaçada de despejo [...] O carnaval morreu! [...] (*O Estado de S. Paulo*, 14 fev. 1926, p.5).

No dia seguinte, o personagem visitou novamente a redação e trouxe as últimas notícias sobre os bastidores do carnaval. Contou sua aventura, ao tomar um bonde no Brás com destino ao mercado velho. Após uma hora, na qual "fez um verdadeiro passeio por bairros nunca antes conhecidos", com o bonde apinhado de gente, "com pingentes e cowboys grimpando pela coberta", chegou ao seu destino. Passando pelo centro da cidade, observou que os carros tinham dificuldades para transitar e de tão "grudados pareciam salsichas modernas". Já, na cidade, tentou tomar um café, o que não foi uma empreitada qualquer, considerando-se que "os cafés vendem de tudo, apenasmente não vendem café, que é mercadoria de nenhuma importância em nossa terra". E concluiu suas observações ironizando o "quadrado amarelo", imposto de caridade, colocado nos carros, observando que "alguns levam três a quatro papeis, o que é mais recommendável ainda" (*O Estado de S. Paulo*, 15 fev. 1926, p.3).

Enfim, o folião, se quisesse divertir-se, teria que driblar os obstáculos, como a demora dos bondes para percorrer os seus itinerários, os inconvenientes de ruas apinhadas de gente, a dificuldade para ser atendido nos bares e as pesadas chuvas que caíam na cidade, amenizadas na segunda-feira.

Na previsão do jornal, caso as condições climáticas se mantivessem iguais ao dia anterior, a expectativa era de uma animada terça-feira de carnaval, inclusive com o préstito do Congresso dos Excêntricos Carnavalescos, que estava previsto para sair às ruas com o seguinte desfile: 1 – banda de clarins; 2 – carro alegórico homenageando o aviador Ramon Franco; 3 – comissão de frente composta de 8 rapazes; 4 – banda de música com 22 figurantes; 5 – carro-chefe com o Templo Egypcio; 6 – "Landau" da diretoria do clube; 7 – carro alegórico – cesta de flores; 8 – "victorias" conduzindo "excêntricas"; 9 – carro alegórico – "Triunpho de Cleópatra" ; 10 – retumbante Zé-Pereira[26].

A saída de um único clube já traduzia os limites dos festejos de rua desse ano, uma vez que os desfiles das grandes sociedades eram um dos suportes desse carnaval organizado pela elite, para o seu deleite.

Analisando o conteúdo do desfile apresentado por essa sociedade, a partir do que é possível verificarmos pelas descrições sumárias feitas pelos jornais, delineia-se uma articulação, no temário, entre o presente e o passado. O desfile realça situações referentes à conjuntura internacional ligada aos feitos da aviação, expressas na homenagem ao aviador Ramon Franco e à civilização egípcia, encarnada em seus símbolos de poder expressos na figura de Cleópatra e no templo egípcio. Os vínculos com o país, nessa representação, era o Zé Pereira, com "seus bumbos barulhentos", que, desde o final do século XIX, era considerado "tipicamente nacional"[27], embora nessa apresentação pouco se explicite no que consistia tal retumbância.

Se o carnaval de rua teve os seus percalços, o mesmo não pode ser transposto para os espaços fechados. O difícil mesmo era escolher. Segundo o jornal, "de bailes carnavalescos não há falta: ao contrario, é tão grande o seu número que a dificuldade, para muitos, estará na escolha" *(O Estado de S. Paulo,* 14 fev. 1926, p.5). Os destaques, contudo, foram para os animados bailes ocorridos no Trianon, que reuniram a elite, durante os dias de carnaval, e que terminaram às

---

26 O aviador Ramon Franco foi caracterizado "como intrépido conquistador dos ares que, num feliz vôo, ligou a Europa à América Latina". *Estado de S. Paulo,* 16 fev. 1926, p.4.

27 Consultar sobre o assunto: M. C. P. Cunha, 2001, p.48. Segundo a autora, o Zé Pereira nada mais era do que uma das faces do Entrudo.

cinco horas da manhã. E, também, para os do Casino Antarctica, cujas atrações foram o concurso de maxixe e as competições entre as agremiações Tenentes do Diabo, Fenianos e Democráticos.

O policiamento da cidade não foi descuidado, sendo publicado o nome das autoridades e os locais sob sua responsabilidade. Igualmente foram definidas as regras para o corso que ocorreria durante os Dias Gordos.

Analisando o conjunto das informações presentes nos periódicos pesquisados, é possível afirmar que tais festividades transcorreram sem maiores problemas e em clima de relativa animação. Os seus ecos ainda foram ouvidos alguns dias depois, restando aos saudosos adeptos da folia aguardar o ano seguinte.

Se as expectativas sempre sinalizam para festejos promissores, não foi o que ocorreu com o carnaval de 1927, que foi qualificado pelo *Correio Paulistano* de "fraco" e um dos piores carnavais que a cidade já viveu. Ao apontar a solução para o problema, o jornal evidencia o seu caráter elitista. Publica, na coluna "O Carnaval que passou", que "São Paulo ainda não teve um carnaval tão desorientado e fraco como o deste anno. Momo, com certeza, deve republicanizar-se [...]" (*Correio Paulistano*, 3 mar. 1927, p.5).

Os festejos de rua, segundo esse jornal, foram considerados "apagados e frios". Isso se deveu, entre outros aspectos, à falta de iluminação apropriada (até mesmo no Brás) e também devido à ausência dos préstitos das sociedades carnavalescas.

Figura 24 – Corso na Avenida Paulista (*A Cigarra*, 1927)

Essas descrições, entretanto, não correspondem aos esforços dos próprios foliões que animaram os festejos de rua, como podemos ver na foto do corso da Avenida Paulista (Figura 24) e da Lapa, e nas descrições dos preparativos para esses desfiles no Brás, embora a iluminação das ruas não tenha sido reforçada.

Além do roteiro das ruas nas quais deviam passar os cortejos, o jornal *O Estado de S. Paulo* informa que "os autocaminhões e os veículos de tração animal, mesmo ornamentados, não poderão tomar parte deles" (*O Estado de S. Paulo*, 26 fev. 1927, p.6). As proibições também se estenderam aos menores que foram impedidos de apanhar serpentinas na avenida e aos vendedores de serpentinas, confetes e de outros produtos que estavam impedidos de mercadejar os seus produtos no meio da rua.

Além do corso na Avenida Paulista, detectamos na Lapa, em 1927, a animação que tomou conta dos foliões que não foram privados do desfile do Clube Carnavalesco Lapeano, pelas ruas do bairro. Um dos carros alegóricos apresenta algumas folionas como destaque, o que nos indica o interesse dos associados para participar desses folguedos de rua. As fotos sugerem que não apenas "as moças alegres" participavam como destaque dos carros alegóricos nos desfiles de rua, como afirma Maria Isaura P. de Queiroz.

Figura 25 – Carro Alegórico do Clube Carnavalesco Lapeano, 1927 (MIS 31.172)

O carnaval de rua, porém, não ficou restrito apenas àquelas atividades aludidas. Os jornais, diferentemente dos anos anteriores, registraram a presença de "ranchos", "grupos" e "dos máscaras de rua" (os palhaços) que desfilaram no Triângulo Central, no Brás e em frente aos jornais.

O jornal *O Estado de S. Paulo* destaca que passou em frente à sua redação, na segunda-feira, o Grupo dos Caprichosos de Belemzinho, formados por moças e rapazes. Cita ainda "vários outros cordões e blocos" de foliões "que vieram cumprimentar-nos com os seus estandartes improvisados. Merece entre eles, ser também aqui mencionado o grupo das dansarinas dos bailes do Theatro Apollo" (*O Estado de S. Paulo*, 1º mar. 1927, p.4) e o G. C. *Barra Funda* que empolgou o público pela sua animação. Mas, para esse jornal, o maior destaque foi o rancho "Mimoso Girasol que alegrou a cidade com suas dansas e cantigas; constava de umas quarenta mocinhas de côr, vestidas a Luiz XV, cabelleira algodoada, que cantavam em coro uma musiquinha embaladora e, ao mesmo tempo, se inclinavam umas para as outras, nas rhytimadas saudações de um minuete" (*O Estado de S. Paulo*, 3 mar. 1927).

Outros aspectos do carnaval de rua desse ano foram registrados pelo *Correio Paulistano*. Mas o realce foi o fato de 90% de "os máscaras de rua", que circularam pelo Triângulo e pelo Brás, serem rapazes travestidos de mulher:

> [...] Interessante, sem dúvida, essa tendência dos homens se phantasiarem no Carnaval desse anno com vestes de mulher, emquanto as filhas de Eva procuravam sahir à rua em trajes masculinos [...]
> Causou assombro essa quantidade extraordinária de "travestis" femininos. Havia de todos os generos: camponezas, ciganas, bahianas de chalé a tiracollo e pulseiras amarellas, marquezinhas à Dubarry, mulheres do povo, pierrettes, colombinas, melindrosas, de tudo enfim. (*Correio Paulistano*, 3 mar. 1927, p.5)

O jornal pergunta-se qual a razão "dessa phantasia tão fora dos nossos hábitos" e se aventura numa explicação, indagando se isso não seria um protesto "às theorias avançadas do feminismo" que ganham terreno, dia a dia, e igualam homens e mulheres. O repórter (subentendido), dialogando com o outro personagem que também apreciava a pândega (nomeado de o "philosopho"), ouve de seu interlocutor a seguinte explicação:

> — Não é de admirar. Com o rumo que estão tomando as cousas, nesse progresso assombroso de cabellos curtos e saias acima dos joelhos, há de chegar o dia em que teremos nós os homens que sahir à rua como aquele pandego que alli vai [...] Olhe!
> E apontou-nos, com um leve franzir dos músculos do canto da bocca, um homem de seus quarenta annos e farta bigodeira, que passava gingando os quadris, mettido em fartos saiões de camponeza e sapatos de tacão alto [...]. (*Correio Paulistano*, 3 mar. 1927, p.5)

As reflexões feitas pelo jornal permitem algumas ilações sobre os sentidos dessa inversão de gênero, alguns já reiteradamente refletidos pela bibliografia especializada. O primeiro deles diz respeito aos componentes irreverentes que conformam esses personagens que invadem as ruas e zombam de valores e práticas sociais em suspeição pela sociedade. O sentido cômico estaria garantido pela inversão de papéis, sem que anule a condição anterior, reforçando os componentes caricaturais, que passam a ser bastante apreciados – o exagero, parecer o que não era – por cumprir múltiplas possibilidades, entre elas a de zombar e tornar ridículas algumas pretensões da sociedade (Propp, 1992). Nesse sentido, tanto pode se constituir em elemento crítico e de negação de valores arcaicos, quanto servir de reforço às práticas sociais tradicionais, opostas àquelas almejadas no momento, tal qual sugere Natalie Davis (1990)[28]. A autora observa que os antropólogos, analisando o tema da inversão sexual, identificam uma diversidade de usos. Mesmo assim, concordam que os ritos e as cerimônias de reversão são, em última instância, fontes de ordem e estabilidade numa sociedade hierárquica, pois, ao explicitarem os conflitos internos ao sistema, podem corrigi-lo e aliviá-lo. Ou seja, podem renovar o sistema, mas não mudá-lo. Davis propõe que a questão seja abordada sob duplo sentido: como elemento de mudança e também de reforço do *status quo*.

Outro aspecto que merece discussão é o fato de a transfiguração do homem em mulher ser considerada pelo jornal *Correio Paulistano* uma crítica às lutas pela emancipação feminina no seu pior sentido. De fato, a sátira encenada em praça pública, mesmo que não tenha a força de reversão do almejado, certamente desvela as disputas que se travavam, no próprio país, sobre os direitos políticos e sociais reivindicados pelas mulheres. Em 1927, essas demandas ainda eram partes de ideários programáticos de grupos e tendências políticas diversas. Tal questão será parcialmente superada no início dos anos trinta, com a garantia às mulheres de alguns direitos sociais[29], expressos na legislação

---

28 Consulta sobre o assunto: Davis (1990, p.111-2). A autora sugere, considerando as situações constatadas na Europa da época moderna, que o tema seja tratado sob o duplo enfoque: como elemento de controle e também de crítica e negação de determinada ordem social.
29 Em 1932, foi regulamentada sua inserção no mercado de trabalho, notadamente do setor fabril, o maior empregador de mulheres no período. Apesar das dificuldades de implementação, foi reconhecido, além do direito a férias e à jornada de trabalho, o direito ao emprego e remuneração, às mulheres grávidas, após o nascimento de seus filhos. Verifique sobre o assunto: Silva, 1990; Constituição da República dos Estados Unidos do Brasil, 1944, art. 121, p.106.

trabalhista, e direitos políticos[30] de votarem e serem votadas, desde que não fossem analfabetas.

Voltando aos festejos carnavalescos, verificamos que esses eventos em espaços fechados receberam pouco destaque, embora os jornais reconheçam que foram nos clubes e assemelhados onde mais se festejou o carnaval. Na abordagem de *O Estado de S. Paulo*, eles aconteceram "em todos os recantos da cidade: bailes elegantes, bailes modestos, bailes alegres, em todos os sentidos, todos elles estiveram cheios de gente".

Esse jornal registrou os bailes ocorridos, durante os três dias, nos grandes hotéis Terminus e Esplanada, no Trianon, no salão Egypcio, nos teatros Casino, Apollo (Rua 24 de Maio com Dom José Gaspar), no Braz Polytheama (Av. Celso Garcia – Brás), no Olympia (Av. Rangel Pestana) e no Scala, além de inúmeros outros clubes, todos eles concorridíssimos, detendo-se no baile de domingo de carnaval, realizado no São Paulo Tennis, classificado de "um verdadeiro acontecimento". Nessa análise, o "salão de sua elegante sede (se encheu) de uma fina sociedade, alegre e ruidosa, que se divertia nas dansas e batalhas de confetti e lança-perfumes" (*O Estado de S. Paulo*, 1º mar. 1927, p.4)[31]. Para deleite dos foliões, ocorreu o concurso de fantasias, nas modalidades luxo e originalidade. No final do certame, foram escolhidas as senhoritas Chiquita Costa Machado, com a rica fantasia "Tiara moscovita", e a senhorita Francisquinha Campos, com a fantasia "Folia moderna", na categoria de traje original.

A apreciação feita pelo *Correio Paulistano* enfatiza a animação dos bailes carnavalescos ocorridos nos clubes e teatros, que se caracterizaram pelo "enthusiasmo e ruído". Destaca os bailes nos teatros "Casino, Apollo, Republica, Santa Helena que tiveram casas cheias de foliões de ambos os sexos"; os bailes dos hotéis "Esplanada e Terminus revestiram-se de imponência notável, num ambiente de verdadeiro luxo e beleza". Ou, ainda, nos clubes dos *Argonautas, Fenianos, Democráticos Infantis e Tenentes do Diabo* que se destacaram pela animação e pela realização de concursos entre os dançarinos. Além desses bailes, alongou-se nos comentários sobre o baile realizado nos salões do Circolo Italiano (Rua São Luiz), na segunda-feira de carnaval, local que reuniu "a fina flor da colônia italiana aqui domiciliada, além de numerosas famillias da nossa melhor sociedade". O jornal, além de descrever em detalhe o requinte dos

---

30 Ver Constituição da República, 1944, art. 108 e 113, p.100, 102.
31 A sede do São Paulo Tennis estava situada na Rua Pedroso de Moraes, 55, no bairro de Pinheiros.

salões desse clube, também fez questão de mencionar que os seus dirigentes, Giovanni Carini (presidente), Cláudio Bosisio, Francisco Murino, Heitor Palma, Dr. Ângelo de Mais e Sylvio Pangaro, recepcionaram, nesse evento, o famoso aviador italiano, marquês De Penido, "em visita aos seus compatriotas" (*Correio Paulistano*, 3 mar. 1927, p.5).

Enfim, um carnaval marcado por uma série de atividades, que traduziu a imaginação e o desejo dos foliões que tinham como meta divertir-se e divertir o outro, com suas *performances* propiciadas por esses festejos. As manifestações de rua – autônomas e individuais – somente ganharam destaque nos jornais porque, na ausência dos desfiles das grandes sociedades, a grande imprensa teve que desviar o foco de sua cobertura para outras brincadeiras que aconteciam durante o carnaval. Essas *performances* revelavam a irreverência do folião e da foliona, criticando os valores da sociedade ou, ainda, rindo de si mesmos e dos outros, como é o caso dos palhaços ou dos homens travestidos de mulher e o seu contrário.

No ano seguinte, 1928, o carnaval, tal qual ocorreu em outros carnavais, estruturou-se a partir dos desfiles das sociedades carnavalescas, dos bailes nos clubes, teatros, cassinos e hotéis e do corso, na Avenida Paulista, no centro da cidade e no Brás.

Diferentemente do ano anterior, os folguedos carnavalescos contaram com os préstitos das grandes sociedades carnavalescas que foram realizados pelos Argonautas, Fenianos e Democráticos, que programaram suas exibições públicas para domingo e segunda-feira de carnaval, e prometeram novidades em suas exibições, com a incorporação do choro em seu repertório musical. Informa-nos o jornal *O Estado de S. Paulo* (18 fev. 1928, p.9) que essas agremiações convidaram "o conhecido cantador de samba e cateretês Roberto Roldan para ensaiar os rapazes dos três clubs, que tomam parte no choro caipira" e que será exibido nas avenidas com o objetivo de dar "uma nota alegre e animada" ao carnaval.

Essa informação tem um significado especial, por indicar os caminhos de interação entre os diferentes segmentos sociais e, ainda, as formas pelas quais os integrantes das elites e vice-versa absorviam as práticas culturais distintas, desde que fossem preservados os seus respectivos espaços, com suas redes de relações.

Os bailes, como de costume, foram o ponto alto dessas celebrações. O envolvimento dos clubes, hotéis, teatros, cassinos e salões em sua preparação, com promessas de muitas novidades aos foliões que se envolvessem em suas pândegas, sinaliza para o sucesso desses eventos (ver os quadros 9 e 10).

Nome dos clubes/teatros/hotéis	Local	Dia/mês/ano
São Paulo Tennis	Sede – Rua Pedroso, 55	Domingo – 19/02/1928
Clube Democrático R. Royal	Salão Cine República	20 e 21/02/1928
Club Portuguez	Avenida São João, 12	segunda-feira – 20/02/1928
Avenidas Clube	Sede	segunda-feira – 20/02/1928
Clube da Liberdade	Salão Brig. Luis Antonio, 84	Sábado – 18/02/1928
Grupo Íntimo	Av. Brig. Luis Antonio, 84-B	segunda-feira – 04/03/1928
Theatro Santa Helena	Praça da Sé	19 a 21/02/1928
Theatro Apollo	R. 24 de Maio e Dom José de Barros	Todos os dias
Triannon	Av Paulista	terça-feira – 21/02/1928
Cassino Antarctica	R. Anhangabaú, 67	Todos os dias
Hotel Esplanada	Salão do Hotel	segunda-feira – 20/02/1928
Hotel Terminus	Salão do Hotel – Brig. Tobias, 98	"Grandes bailes"
Salão Teçaindaba	R. Epitácio Pessoa, 10	"Bailes Elegantes"
Coliseu Paulista *	Largo do Arouche	Domingo – 19/02/1928

• Realiza-se nesse espaço, a partir das 14h30, "a tarde da criança"

Quadro 9 – Bailes carnavalescos em São Paulo (1928)
Fonte: *O Estado de S. Paulo*, 19 fev. 1928; 21 fev. 1928, p.6.

Os foliões paulistanos que se divertiram nesses diversos lugares (quadros 9 e 10) envolveram-se em batalhas de confete, desfiles e concursos de música e fantasias. Algumas dessas brincadeiras foram destaques nas notícias dos jornais, como as dos bailes do Theatro Apollo, com os desfiles das "grandes amorosas da História", e o Casino Antarctica com *os* "concursos de maxixe". Nesse noticiário também foi realçado o baile do São Paulo Tennis, em sua sede, na Rua Pedroso, "lindamente ornamentada e iluminada", que recebeu a alta sociedade, com mulheres portando ricas fantasias; como parte dessas celebrações, a direção do clube organizou um certame para premiar a fantasia que se destacasse pela beleza e riqueza, e uma outra, pela originalidade[32].

---

32 Foram premiadas por uma comissão interna do clube as senhoritas Maria Malta Pereira Leite com a fantasia "Oriental", na categoria de riqueza e beleza, e Maria Helena Campos Dias com a fantasia "D'Artagnan", por sua graça e originalidade. Os prêmios foram um quebra-luz de porcelana para a 1ª, e um jogo para *toilette* para a 2ª (*O Estado de S. Paulo*, 21 fev. 1928, p.6).

Os destaques desse ano, no entanto, foram os bailes nos salões Trocadero e Teçaindaba, considerados "espaços elegantes", que ofereceram bailes dignos de seu perfil. Segundo o jornal *O Estado de S. Paulo*, o salão Trocadero, situado no novo prédio inaugurado na Rua Barão de Itapetininga, "representa uma verdadeira novidade para São Paulo, com sua pavimentação de crystal illuminado e outras maravilhas que só se encontram nos mais ricos salões desse gênero em Nova York ou Pariz". A abertura desse espaço ao público foi organizada para terça-feira de carnaval "com um sumptuoso baile carnavalesco" (*O Estado de S. Paulo*, 19 fev. 1928).

O *Correio Paulistano* publica em suas páginas os bailes em alguns clubes e congêneres (ver Quadro 10) e discute, de forma mais particularizada, os organizados pelo Palácio Teçaindaba e pela Sociedade Harmonia.

Nome dos clubes/teatros/hotéis	Local	Dia/mês/ano
Tennis Club Paulista	Rua Gualachos, 183	Domingo-19/02/1928
Sociedade Harmonia	Theatro Santa Helena – Praça da Sé	Sábado – 18/02/1928
Centro Republicano do Braz	Av. Rangel Pestana, 385	Sábado- 18/02/1928
Theatro Apollo	R. 24 de Maio	Sábado- 18/02/1928
Hotel Terminus	Salão do Hotel – Brigadeiro Tobias, 98	segunda-feira – 20/02/1928
Palácio Teçaindaba	R. Epitácio Pessoa, 10	19, 20 e 21/1928

Quadro 10 – Bailes carnavalescos em São Paulo (1928)
Fonte: *Correio Paulistano*, 18 fev. 1928, p.4.

O baile promovido pela Sociedade Harmonia, tendo à frente mulheres da elite paulistana, foi programado para sábado de carnaval, com promessas de muitas novidades aos foliões associados. Os preparativos foram feitos com esmero e compreendiam a preparação do local para sua realização, dos certames e de uma ceia. O jornal esclarece que a sala do Theatro Santa Helena, destinada ao baile, foi decorada pelo "intelligente scenographo Luiz de Barros que a transformará num 'inferno'" (*Correio Paulistano*, 18 fev. 1928, p.4). Durante o baile, estavam programados os concursos de fantasias, com premiações para a mais original (um prêmio oferecido pela conceituada revista de variedades *Arlequim*) e, também, na categoria de beleza e riqueza (dois prêmios oferecidos pela diretoria da "aristocrática sociedade paulistana"). Fechando a noitada, uma ceia, "de 2 às 4 horas da madrugada servida no Salão Egpicio do Theatro Santa Helena durante a qual uma orchestra executará somente tangos argentinos". O cenário e a atração sugerem a exploração da sensualidade, a partir de outros parâmetros. Já nos luxuosos salões do Palácio Teçaindaba, estavam programados "para os dias 19, 20 e 21, das 22 horas em deante [...] três suntuosos bailes a phantasia".

As brincadeiras de ruas fizeram parte dessas celebrações e motivaram os foliões que acorreram às diversas atividades programadas. O corso, composto por quatro filas de automóveis, percorreu as ruas principais da Avenida Paulista (Figura 26) em direção ao centro da cidade, e também no Brás. Na terça-feira de carnaval, "a cidade esteve animadíssima durante o dia e, à proporção que a noite se aproximava, a affluencia do publico ia augmentando" (*O Estado de S. Paulo*, 23 fev. 1928, p.6).

Figura 26 – Corso na Avenida Paulista (*A Cigarra*, 1928)

O balanço feito pelo jornal *O Estado de S. Paulo* sobre os vários palcos desses festejos foi bastante positivo. A animação marcou as várias atividades desenvolvidas pelas ruas da cidade, e nos clubes e congêneres, que realizaram animados bailes aos quais acorreram homens, mulheres e crianças (estas últimas participando ativamente tanto do corso quanto dos bailes infantis, oferecidos pelos clubes) de diferentes estratos sociais. No centro da cidade, essa movimentação, na terça-feira, "só cessou uma hora da madrugada. Nos bairros, como sempre, o enthusiasmo excedeu a todas as espectativas".

Os foliões nem sempre tiveram as possibilidades oferecidas por essa festa do desgoverno que, a cada ano, se distanciava daquelas pretensões, já que se transformara em exibições rigorosamente programadas para os foliões se divertirem, obviamente nos limites prescritos pelas determinações da polícia.

Na avaliação da imprensa, os festejos ocorreram sem maiores problemas, a não ser pelo abuso de alguns comerciantes que exageraram no aumento dos preços de vários produtos, conforme protesta O Estado de S. Paulo. Alguns dos problemas apontados nos carnavais de anos anteriores aparecem novamente nesse início de 1929, situação detectada pelo jornal O Estado de S. Paulo, que critica a tibieza das decorações de rua – que se resumem a algumas lâmpadas multicores instaladas pela Light, e uns coretos montados em algumas praças, jocosamente apelidados de galinheiros – e também aponta as possibilidades de um fracassado carnaval de rua, em parte devido às chuvas. Mesmo assim, as expectativas prenunciam um carnaval mais animado do que os anteriores, pois algumas das críticas sobre a precária participação dos poderes públicos na sua organização foram consideradas pelas autoridades.

Nesse ano, o jornal O Estado de S. Paulo voltou a publicar, em todos os dias de carnaval, a portaria do chefe de polícia de São Paulo, Dr. Bastos Cruz, determinando aos delegados da capital que cumprissem e fizessem cumprir as disposições relativas ao carnaval que, aliás, eram as mesmas formuladas para o carnaval de 1923.

Os tópicos proibidos incidiam sobre a prática do entrudo, os desfiles dos cordões, cantorias de grupos que atentassem contra os bons costumes ou o decoro público, tais como: arremesso de líquidos ou objetos que prejudicassem ou causassem danos físicos a pessoas que circulassem pelas ruas ou, ainda, os préstitos de foliões, sem autorização prévia da polícia. Enfim, as mesmas proibições de anos anteriores, prescrevendo multas e detenções para aqueles que desobedecessem a tais normas, como os praticantes do entrudo e aqueles que atentassem contra o decoro público.

Os rigores de tais dispositivos colocam em dúvida o seu alcance. Não teriam eles o objetivo de imprimir um ritmo mais lento a esses festejos? Responder a tal questão esbarra em dificuldades significativas, pois não houve no período uma discussão sobre a pertinência ou não dessas imposições. Vez por outra aparecem observações que sinalizam em direção à crítica sobre o exagero de proibições, como a participação de caminhões e carros do interior nos corsos da capital. Ou, ainda, a proibição de bebidas que, em regra, volta-se para aquelas que eram do gosto popular.

O desinteresse do paulistano em relação a tais festejos em momento algum foi associado aos exageros e às exigências feitas para que os foliões saíssem às ruas, à proibição de circulação dos blocos, ao caráter elitista desse carnaval de rua que impedia a exibição dos segmentos populares nos vários palcos desse evento. Ou, em certa medida, às pesadas chuvas – recorrentemente mencionadas na imprensa – que caíam na cidade nesse período. O diagnóstico enfatiza o mito construído para o paulistano sobre sua vocação para o trabalho. Ou, no outro extremo, a constatação pura e simples desse desinteresse como apareceu no início de 1929, na avaliação que o *Correio Paulistano* fez sobre os carnavais dos anos anteriores, lembrando aos leitores a fama adquirida de ser "aggresivamente triste". Até mesmo o corso nas avenidas aristocráticas da capital mais pareciam "cortejos fúnebres". E arrematava: "Ninguem brincava, ninguem ria e ninguem cantava" (*Correio Paulistano*, 17 jan. 1929).

Alguns setores das elites, notadamente os comerciantes do centro da cidade, reivindicam uma atuação mais afirmativa do prefeito nas festas de Momo. Sugerem como antídoto para essa apatia alterações na estrutura dos festejos, de modo que fossem incorporados nos desfiles de rua os segmentos populares.

A posição desse grupo foi expressa por meio de demandas efetivas encaminhadas ao prefeito da cidade, José Pires do Rio (1926-1930), para que tornasse mais atraentes os festejos do ano em curso. Suas reivindicações foram as seguintes:

> a) que as bandas de musica, executem, no sábado, domingo, segunda e terça de carnaval, escolhidos programas, nas Praças Patriarcha, Antonio Prado e Largo de S. Bento.
> b) que os automóveis torpedos, para entrar no corso, sejam obrigados a descer suas capotas;
> c) que seja admitido, no corso, os automóveis do interior;
> d) que, ao contrario do que tem acontecido nos annos anteriores, este anno sejam permittidos no desfile carnavalesco, nas ruas, os auto-caminhões (*Correio Paulistano*, 17 jan 1929).

A defesa de participação dos autocaminhões, desde que enfeitados, para tomarem parte do corso, foi justificada em decorrência da animação que estes dariam ao carnaval, imprimindo "um toque especial de ruidosa alegria". Essa solicitação não implicava a elaboração de nenhuma lei específica, pois desde 1926 havia a Lei Municipal (nº 2.936 de 6 de fevereiro de 1926), regulamentando a participação dos autocaminhões nos desfiles do corso, medida que, pela demora de sua execução, não entusiasmou as elites participantes dessas celebrações.

Os comerciantes, de olho nos negócios, indicaram soluções que, em sua perspectiva, criariam um clima festivo a tais celebrações. Isso se daria por meio de estímulos externos e do afrouxamento de certas exigências que poderiam tornar o carnaval uma festa mais popular e, também, na preparação do visual da cidade para além dos espaços cenográficos costumeiros, com o alargamento para outras áreas.

Os preparativos para a festa carnavalesca continuaram munidos desse mesmo espírito. No bairro Santa Cecília, de fato houve significativo esforço do comércio para animá-lo. Os comerciantes do Largo do Arouche organizaram várias batalhas de confete pré-carnavalescas, que foram realizadas nas noites de 26 e 27 de janeiro de 1929, com bandas de música, desfiles e prêmios (*Correio Paulistano*, 22 jan. 1929, p.7 e 25 jan. 1929, p.6).

As atividades pré-carnavalescas foram reforçadas pelos comerciantes com a vinda do Rio de Janeiro de um bloco composto de 50 pessoas. Apoiados pelo sucesso do evento, solicitaram ao prefeito o deslocamento de uma parte do corso para o bairro. Os organizadores fixaram o percurso que deveria ser feito. Além da iniciativa de solicitar à prefeitura a participação de caminhões no corso, com o argumento de que sua presença garantiria animação ao evento, instituíram concursos de vitrines, de lojas próximas à Avenida São João, e premiações aos carros alegóricos que passassem pelo trecho mencionado.

Igual preocupação viveu o bairro do Brás que, por meio do Centro Republicano do Brás, tomou providências quanto à iluminação de suas ruas.

As expectativas em relação ao carnaval de rua voltaram-se para os desfiles das sociedades carnavalescas *Tenentes do Diabo, Argonauticas, Fenianos e Democráticos Infantis*, cujos preparativos eram de iniciativa dessas agremiações.

Nota-se, nas iniciativas implementadas, a busca ampliação do carnaval de rua para outros segmentos da sociedade, ao reconhecer que restringi-lo apenas à elite seria condená-lo ao insucesso. As iniciativas tomadas não sinalizam para a inclusão dos grupos negros paulistanos nos folguedos programados, embora apareça notícia em *O Estado de S. Paulo* sobre o desfile e as atividades programadas pelo G. C. Campos Elyseos, conforme citação abaixo:

> Como tem feito nos annos anteriores, o Grupo Carnavalesco Campos Elyseos sahirá à rua com o seu bem organizado cordão, composto aproximadamente por cem pessoas. Além desse desfile, a directoria do Grupo Carnavalesco Campos Elyseos organizou para este carnaval os seguintes festejos: domingo, as 15 e as 21 horas, bailes dedicados aos sócios e suas famílias; segunda feira, às 21 horas baile à fantasia, e terça feira gorda, às 14 horas, reunião na sede social para organização do desfile, que obedecerá a seguinte ordem: balisa, comissão de frente, estandarte social, directoria, corpo coral e orchestra (*O Estado de S. Paulo*, 8 fev. 1929, p.6).

Nas críticas veiculadas pelos jornais, percebemos ainda certa reivindicação de maior participação da prefeitura na organização dos festejos de Momo, inclusive financeira.

Os preparativos feitos pelos clubes perseguiam os mesmos objetivos do carnaval de rua. A Sociedade Hippica Paulista, o Hotel Terminus, o Club Portuguez, o Palas Club, o Cassino Antártica, o Cine República, o Centro Republicano Portuguez, o S. Paulo Tennis, o Clube Tenentes do Diabo anunciam o calendário de seus bailes (de 9 a 12 de fevereiro), bem como as exigências e novidades que teriam lugar durante os folguedos.

À medida que se aproximavam os dias da folia, a cidade ganhava colorido especial. Alguns clubes, como a aristocrática Sociedade Híppica Paulista, ofereceram aos associados, antecipadamente, o seu baile carnavalesco na quinta-feira. Os demais clubes organizaram o seu calendário para os dias da folia (Quadro 11).

Nome dos clubes/teatros/hotéis	Local	Dia/mês/ano
Pallas Club		Três bailes
Clube Democrático R. Royal	Salão Cine República	9, 10, 11, 12/02/1929
Club Carnavalesco Lapeano	Theatro Carlos Gomes	segunda-feira – 11/02/1929
Cine Odeon		09, 10 e 11/02/1929
Moulin-Bleu	Baixos do Theatro Santa Helena	9, 10, 11, 12/02/1929
Sociedade Harmonia	Trianon – Av. Paulista	Sábado – 09/02/1929
Theatro Santa Helena	Praça da Sé	9, 10, 11 e 12/02
Theatro Apollo	R. 24 de Maio	Todos os dias
Centro Gaúcho	Sede – R. Aurora, 163-A	9 e 11/02/1929
Cassino Antarctica		Todos os dias
Hotel Esplanada	Salão do Hotel	sábado – 09/02/1929
Hotel Terminus	Salão do Hotel	segunda-feira – 11/02/1929
Salão Teçaindaba	R. Epitácio Pessoa	10 e 12/02/1929
Tennis Club Paulista *	Rua Gualachos, 183	terça-feira - 12/02/1929
S. Paulo Tennis		10 e 12/02/1929
Portugal Club		Domingo-10/02/1929
Club Portigues	Avenida São João, 12	segunda-feira – 11/02/1929
Sociedade Hippica Paulista **	Rua Líbero Badaró, 293	Sábado- 9/02/1929
Fenianos	Theatro Carlos Gomes	segunda-feira- 11/02/1929

* Baile beneficente – Instituto Padre Chico.
** Vesperal infantil

Quadro 11 – Bailes carnavalescos em São Paulo (1929)
Fonte: *O Estado de S. Paulo*, 9 fev. 1929, p.6; 12 fev. 1929, p.7.

A marca desse carnaval ainda foi dada pelo gosto da elite que privilegiou, como de costume, o luxo como pré-requisito para o seu acontecer. Isso se traduziu na postura bastante esnobe, manifestada nas exigências dos trajes, antecipadamente divulgadas pela imprensa, que enfatizam o traje rigor ou fantasia como opção ao folião que tivesse a pretensão de freqüentar determinados bailes realizados pelos clubes chiques ou aqueles pretensamente elegantes. No caso da Sociedade Hípica Paulista, além das exigências dos trajes, havia rigoroso controle sobre os freqüentadores, não se permitindo aos associados a transferência de convites para outras pessoas.

A busca desse luxo também vinha acompanhada de certa preocupação em garantir o caráter familiar desses bailes, cujo início foi definido em torno das 22 horas. Os mais animados encerravam-se ao amanhecer.

O C. D. Royal divulgou, com antecedência, o seu calendário de bailes para todos os dias de carnaval, chamando a atenção dos associados que o Cine República estava sendo decorado com esmero. A partir de um jogo de luzes caindo do teto, o Royal pretendia tornar o carnaval de seus associados inesquecível. A notícia publicada pelo *Correio Paulistano* destaca ainda que os convites, as frisas e os camarotes estavam à disposição das famílias na sede do Royal. Já o Cassino Antarctica oferecia quatro bailes à fantasia: "O carnaval em Madrid" (sábado, 9/02); "O carnaval em Paris" (domingo, 10/02); "O carnaval em Veneza" (segunda-feira, 11/02) e "O carnaval em Nice" (terça-feira, 12/02)[33].

Alguns desses espaços foram decorados pelo cenógrafo Luiz de Barros, que ganhou destaque pela ousadia e irreverência dos temas propostos, já presente no carnaval do ano anterior, no baile da Sociedade Harmonia que tinha como tema o inferno. Nesse ano, ele produziu os cenários do Cinema Odeon, com o conto das mil e uma noites – "Ali Babá e a lâmpada maravilhosa"; os cenários do Theatro Santa Helena, com o "Reino de Neptuno". Os diversos elementos ali presentes seriam os seres que habitavam o fundo do mar, incluindo aí as sereias que se apresentariam nuas. E, ainda, os cenários do *Moulin Bleu*, tendo como tema uma praia seca, exigindo de seus freqüentadores que viessem "de maillot ou outras roupas leves" (*O Estado de S. Paulo*, 9 fev. 1929, p.6).

---

33 *Correio Paulistano*, 7 fev. 1929. O C. D. Royal divulgou o seu calendário de bailes para os dias 9, 10 e 11 fev. 1929, segundo o *Correio Paulistano* e, também, para o dia 12/02, de acordo com o *O Estado de S. Paulo*, 10 fev. 1929, p.6.

Embora os jornais noticiem sem maiores destaques essas ousadias sugeridas para os bailes não tão recatados, que seriam realizados no Theatro Santa Helena, durante os quatro dias de carnaval, o *Correio Paulistano* observou que tais bailes seriam "um atrativo dos maiores: o grande concurso do nu artistico", o que só ocorreria altas horas da noite. Dizia o jornal: "Afim de que todas as pessoas, mesmo as que vão a outros bailes, assistam esta notável competição de plástica feminina, o concurso será realizado nos 4 bailes às 3 ½ da madrugada [...]" (*Correio Paulistano*, 7 fev. 1929).

Essa aparente liberalidade estava amparada em outros dispositivos que envolviam instruções sobre o policiamento da cidade, a fiscalização e o policiamento dos corsos, os plantões na Polícia Central e no Gabinete de Informações e a vigilância nos bailes públicos. Em relação a esse último item, o jornal *O Estado de S. Paulo* informa que "o policiamento nos bailles carnavalescos será exercido nos seguintes locaes: cinema Odeon, Theatro Apollo, Theatro Santa Helena, cine Theatro Republica, hotel Esplanada, hotel Terminus, Casino Antarctica, Imperial Dancing, Palácio Teçaindaba, 'cabaréts' Tabaris e Malpu e Theatro Colombo" (*O Estado de S. Paulo*, 9 fev. 1929, p.6).

Acompanham essas medidas a portaria do juiz de Menores que, em cumprimento ao Código de Menores, proíbe a presença destes, até a idade de 21 anos, em certos espaços públicos, conforme explicitou o Arthur Whitaker. O texto da portaria é o seguinte:

> Nos bailes – Nos vesperaes infantis é permittido o ingresso de menores, devendo ser acompanhado, por seus Paes ou responsáveis, os que tiverem menos de 14 annos.
>
> É permittido o ingresso desses menores, acompanhados por seus paes, ou responsáveis, nos bailes das sociedades, legalmente constituídas, nos quaes têm ingresso, apenas os sócios e pessoas de suas relações.
>
> É prohibido, sob as penas legaes aos infractores, o ingresso de menores, até 18 annos, em casas de "dancing" ou de bailes públicos, com entradas pagas, qualquer que seja o titulo ou denominação que adoptem.
>
> É vedado, sob as mesmas penas, o ingresso de menores de 21 annos, nos cabarets e bailes que possam ser equiparados, nos termos da lei, aos que se realisam em taes casas, bem como nos cafés-concertos, music-halls, bars nocturnos e congêneres e em casas de jogo. (*O Estado de S. Paulo*, 8 fev. 1929, p.6)

Considerando ou não as proibições, as crianças e os adolescentes participavam ativamente dessas celebrações no carnaval de rua e também nos clubes.

No decorrer do dia, participavam dos desfiles diversos: corso e préstitos das sociedades carnavalescas e, igualmente, dos bailes infantis que ocorriam em vários espaços, embora nem sempre tenham sido destaque na imprensa. As crianças aparecem, em termos genéricos, nas portarias que regulamentam sua aparição nos locais dessas festividades, e em notícias que proíbem sua circulação entre os carros, durante os desfiles do corso, com a intenção de recolher serpentinas.

Nos jornais, os destaques voltam-se às crianças das elites que desfilam nos carros das grandes sociedades carnavalescas, como os Democráticos Infantis, ou, ainda, nos corsos das avenidas. As crianças das elites participam como protagonistas, e as das classes populares como espectadoras desses desfiles elegantes e, desconhecendo as leis, não resistem às serpentinas e aos confetes, abundantemente jogados nas ruas, e procuram, com sua coleta, munir-se desses suportes para também participar da brincadeira.

Os registros esporádicos ou quase inexistentes, na grande imprensa, sobre os vesperais infantis dos segmentos populares, não significam que eles não tenham ocorrido, ou, ainda, que as agremiações desses setores tenham dado pouca importância aos jovens. Os jornais da imprensa negra, por exemplo, informaram que o G. C. Barra Funda tinha um cordão específico, formado por crianças que eram ensaiadas pelo fundador da entidade, Dionísio Barboza.

O mesmo silêncio não ocorreu com as crianças das elites que apareceram em fotos nas revistas de variedades e, mais esporadicamente, nos jornais. No ano de 1929, o jornal *O Estado de S. Paulo* noticiou em suas páginas os nomes das crianças das elites paulistanas e suas respectivas fantasias, presentes ao baile ocorrido na sede de campo da aristocrática Sociedade Hípica Paulista. Essas crianças vestiam fantasias de holandesas, portuguesas, camponesas européias, boneco, dançarino mexicano, cigano, soldado de chumbo, chapeuzinho vermelho, *jockey*, chinês, Buda, noiva finlandesa, Napoleão, *cowboy*, dançarino americano, valete de copas, palhaço, entre outras (ver anexo 4), que traduziam as percepções de mundo de seus pais. Estavam voltadas para um universo lúdico e fantasioso do mundo infantil, ou de projeções e aspirações de classe que os diferenciavam de outros foliões (*O Estado de S. Paulo*, 10 fev. 1929, p.6).

Assim, o estilo de carnaval apontado neste capítulo marcou a experiência do folião até o final dos anos 1920 e tinha, segundo os seus divulgadores, nos bailes, no corso e nos préstitos de rua as principais atrações, cujo traço principal estava marcado pelo luxo das fantasias e das diversas *performances* dos foliões. Era uma festa organizada para elite se divertir, embora esse modelo já começasse a dar sinais de certo esgotamento.

A presença do poder público caminhava no sentido de demarcação de forma mais explícita das regras e do policiamento nos espaços públicos e privados, para garantir a movimentação dos foliões na exibição de suas *performances* carnavalescas. Isso acontecia em torno de um núcleo comum, que perdeu sua força, ao rejeitar as formas espontâneas e autônomas que teimavam em desarmonizar esse simulacro de carnaval.

Independentemente desses aspectos assinalados, as muitas pistas indicaram as projeções feitas, os valores que perpassam o social no âmbito de grupos étnicos, correntes políticas ou em situações que configuram as especificidades dos distintos gêneros.

Avaliar os significados dessas projeções, expressos em diferentes materiais e situações ou, ainda, nos trajes de homens e mulheres contemporâneas, foi um desafio. Nas argüições desses materiais, consideramos que o carnaval, apesar das mudanças em curso, ainda tinha como elementos primordiais o disfarce e o chiste, como garantias para as *performances* dos foliões. Se esses eram os seus componentes, como pensar o carnaval brasileiro, a partir dos anos 1930, que passou a ser uma festa oficial que buscava uma padronização, cada vez mais recorrente, para essas festividades?

2
O CARNAVAL DOS ANOS 1930:
METAMORFOSES DE UMA FESTA

> "Quanta saudade senti daquelle carnaval dos mascarados, dos dominós de voz fina, dos diabinhos vermelhos com o seu ron-ron, aquellas laranjinhas perfumadas, das bisnagas em fórma de relógios ou revólvers." (*O Apito*,16 fev. 1932, Sindicato dos Ferroviários da Sorocabana)
>
> "Fica proibido o uso de máscaras, entrudo ou divertimento idêntico, atividades que ofendam aos bons costumes ou o decoro público, molestar pessoas com pós ou graxas e querosene, faltar com o respeito a família e a pessoas do bairro."
> (*O Estado de S. Paulo*, 8 fev. 1934, p.6)

Os caminhos da nacionalização do carnaval brasileiro

Precisar o perfil dos espaços onde os foliões movimentaram-se durante os festejos de Momo foi uma das preocupações presente no capítulo anterior. Também, nas reflexões anteriores, perscrutar os sentidos atribuídos por eles, no chiste, na irreverência e nas brincadeiras diversas, e a busca de interação com os envolvidos ou não nesses folguedos, a partir dos códigos de sociabilidades próprios a essas celebrações, foram recorrentes.

A percepção desses múltiplos sentidos levou-nos a constatar que a discussão nem sempre ficou no âmbito dos personagens carnavalescos, ou de modificações específicas que passaram a figurar nessas elaborações. O quadro explicativo tornou-se mais abrangente, apontando para mudanças na própria sociedade. O texto "O romantismo e o carnaval", de Arnaldo Ellias (*A Ci-*

garra, n.367, ano XVI, fev. 1930), explorou essa perspectiva para explicar as mudanças ocorridas no carnaval e, por extensão na sociedade, por meio dos personagens Pierrô, Colombina e Arlequim cujas elaborações, anteriormente inscritas no universo romântico, sofreram verdadeira metamorfose. Na acepção de Ellias, tal alteração era uma decorrência da materialidade da época. Ela promoveu o desmoronamento do romantismo e do carnaval, antes qualificado como "o reinado da sinceridade e o momento de deixar cair às máscaras da hipocrisia" e, em seu lugar, "afivelar a máscara otimista, a luneta rósea da divina illusão".

A morte do carnaval, nessa interpretação, expressa-se no esquecimento de Pierrô e Colombina, personagens que não aparecem nos bailes – a que estava se reduzindo o carnaval – como figuras alegóricas. E, ainda, na metamorfose de Arlequim que encarna a frieza e a materialidade dos novos tempos.

> [...] Nem Pierrot chora mais na última noite da folia a ingratidão da volúvel Colombina, entre o pó bohemio dos varredores nocturnos. Arlequim é um pouco do materialismo actual; utilitário, inconstante, insincero, acabou vencendo involuntariamente o pallido sentimental. Colombina adaptou-se, masculinisou-se; conserva agora o ultra-romantismo do cinema americano. Pierrot, venerado como um sonho divino fluctuando sobre a terra, refugiou-se no seio *apolino* do luar. Pierrot, sem sonhos, sem amor, sem bandolim, chora. Sob um lampeão, que se apagou... A lembrança sentimental das serenatas [...].

As mudanças também se fazem presentes nas interpretações do periodismo independente. A abordagem irreverente e sarcástica que caracterizou a cobertura carnavalesca do periodismo anarquista dos anos 1920 sofreu redefinições no início da década de 1930. As matérias publicadas em *A Plebe* mantiveram o tom crítico que perdurou na década anterior, mas a linguagem é mais amena, destacando-se o sentido de alienação desses festejos sem o peso dos adjetivos corrosivos que caracterizaram as análises no decorrer dos anos 1920.

Em 2 de março de 1935, *A Plebe* qualificou as "três figuras centrais do carnaval, Arlequim, Pierrôt e Colombina como genuinamente burguesas", pertencentes a uma sociedade que agonizava. Arlequim foi descrito como um "conquistador e fanfarrão que encontrava expressão numa sociedade onde o amor se vend(ia) e os sentimentos se prostitu(iam)". Pierrô, por sua vez, foi apontado como um subproduto do mundo fictício burguês, forjado nos falsos valores e nos preconceitos que caracterizam tal sociedade. Para o periódico, "o caricato Pierrot triste e romântico (era), um produto legítimo da morbidez do ambiente de falsidades, desenganos de uma vida fitícia criada pela estupidez dos preconceitos burgueses". Já Colombina foi definida como uma desclassificada social que freqüentava os bordéis, embora aparecesse travestida de moça recatada: "Colombina, legítima filha do artificialismo e da corrupção burguesas, que se veste na recatada sala de um 'boudoir' de sonho e de lirismo e despe-se com a maior sem-cerimonia nos salões vertiginosos dos cabarés, ao espoucar das garrafas de champanhe ou ao som de um 'fox-trot' canalha."

Só escapou a essa demolição o palhaço que, mesmo assim, foi caracterizado como uma "figura irresponsável que ri loucamente, estupidamente, numa demonstração tragica da sua intima tragedia".

As novas interpretações estavam em sintonia com modificações que se fizeram presentes na estruturação dos festejos carnavalescos brincados no país, notadamente a partir de 1932, quando o poder público, no Rio de Janeiro, passou a interferir mais incisivamente na organização desses festejos. E, igualmente, ampliou sua área de influência junto às agremiações populares que também receberam subvenções para a realização do seu carnaval.

A parceria entre a prefeitura e o Touring Club do Brasil, segundo o comandante Bulcão Vianna, diretor da Secretaria do Gabinete do Prefeito, resultou do "ato do dr. Pedro Ernesto" que oficializou o carnaval, medida que foi "ao encontro dos sentimentos da alma popular carioca e corresponde(u) a aspiração do grande público"(*Correio da Manhã*, 4 fev. 1932). Além das várias atividades programadas, a estrutura geral dos festejos parece que permaneceu a mesma. Continuava marcada por certames tradicionais organizados pelos jornais, tais como o concurso "O dia dos ranchos", organizado pelo *Jornal do Brasil*, e o concurso "O dia dos blocos", patrocinado pelo Centro dos Chronistas Carnavalescos, e incluídos na programação oficial da prefeitura. Nesse ano, também foi criado o baile do Municipal.

Os discursos projetando as inovações fizeram-se sentir na imprensa ainda em 1932. O *Correio da Manhã* não ficou alheio a esse debate. Posicionou-se sobre a questão da institucionalização e nacionalização do carnaval e, igualmente, propôs os parâmetros que deveriam orientar esse processo. Em sua compreensão, por tratar-se de uma festa que congregava os interesses gerais da população, seria mais do que desejável a presença dos poderes públicos organizando esses festejos e, além disso, definindo os seus contornos de brasilidade. Essa proposta não é uma novidade, considerando-se que tal debate se insinuara na sociedade brasileira desde o início dos anos 1920 (Cunha, 2001, p.240), ganhando espaço nos anos subseqüentes.

Os rumos da oficialização e nacionalização do carnaval carioca (e, por extensão, brasileiro), na perspectiva do jornal mencionado, deveriam convergir no sentido da valorização de temas de nossa história, de lendas e mitos. Reconhecendo que o poder público já subvencionava as agremiações carnavalescas que executavam o carnaval da cidade – que segundo seu entendimento, com resultados nem sempre desejáveis —, lançou a proposta de o governo entregar a uma comissão de professores da Escola Nacional de Belas Artes "uma certa dezena de contos, para que (fosse) confeccionado o verdadeiro carnaval da cidade", argumentando que seria mais barato e os resultados garantidos, considerando-se que alguns dos artistas já estavam integrados aos festejos carnavalescos da cidade, como era o caso do escultor Magalhães Corrêa que fazia as esculturas, há vários anos, dos préstitos dos *Fenianos* (*Correio da Manhã*, 17 jan. 1932).

O jornal desencadeou campanha em suas páginas, a partir de entrevista com escultores e professores da Escola de Belas Artes, como: Flexa Ribeiro, escultor Magalhães Corrêa, professor Archimedes Memória (diretor da Escola de Belas Artes), professor Rodolpho Amoedo, professor Saldanha da Gama, professor Celso Antonio, entre outros. O objetivo era formar opinião sobre os caminhos, definições de critérios e padrões de julgamento para esses festejos, que deveriam estar pautados nos paradigmas estéticos expressos pelas escolas de belas artes do país (*Correio da Manhã*, 13, 14, 20 e 22 jan. 1932). Essa proposta ganhou adesão dos artistas entrevistados, a começar pelo professor Flexa Ribeiro, que qualificou a idéia lançada pelo *Correio da Manhã* de

> [...] excelente sob todos os pontos de vista. De acordo com ela caberia então a Escola de Bellas Artes a nomeação de uma comissão de organização geral, para também dirigir os concursos, estabelecer os jurys e a premiação, conciliando a documentação histórica com sentimentos decorativo vegetal e animal brasileiro. (*Correio da Manhã*, 13 jan. 1932).

Arrematou a entrevista realçando que o nosso carnaval deveria estar em sintonia com a "história, figura e símbolos de nossas lendas".

Os demais artistas entrevistados foram unânimes na importância da proposta sugerida pelo jornal. O escultor Magalhães Corrêa, por exemplo, enfatizou a importância da campanha, encetada pelo *Correio da Manhã*, sobre a nacionalização do carnaval brasileiro, colocando-se inteiramente de acordo com as diretrizes apontadas pelo jornal. Corrêa enfatizou que igualmente era favorável que o governo incumbisse uma "comissão mixta de artistas da nossa Escola e de fora della, mas, todos brasileiros, a fim de organizar o 'carnaval da cidade', o verdadeiro carnaval brasileiro" (*Correio da Manhã*, 17 jan. 1932).

Ainda na expectativa de intervir nos rumos do carnaval da cidade, o jornal *Correio da Manhã*, em 20 de janeiro de 1932, entrevistou o professor Saldanha da Gama que referendou a iniciativa. Afirmou "acha[r] acertada a interferência directa da Escola Nacional de Bellas Artes, na sua parte directiva e fiscalizatória, a fim de elevar mais alto o nome do Brasil, pela cultura de seus artistas, que têm sido um patrimônio bem valioso, na sua formação da arte na sua mais alta expressão..."(Correio da Manhã, 20 jan. 1932).

Percebemos que no transcorrer do debate, embora a preocupação fosse o carnaval carioca, o sentido das discussões deslocou-se para o carnaval brasileiro e também o entendimento do caminho que deveria tomar a oficialização do carnaval. Na percepção do diretor da Escola Nacional de Belas Artes, Archimedes Memória, a oficialização dos festejos carnavalescos significava o patrocínio pelo poder público de um único desfile que traduzisse "a inteligência de nossos maiores literatos que tão bem souberam contar a nossa pátria". Em suma, preconizava "a redução dos prestitos para um e que este fosse, de 10 a 12 carros que compensariam 100, pela sua concepção, elevação e competência dos nossos, poderemos dizer assim – maioraes da arte brasileira, toda cheia de encantos e mysterios, em todas as suas modalidades".

Indagado sobre o papel dos clubes já existentes, o diretor esclareceu que eles poderiam continuar a fazer os seus carnavais com a ajuda particular. Essa iniciativa não impediria a oficialização, pois

> [...] o verdadeiro carnaval na sua mais alta significação, como propaganda do Brasil para os brasileiros e estrangeiros que aqui aportam nessas ocasiões, não há dúvida, seria a projeção luminosa dos grandes espíritos, ferteis em imaginações, dignas do maior respeito nacional (...). Trabalhar pela officialização é trabalhar pelo Brasil (*Correio da Manhã*, 21 jan. 1932).

O sentido mais amplo sobre esses festejos foi realçado pelo professor Rodolpho Amoedo, qualificado pelo *Correio da Manhã* de "o consagrado professor [...], uma glória das artes brasileira". Em seu pronunciamento, sintetizou o que significava o carnaval para o brasileiro:

> [...] dizer-se carnaval é o mesmo que falar da alma brasileira, do brasileiro que por temperamento e espírito é essencialmente carnavalesco. E como o carnaval tem sofrido várias transições de 40 annos a esta parte, devo-lhe dizer que chegou a vez de sua officialização e dahi o apoio unanime que deverão dar todos os nossos homens de governo e aquelles que são responsáveis pelas artes brasileiras. Que o governo estabeleça uma verba annual para a segurança da sua organização e poderemos ficar tranquilos na sua realização, cujos resultados salutares e patrióticos poderão advir em benefícios da nacionalidade, tão offendidos por esses caixões de sabão [...]. (*Correio da Manhã*, 23 jan. 1932)

As expectativas de participação dos professores da Escola Nacional de Belas Artes nos folguedos momescos foram destacadas pelo professor Celso Antonio. Em seu entendimento, seria uma das formas de o governo reconhecer a importância e o papel dessa instituição, "depositando nela a responsabilidade no desempenho da maior festa nacional, quiça do mundo"(*Correio da Manhã*, 24 jan. 1932).

As sugestões acenadas foram incorporadas oficialmente apenas de forma parcial. O prefeito Pedro Ernesto posiciou-se, sem que isso ficasse explicitado, pelo apoio ao carnaval efetivamente praticado pelas grandes sociedades carnavalescas e pelas agremiações populares de larga tradição no carnaval da cidade. A opção feita privilegiou um caminho que contemplava os diversos setores da sociedade, quer na organização dos eventos, quer na sua execução. Para avaliação dos diversos certames, por exemplo, instituiu, no decurso deste debate, comissões que foram compostas de representantes da prefeitura/Touring Clube, músicos, artistas plásticos e organizadores dos certames (*Correio da Manhã*, 21 jan. 1932).

No ano seguinte (1933), ainda sob a gestão do interventor Pedro Ernesto, o carnaval carioca sofreu profundas alterações. A prefeitura, por meio da Comissão de Turismo, traçou os programas dos festejos que se estenderam às batalhas de confetes nas ruas, aos banhos de mar à fantasia, aos desfiles das grandes sociedades, de blocos, ranchos e, ainda, do corso aos bailes noturnos. Em 1934, foi institucionalizado o Rei Momo e, em 1937, a prefeitura realizava o primeiro concurso entre as escolas de samba do Rio de Janeiro. As interferências das autoridades nas celebrações de Momo foram cada vez mais recorrentes. Prescreveram regulamentos minuciosos para a exibição dos desfiles nos logradouros públicos, na organização e na definição dos critérios para os desfiles, no estímulo e na subvenção às agremiações carnavalescas e, sobretudo, demarcando os contornos dos temários a serem abordados, valorizando assuntos nacionais e regionais.

Essas alterações na festa carnavalesca não foram apenas locais. Elas ocorreram, inicialmente, de forma localizada no Distrito Federal, em 1932, com a oficialização do carnaval carioca. Em âmbito nacional, as modificações tiveram lugar ao longo dos anos seguintes. Em São Paulo, durante a gestão do prefeito Fábio da Silva Prado (1934-1938), os carnavais da cidade tiveram uma experiência de institucionalização, mas que sofreu um interregno durante o Estado Novo, situação muitas vezes atribuída pela literatura especializada e pela imprensa do período aos problemas decorrentes da Segunda Guerra Mundial.

Embora a implantação desse modelo tenha percorrido um caminho lento, isso não quer dizer que a presença oficial nesses carnavais tenha sido menos importante. Nesse sentido, poder-se-ia dizer que a marca oficial sobre o carnaval não apareceu em cena apenas na passagem dos anos 1930 para os anos 1940. Mesmo anteriormente havia uma regulamentação minuciosa da autoridade policial sobre os festejos momescos, fixando os limites em que os foliões deveriam ficar circunscritos. Definiam-se as proibições e também as regras para os desfiles dos blocos, cordões, grupos e carros alegóricos nos logradouros públicos, desde o final do século XIX. Mas as subvenções oficiais dirigiam-se às grandes sociedades carnavalescas, que praticavam o carnaval de luxo e que desfilavam nas avenidas principais destinadas a esse carnaval elegante.

Porém, após a ascensão ao poder dos aliancistas, em outubro de 1930, algumas dessas regras foram redefinidas pela autoridade policial e amplamente divulgadas pela imprensa diária. Em 1931, foram retomados vários itens presentes em comunicados emitidos pelos órgãos de segurança durante os anos 1920, acrescidos de outros que deveriam ser observados pelo folião. As proibições mais contundentes voltaram-se ainda ao entrudo. Tal prática continuava estigmatizada e amplamente combatida pela elite por meio de campanhas pela imprensa, proibições e sanções penais que remontavam ao século XVIII. E, ainda, nos jornais, em 1931, podiam-se ler as portarias das autoridades públicas (policial) informando que estava proibido "o entrudo ou algo similar sob pena de multa e prisão" (*O Estado de S. Paulo*, 13 fev. 1931).

Se o detalhamento das regras demarcava os limites da brincadeira para o folião, ele também anunciava mudanças que se avizinhavam em decorrência de nova orientação política, embora a crise econômica que atravessara o país e que tivera seu pior período entre 1929 e 1932 (Silva, 1990), tenha se refletido nos festejos carnavalescos desse período.

O carnaval de 1930, entretanto, sentiu parcialmente os efeitos dessa crise. Pelo menos foi o que deixou transparecer o *Correio Paulistano* que, em janeiro, enfatizou o entusiasmo dos clubes carnavalescos na preparação de seus desfiles e bailes. Nas primeiras notícias, não aparece nenhuma avaliação sobre as dificuldades que os clubes poderiam enfrentar para colocar os seus préstitos na rua, o que só ocorreu próximo aos dias do carnaval. Essas notícias deixaram transparecer as dificuldades encontradas pelos clubes para angariar recursos na preparação dos carros alegóricos, fantasias e adereços diversos. O *Club dos Fenianos Carnavalescos,* por exemplo, contou com a ajuda dos sócios e amigos, para colocar na rua, na terça-feira de carnaval, o seu "préstito magnífico [...] muito embora não (tenham sido) muitos os recursos arrecadados no *Livro de Ouro*" (*Correio Paulistano*, 27 fev. 1930, p.12).

Ficaram igualmente evidentes as dificuldades para a implementação dos diversos cenários que animavam o carnaval de rua, notadamente o do centro. Embora não houvesse menção aos preparativos desses espaços, a notícia sobre o policiamento da cidade, durante tais festejos, dizia que ocorreriam os corsos do centro da cidade e do Brás e, ainda, os bailes públicos, nos "Cinema Odeon, Theatro Apollo, Theatro Santa Helena, Cine Theatro República, Cassino Antarctica, Hotel Esplanada e Theatro Avenida".

Se os espaços públicos abertos foram devidamente enfeitados, não foi possível saber. Porém, o seu policiamento foi definido com rigor, com a definição do delegado responsável.

As previsões dos festejos mais animados centravam-se nos bailes que seriam realizados nos diversos clubes existentes na cidade. O *Correio Paulistano* publicou em suas páginas, além dos bailes públicos já mencionados, o calendário dos eventos que ocorreriam durante os festejos de Momo. Noticiou os bailes do Tennis Club Paulista, Sociedade Híppica Paulista, C. R. da Liberdade (Correio Paulistano, 22 fev. 1930, p.8) que antecediam os dias de carnaval. No final de fevereiro, publicou a agenda dos folguedos de Momo que seriam realizados nos clubes Portuguez Club, São Paulo Tennis, Club das Perdizes, Centro Gaucho, Paulista F. C., da Vila Mariana, C. A. Triangulo, Club Sportivo da Penha, Club Sportivo América (*Correio Paulistano,* 27 fev. 1930, p.12), indicativos dos esforços de seus diretores para garantir aos associados a celebração dos Dias Gordos.

As peculiaridades decorrentes de alterações conjunturais na economia e na política, igualmente, foram constatadas no carnaval de 1931, cuja ênfase recaiu na definição de medidas coercitivas. Entre outras determinações, a autoridade policial poderia, além da proibição do entrudo, solicitar a identificação do mascarado, se assim achasse conveniente. O jornal *O Estado de S. Paulo,* noticiou que o delegado-geral e o do interior recomendavam às autoridades policiais as seguintes determinações:

>   1) Proibir o entrudo ou algo similar sob pena de multa e prisão;
>   2) Proibir que os chamados "cordões" cantem canções que atentem contra o decoro público.
>   3) Proibir o uso de confete de mica, graxa, querosene ou artigos semelhantes cujo emprego possa molestar qualquer pessoa. A pena para essa infração será estabelecida pela lei;
>   4) Proceder energicamente contra o uso de lança-perfumes que contenham substâncias impróprias a esse produto;
>   5) Pessoas que faltarem com respeito para com as famílias serão presas e processadas;
>   6) Proibir qualquer préstito a fantasia que não esteja previamente licenciado;
>   7) Está impedida a inspiração de éter dos lança-perfumes bem como sua mistura em bebidas;
>   8) As autoridades policiais poderão sempre que sentirem ser necessário fazer com aqueles que se apresentarem mascarados, retirem suas máscaras para serem reconhecidos (*O Estado de S. Paulo,* 13 fev. 1931).

Qual era o significado dessas interdições? Como entender as proibições à prática do "entrudo", ainda em 1931, se os jornais insistiam que sua ocorrência fazia parte das experiências carnavalescas que ficaram perdidas no tempo longínquo? Se de fato essas práticas faziam parte de uma memória desses festejos, por que havia proibições expressas sobre o assunto, inclusive com sanções penais?

Oscar Guanabarino, em matéria assinada e publicada em *O Jornal do Commercio*/RJ (e reproduzida pelo jornal paulista *A Platea*), esclarecia que a morte do entrudo datava do Império, duvidando que tal prática fosse reeditada, pelo desinteresse do folião. Descreveu o "entrudo" como algo sinistro: "brutal, deshumano e às vezes porco", chegando a informar que as suas escaramuças acabaram em algumas ocasiões em mortes. Sua caracterização é realmente lapidar:

Havia o limão de cheiro, que já era um projectil explosivo, ás vezes mortal, e não divertido como disseram os collegas que defendem esse estupido folguedo.

Mas, terminada a munição entrava en scena as vasilhas cheias d'água – bacias, baldes e regadores; e quando não havia nada disso, agarrava-se a victima e dava-se-lhe um banho sob torneira ou dentro de um banheiro.

A maior graça era, no entanto, a água "perfumada" com qualquer porcaria-assafetida, por exemplo, limões cheios de tinta ou de lama... e tudo isso feito por grupos capazes de resistir ás agressões dos offendidos. Era no tempo dos celebres capoeiras, e não poucas vezes o entrudo provocou o desforço por meio de facadas ou de pauladas. (*A Platea,* 13 fev. 1931, p.5)

O jornalista demarcou a trajetória desses jogos observando que, embora tenham sido proibidos no Império, foram reeditados por meio da bisnaguinha, que logo se transformou em seringas, dando, ao mesmo tempo, lugar ao reaparecimento do limão de cheiro, não mais em cera, mas de borracha, com água colorida. Para o articulista, foi essa a época da guerra contra a "cartola". A polícia intervinha, mas a guerra continuava na rua seguinte.

No entanto, em razão da persistência policial e do surgimento dos préstitos luxuosos (cuja característica principal era a crítica bem humorada que, segundo Guanabarino, foi destruída com a República), esse tipo de folguedo teria caído em desuso.

A perspectiva esposada pelo jornalista expressa o desejo daqueles que se insurgiam contra os jogos do velho entrudo, pois, ao longo da década de 1930, as proibições a tais brincadeiras continuaram em voga e editadas em todos os jornais; somavam-se a elas outras interdições de caráter geral e, ainda, aquelas que se voltavam às práticas populares.

Além das medidas apontadas, nesse ano de 1931, a polícia também proibiu as bebidas alcoólicas. Mas, como esclareceu *A Platea,* a proibição voltava-se à popular cachaça, uma vez que "a cerveja, o chope, o vinho, o uísque e champanhe podiam ser servidos nos bailes (uísque e champanhe) e nos restaurantes (vinho)". Essa "sutil discriminação" aos costumes populares foi percebida pelo referido jornal que, decifrando o edital do delegado de polícia, comentou ironicamente o inusitado da situação.

O edital do delegado era o seguinte:

> O delegado geral da capital e do interior fazem saber a todos os que o presente edital virem ou delle noticia tiverem, que como medida de ordem e segurança publicas resolvem:

– prohibir que os bares, botequins, confeitarias e estabelecimentos congeneres sirvam ou vendam quaesquer bebidas alcoolicas, nos dias 14, 15, 16 e 17 do corrente, a partir das 15 horas até às 6 horas do dia immediato.

– Ficam exceptuadas da medida supra as cervejas e chopps;

a) os hoteis e restaurantes poderão servir, somente às refeições, vinhos a ellas apropriados.

b) Nos bailes carnavalescos será tolerada a venda de champagne, wisky e licores.

– Os infractores das disposições supras e aquelles que se embriagarem, serão punidos com tres dias de prisão e ... 208$500 de multa. (*A Platea*, 13 fev. 1931, p.2)

Não se tratava, portanto, de percalços decorrentes apenas da crise econômica. As imposições policiais faziam parte de um tipo de estrutura de controle das práticas culturais de diferentes grupos sociais, com especial atenção aos segmentos populares. Essas posturas coercitivas foram recorrentes ao longo dos anos de instituição da República, acentuando-se em momentos de mudanças políticas, como no início do governo provisório de Getúlio Vargas, ou ainda, durante o período ditatorial que se institui entre finais de 1937 a 1945, sob seu comando.

As medidas coercitivas, no entanto, não se constituíram em elementos inibidores aos festejos momescos. Em 1931, por exemplo, o jornal *A Platea* noticia os bailes em alguns clubes esportivos (Quadro 12), mesmo que seu número seja inexpressivo, se considerarmos a cidade de São Paulo como um todo.

Nome do clube	Local da festa
C. A. Bandeirante	Sede – Rua Aurora, 64
Clube Natação Estrella	Rua Augusta
Jardim América	Sede – Rua Teodoro Sampaio, 142
C. A. Juventus	Sede – Rua Javry, 25
Texano Clube	

Quadro 12 – Bailes carnavalescos em São Paulo- 1931
Fonte: *A Platea*, 13 fev. 1931, p.2.

O noticiário sobre o carnaval de 1932 não foi muito diferente daquele do ano anterior. O debate sobre a nacionalização e institucionalização do carnaval nem foi mencionado na imprensa paulistana. Sobressaíram, nas notícias de *O Estado de S. Paulo*, as proibições e os limites requeridos para cada folião. A autoridade policial, na pessoa do capitão Ariosto de Almeida Daemon, delegado regional de polícia, baixou portaria proibindo na ocasião dos festejos carnavalescos o

> [...] entrudo ou divertimentos idênticos que possam molestar ou prejudicar alguém; cantorias que ofendam os bons costumes ou o decoro público; fantasias de críticas as autoridades constituídas ou a qualquer instituição religiosa; uso de carrapichos, graxas, pós, querosene, lança-perfumes contendo substâncias perniciosas ou impróprias desse artigo, agindo a polícia energicamente contra os que forneceram nessas condições. (*O Estado de S. Paulo*, 5ª feira, 4 fev. 1932)

A portaria da polícia estabeleceu ainda que haveria severidade contra aqueles que faltassem com o respeito às famílias e às pessoas que transitassem pela cidade ou bairros. Para tanto, seguindo as orientações que eram comuns há algumas décadas, reafirmou "a proibição de sair às ruas qualquer préstito, fantasiado ou não, sem a prévia autorização da autoridade legalmente constituída".

Nesse ano (1932), não temos notícias, na grande imprensa, dos desfiles de rua, dos cordões e blocos. No entanto, o periódico *Chibata*, jornal da comunidade negra, noticiou os bailes carnavalescos realizados pelas agremiações: Kosmos, Campos Elyseos e Brinco de Princeza (*Chibata*, São Paulo, fev/1932, p.2). Além dessa notícia, o jornal informou ainda o sucesso dos cordões *Diamante Negro*, *Grupo das Bahianas*, *Grupo Vai Vai* e *Grupo dos Desprezados* (interno dos Campos Elyseos).

A festa carnavalesca de 1932 igualmente foi analisada pelo periódico *O Apito* (16 fev. 1932, p.5.) – órgão do Sindicato dos Ferroviários da Sorocabana —, notadamente a realizada no Brás, bairro operário e reduto animado dos festejos de Momo, conforme a crônica jornalística da época. Com o significativo título "Um carnaval que passa...", *O Apito*, em tom saudosista, realçou as mudanças ocorridas no carnaval brasileiro ao longo do tempo, valorizando as brincadeiras dos carnavais de outrora (do tempo dos nossos avós), *onde a graça caminhava ao lado da moralidade*. Isso significava dizer que todos se divertiam. Os seus desfiles de rua eram marcados pela crítica bem-humorada e pela suntuosidade, cujo objetivo era fazer rir.

A crítica feita pelo *O Apito* delineia-se no sentido de questionamento do corso que teria introduzido o automóvel nos desfiles de rua e, com ele, "mocinhas" vestidas de forma desregrada e apresentando posturas permissivas, sob o beneplácito dos pais, conforme podemos ler no seguinte texto:

[...] agora o Carnaval é uma verdadeira "fuzarca": mocinhas muito pouco vestidas, a cavallo nos radiadores dos automoveis, dirigem graçolas aos rapazes exhibindo pernas e braços nús, na maior liberdade, como se fossem velhos conhecidos e estes, então aproveitando a opportunidade, beliscam as pernas ou os braços daquellas, emquanto os paes acham graça e dizem: É Carnaval!... É Carnaval!...

Enfatiza o jornal que, além disso, o carnaval havia perdido suas características irreverentes, tão ao gosto do público que partilhava daquele novo e fugaz espaço de sociabilidade, onde todos se reconheciam, apesar da metamorfose do sujeito em personagem.

As peculiaridades do momento político do país, embora tenham afetado os festejos carnavalescos, não interferiram de imediato em sua rotina tradicional. O fraco entusiasmo dos foliões paulistanos foi ainda mais significativo no carnaval de 1933, em decorrência das seqüelas do levante constitucionalista de 1932, que contou com o envolvimento da população de todo o Estado. Os desdobramentos desse processo podem ser percebidos pelo número de prefeitos que a cidade teve durante o ano de 1933 (5 prefeitos – ver quadro do Anexo 2), instabilidade que deve ter acarretado interrupções de muitos projetos em curso, o que, certamente, não foi diferente com os festejos de Momo que teriam desaparecidos da cidade, se dependessem do poder público para o seu acontecer. Mesmo assim, suas repercussões evidenciaram-se na precária cobertura feita pelo *O Estado de S. Paulo*, que ficou marcada pelo ceticismo e certo desânimo das elites paulistanas para envolverem-se com os folguedos de Momo, embora os problemas políticos enfrentados pelo Estado em momento algum fossem mencionados.

Na sumária coluna intitulada "Carnaval", o referido jornal noticiou a abertura dos festejos momescos, com uma previsão bastante desanimadora sobre o sucesso que alcançariam as ditas festividades. Mas, no decorrer dos Dias Gordos, constatou o entusiasmo dos foliões, concluindo que o carnaval paulistano era "uma festa de salão mais que de rua", pois não era uma tradição dos grandes clubes da cidade a exibição dos ricos préstitos nas avenidas da cidade. A avaliação feita baseava-se no número expressivo de bailes anunciados (*O Estado de S. Paulo*, sábado, 25 fev. 1933, p.6) nos muitos clubes existentes na cidade.

Na mesma coluna, em breve matéria, evidenciou algumas medidas tomadas pelas autoridades que visavam propiciar condições mais favoráveis a essas celebrações, como os preços dos transportes internos, o policiamento na cidade e os bailes carnavalescos que teriam lugar em alguns clubes. E, para aqueles foliões que quisessem participar dos festejos no Rio de Janeiro, havia o horário de trem especial que se destinava àquela cidade.

Já o noticiário publicado no domingo de carnaval foi mais generoso, enfatizando que "o movimento de rua não (era) extraordinário; mas, para compensar ahi esta(vam) os bailes em quase todas as sociedades e gremios e em certas casas de diversões de São Paulo". Em seguida, publicou uma lista dos vários bailes que aconteceriam no domingo de carnaval, patrocinados pelos clubes, sociedades carnavalescas, associações profissionais, culturais e esportivas existentes na cidade de São Paulo. Ou seja, fugindo ao padrão das notícias sobre os carnavais dos anos anteriores, essa listagem era bastante extensa, o que não era comum na cobertura feita por esse jornal. Ou seja, aconteciam bailes no Tennis Club Paulista, C.D. R. Royal, Club dos Artistas Modernos, Terpsychore Club, Club Athletico Ipiranga, E.C. Germania, São Paulo Tennis, A. A São Paulo, Sant'Anna Club, Club dos Comerciários, Fenianos Carnavalescos e Tenentes do Diabo (*O Estado de S. Paulo*, domingo, 26 fev. 1933, p.5).

Além dos festejos nesses clubes, as notícias indicam a realização de bailes em hotéis, cinemas, associações profissionais e recreativas, tais como: Hotel Términus, Liga Academica, Odeon, Cine América, Colombo, Sociedade Cultural Yugoslava Primorje, Centro do Professorado Paulista, Centro Republicano Portuguez, Moinho do Jeca, A. A. Recreativa "Fábrica São José", Liga de Esportes da Força Pública, Cremio D. "Almeida Garret", A. A. Mascote, G.R.D. "Boheme", São Rinque, Roma F. C. e Dancing Guarany.

O noticiário em questão dava bem a medida das dificuldades enfrentadas pelas autoridades e elites para envolverem-se em tais festejos, que ficaram circunscritos às decisões das diretorias dos clubes, ou seja, os promotores do carnaval daquele ano na cidade.

A cada dia que passava, o prognóstico de fracasso das festividades momescas desmoronava, situação reconhecida pelo *O Estado de S. Paulo*, em "Notícias diversas – O carnaval", ao publicar, na terça-feira de carnaval (28/02/1933), que, apesar do "cepticismo geral que envolvia os folguedos carnavalescos de rua, estiveram relativamente animados as brincadeiras, tanto no Centro como no bairro do Braz".

O jornal informava, ainda, que estariam desfilando, nessa "terça-feira gorda" pelas ruas do centro os quatro clubes carnavalescos: Tenentes do Diabo,

Argonautas, Democráticos e Fenianos, cada um deles exibindo cinco carros alegóricos que, se comparados aos dos anos anteriores, configuravam um desfile modesto. Descreveu em detalhes para os leitores a composição e estrutura de cada préstito e o percurso que seria feito pelas ruas do centro de São Paulo. Porém, não houve menção ao carnaval de rua fora desse circuito, o que não significa a ausência dele, como assinala *Evolução,* periódico que destaca em suas páginas o sucesso dos ranchos, cordões e blocos da comunidade negra no carnaval, enfatizando o papel desempenhado pelo interventor[1] para o brilho de tais festejos e, também, as homenagens do periódico "aos feitos da 'nossa gente' com os seus vitoriosos cordões: as Bahianas, os Desprezados, Barra Funda, Campos Elyseos, Mocidade, Diamante Negro e Vae Vae".

> Embora já tenha passado essa festa [...] seria um desleixo nosso deixar de registrar o que observamos da nossa gente. São os nossos já vitoriosos cordões – O das Bahianas, chefiado pela carnavalesca Ondina; com seu abre alas, balizas e as patricias do Bomfim souberam arrancar applausos da Paulicéia estonteante de alegria.
>
> O desprezado, que surge, graças ao Neco, seu idealizador, com suas alegorias symbolicas, bombaliza todo na hora. O Barra Funda, o veterano cordão com os seus capacetes, concorreram também com a sua fama prodigiosa. E o Campos Elyseos também; O João Braz com o da Mocidade, alegres todos, enthusiastas todas as suas creaturas; o Diamante negro, com o seu enredo, danças proprias; e o Vae Vae, o da pontinha que fechou nossa festança ao rei fulião com chave de ouro. Tudo devemos ao grande impulso dado pelo nosso Interventor que não poupou esforços às festanças da alegria. (*Evolução*, 13 maio 1933, p.115)[2]

Os circuitos populares da brincadeira eram mais amplos. No âmbito da própria comunidade negra, o jornal *A Voz da Raça*[3] divulgou os eventos

---

1 O periódico negro nessa matéria não cita o nome do Interventor. Porém, cabe esclarecer que a cidade de São Paulo, nesse ano, teve os seguintes Prefeitos: Theodoro Augusto Ramos (1932-1933), Arthur Saboya (1933-1933), Oswaldo Gomes da Costa (1933-1933), Carlos dos Santos Gomes (1933-1933) e Antonio Carlos Assumpção (1933-1934). (*Livro da Cidade São Paulo*, p.26)

2 Na mesma edição, homenageou a diretoria do Campos Elyseos, com a publicação das fotos de seus membros, pelos serviços prestados à comunidade negra. Entre eles, havia duas mulheres em cargos máximos.

3 Esse periódico foi criado em março de 1933 e era o órgão da Frente Negra Brasileira que surgiu em 1931.

patrocinados pela Frente Negra Brasileira,[4] que instituiu a taça Artur Friedenreich a ser ofertada aos cordões carnavalescos pertencentes à comunidade negra que sobressaíssem em suas exibições durante as festividades. Embora não atuasse no carnaval, essa instituição marcou sua presença na comunidade negra organizada em torno dos folguedos de Momo, criando um certame que, em detrimento de ser calcado nos moldes daqueles patrocinados pelas elites, perseguiu um caminho próprio. Na programação valorizou os seus ícones e símbolos, ao homenagear os membros proeminentes de seu grupo. Mesmo assim, teve dificuldade para garantir a unanimidade desejada, uma vez que nem todas as agremiações compareceram ao evento. As informações publicadas por esse periódico enfatizaram que "participaram do concurso os seguintes cordões: Camisa Verde, Bloco do Boi, Cordão das Bahianas, Bloco da Mocidade; não compareceram ao concurso, por motivos que ainda ignoramos, os seguintes: Desprezados, Vae-Vae, Campos Eliseos e Diamante Negro" (*A Voz da Raça*, 01 de abril de 1933, p.3).

O certame, diferente dos demais, ocorreu no *Clube S. Paulo* a quem foi confiada a incumbência de sua realização. O desfecho final ocorreu em baile convocado especificamente para a entrega do troféu, cuja posse era apenas por um ano.

O tom apaziguador e desmotivado, presente nos jornais da grande imprensa ou ainda as notas curtas dos periódicos negros sofreram total revés no texto "O carnaval", publicado em *A Plebe,* que qualificou o reinado de Momo como válvula de escape para as pressões de um cotidiano marcado por privações diversas. Nessa matéria, os anarquistas, embora não abandonem suas concepções sobre o sentido alienante do carnaval, captam as alterações em curso nesses festejos, em perfeita sintonia com preocupações das elites, no sentido da incorporação dos segmentos populares aos folguedos de rua, redefinindo os seus contornos para os anos seguintes.

---

4 A *Frente Negra Brasileira* (FNB) foi criada em 16 de setembro de 1931 por Arlindo Veiga dos Santos, Isaltino Veiga dos Santos, Alfredo Eugenio da Silva, Pires de Araújo e Roque Antonio dos Santos. Objetivava a ascensão social dos negros. Andrews observa que a FNB, entidade que pretendia organizar os negros em âmbito nacional visando à sua ascensão social, alinhou-se às idéias autoritárias fascistizantes da época, combatendo o liberalismo e assumindo posições xenofóbicas contra os estrangeiros residentes no país, tal qual os integrantes da Ação Integralista Brasileira. A adoção dessas posições levou ao afastamento de outros grupos negros que discordavam dos caminhos assumidos pelos seus líderes. Sobre a fundação da FNB e o trabalho desempenhado consultar: Andrews (1998, p.238-9) e Ferrara (1986, p.62, 65).

No texto citado, o periódico começou dizendo que "o reino de Momo aí está, e o povo atira-se a folia para esquecer as amarguras da vida" (*A Plebe*, 25 fev. 1933, p.2).

A compreensão dos anarquistas, no entanto, era que a Igreja e governantes, sabedores dos desejos, paixões e necessidades biológicas do homem, empenhavam-se em garantir o atendimento desses desejos, num claro sentido de manipulação e válvula de escape, para evitar a explosão dos descontentamentos populares:

> Daí os governos darem subvenções aos clubes carnavalescos, para estes fazerem préstitos luzidios, que embasbaquem as multidões e esqueçam a miséria. E a Igreja fecha os templos por três dias [...] para depois acolher (as ovelhinhas) e purificá-las com as cinzas [...].

Os festejos de Momo também foram analisados, de forma diferenciada, pelos intelectuais comunistas que, em seu trabalho literário, procuravam traduzir o engajamento político naqueles princípios. Os romances *O país do carnaval* (1933), de Jorge Amado, e *Parque industrial* (1933), de Patrícia Galvão, são emblemáticos para percebermos o entendimento de ambos sobre o sentido atribuído a tais festividades, embora essas manifestações não sejam o centro de suas reflexões.

O jovem escritor Jorge Amado, em *O país do carnaval* (1997), por exemplo, utilizou-se do personagem ficcional Paulo Rigger, moço rico baiano, que chegara da Europa, para discutir o(s) significado(s) dos festejos de Momo para a sociedade da época. Aportando no Rio de Janeiro no período do carnaval, o personagem fundiu-se aos apelos do prazer, sem estabelecer parâmetros entre as normas da conduta moral vigente e a sua quebra, durante o carnaval.

À medida que o autor construiu sua trama, deixou entrever, na elaboração de seu personagem, as percepções e os valores que informavam sua conduta no âmbito das diferenciadas práticas sociais. Em sua visão, a festa carnavalesca constituiu-se em espaço de indiferenciação de classes e quebra de rígidos princípios morais que organizavam a sociedade.

A atitude e o olhar do personagem sobre as folganças carnavalescas, na praça pública e nos salões cariocas do início dos anos 1930, ainda carregavam os traços universalizantes, festivos e utópicos presente nos primórdios dos carnavais populares descritos por Bakhtin (1987, p.14), na Idade Média e no Renascimento. Durante o carnaval, no entender de Jorge Amado, a abolição provisória das diferenças e barreiras hierárquicas entre as pessoas e a eliminação de certas regras e tabus vigentes em seu cotidiano permitiam uma comunicação especial entre elas, situação impossível de estabelecer-se na vida ordinária.

O espectro da crítica sobre os sentidos alienantes do carnaval alargou-se, nesse período para o universo feminino e foi expresso por Patrícia Galvão, jovem escritora e militante comunista. Sob o pseudônimo de Mara Lobo, no romance proletário *Parque industrial* (1933), expressou sua compreensão sobre os significados do carnaval, admitindo que, embora aparecesse como o momento de busca de indiferenciação, nem sempre tal intento conseguia dissolver o sentido de classe.

Em sua percepção, o carnaval de rua estava marcado por brincadeiras diversas das quais todos participavam. Todavia, os bairros proletários como o Brás, embora se constituíssem em redutos próprios, sofreram as investidas dos filhos da burguesia em busca de novos prazeres.

Serpentinas, lança-perfume, arlequins, pierrôs, dominós e mascarados marcavam as brincadeiras que supunham novas regras para a sociabilidade, as quais apelavam para a quebra da ordem, em atendimento aos desejos da libido. Esses sentidos de animação, envolvimento e perversão eram enlevados, entre outros, pelo som irreverente e ambíguo da marchinha carnavalesca em cuja letra destacava-se o refrão "dá nela, dá nela!",[5] sucesso do carnaval de 1930, amplamente divulgado pelos meios de comunicação e também pelos foliões.

O tom cáustico das análises de Patrícia Galvão continuou presente nos textos publicados pelo jornal *A Plebe*, relativos aos anos de 1934 e 1935, que seguiram uma linha editorial que buscava precisar, ao mesmo tempo, a filiação do carnaval à Antigüidade romana (uma festa de escravos) e também o seu caráter moderno. Nessa interpretação, em ambos os períodos, os festejos estavam estruturados para divertir as elites e a serviço dos interesses de classes. Isso significava que, mesmo quando as elites (romanas, da Antigüidade, e brasileiras, dos anos 1930) permitiam as brincadeiras irreverentes, elas eram para deleite dos seus senhores. No artigo de 1934, essa alegoria apareceu no título da matéria "Carnaval. Festa dos escravos", que serviu de mote para refletir sobre o significado dessa festa, nitidamente de evasão, mesmo quando a aparência insinuava irreverência e quebra da ordem.

---

5 Esta marchinha ("Dá nela") também aparece no romance *O país do carnaval*, de Jorge Amado. Trata-se de letra de Ari Barroso que sai no carnaval de 1930; foi gravada por Francisco Alves. Nela o autor fustiga impiedosamente a figura de determinado tipo de mulher, seguindo certa tradição do carnaval. Sobre o assunto, consultar Alencar (1985, p.192).

Essas questões preocupavam as folionas e os foliões? Como eles enfrentavam as interdições vindas do social e da polícia? Era possível cair na folia ignorando as patrulhas ideológicas e policiais que cerceavam os seus movimentos?

A resposta a essas dúvidas é uma questão em aberto, uma vez que as transgressões faziam parte dos códigos de sociabilidades inerentes a esses folguedos, e os limites interpostos decorriam, além da crise econômica e política enfrentada pelo país, dos valores que conformavam essa mesma sociedade. Mesmo considerando essas questões, os indícios sugerem que as advertências e críticas não arrefeceram os ânimos dos foliões e das folionas. Eles continuaram a se envolver nos folguedos momescos, em detrimento das análises dos anarquistas e de Galvão[6] que, adequando o tom de suas críticas aos novos tempos, fustigaram em suas pregações a licenciosidade e a perversão de classe propiciada por esses festejos.

Mesmo considerando a diversidade das percepções, penso que esses pontos divergentes e, ousaria afirmar, os percalços decorrentes da crise econômica e política, embora atrapalhassem, não eram obstáculos intransponíveis ao envolvimento dos foliões e folionas nesses festejos em decorrência do interesse manifesto em relação aos Dias Gordos.

No ano seguinte, na cobertura das festividades de Momo, o tom otimista foi retomado e sinalizava para a superação dos efeitos da crise econômica, embora as notícias dos jornais já adiantassem que não haviam sido programados os préstitos das sociedades carnavalescas que se exibiam nesses dias festivos. O clima de animação, sem dúvida, traduzia as redefinições ocorridas, igualmente, no âmbito político, com o início da gestão do prefeito Fábio Prado que governará a cidade até 1938. Esses anos (1935 e 1938) são considerados, pela imprensa, o período de esplendor dos festejos momescos praticados na cidade de São Paulo.

A presença da prefeitura, no entanto, na organização do carnaval de 1934, não ganhou qualquer destaque especial. *A Platea* (7 fev. 1934, p.6) noticiou a construção de diversos espaços cenográficos, indicando um outro perfil para a cidade. A nova *performance* foi visualizada nas lojas, com seus artigos "coloridos e bizarros"; nas rádios, com suas programações que passaram a tocar "sambas e marchas que (eram) aprendidas com avidez e fidelidade pelo público"; e até mesmo no ar, que aos poucos foi se impregnando de "eter aromatizado".

---

6 A posição de Galvão não pode ser tomada como oficial do PCdoB, uma vez que o assunto não foi discutido em seu jornal oficial *A Classe Operária*.

Nos clubes e nas sociedades, os preparativos encaminhavam-se para sua finalização cujos prognósticos previam muita animação. No início de fevereiro, no entanto, *A Platea* noticiou que não haveria, nesse ano, os "préstitos vistosos" dos grandes clubes.

O carnaval de rua, do Brás, tinha garantido seu sucesso com a realização do concurso de cordões, na segunda-feira de carnaval, patrocinado pelo jornal *O Dia*. Para tanto, já contavam com os seguintes cordões inscritos, até aquela data: "Cordão dos Tenentes do Diabo, Cordão dos Fenianos Carnavalescos, Bloco Choro 'Sudan', Grupo Regional 'Vim do Sertão', Bloco dos Caipiras do Parque S. Jorge" (*A Platea*, 7 fev. 1934, p.6).

Nos clubes, os preparativos aconteciam naqueles que desenvolviam atividades recreativas gerais, mas também nos clubes esportivos e hotéis. Foram noticiados pelo jornal *A Platea* os bailes que se realizariam no Royal, Centro Gaúcho, Terminus e nos clubes esportivos, somente para seus associados. Os bailes realizar-se-iam no Esporte Clube Germania, Esporte Clube Syrio, Esporte Clube Corinthians Paulista, Clube Athlético Ypiranga, Associação Athética São Paulo, Jardim América Futebol Clube, Palestra Itália e Texano Clube (*A Platea*, 7 fev. 1934, p.6). A despeito de serem espaços fechados, estavam submetidos às mesmas regras e interdições gerais em vigor e já praticadas em outros carnavais.

No carnaval desse ano, além das medidas já existentes, foi acrescentada a proibição do uso de máscaras aos fantasiados em geral.

> [...] fica proibido o uso de máscaras, entrudo ou divertimento idêntico, atividades que ofendam aos bons costumes ou o decoro público, molestar pessoas com pós ou graxas e querosene, faltar com o respeito a família e a pessoas do bairro" (*O Estado de S. Paulo*, 8 fev. 1934, p.6).

A vigilância da autoridade policial foi sistemática, ao longo dos anos, em relação aos cordões ou similares, por considerar esses agrupamentos de difícil controle, em decorrência da improvisação que os caracterizava.

Independentemente das proibições, a irreverência, a crítica aos valores vigentes e a busca da quebra da ordem desvelam-se claramente nos grupos e cordões cujas posturas, expressas nas fotos de época, ou nas descrições feitas pelos jornais, dão bem a medida dessa busca de reversão do cotidiano dos indivíduos. Era esse o espírito de "A Maria foi-se embora", do carnaval de 1930 (Figura 27) ou do "Cordão do Milhionário", da década de 1930 (Figura 28), este último composto de integrantes de "O bloco dos esfarrapados". Ambos formados por homens vestidos em trajes femininos.

Figura 27 – "A Maria foi-se embora" (Foto DPH/PMSP, 1930).

Figura 28 – "Cordão do Milhionario" (Foto DPH/PMSP, s/d).

O mesmo se via no "Rancho folião paulista" (1932) (Figura 29), com homens portando fantasias – camisa de manga curta listrada, calça e boné brancos – que acenam no sentido de uma atitude marginal, pela associação à figura malandra[7]. Na mesma linha de irreverência, apresentaram-se "O bloco dos Esfarrapados", vinculado ao Vae-Vae, e o bloco "Sabina deixa mordê teu beiço" (1935), aos Tenentes do Diabo. Igualmente foi possível verificar essa mesma linhagem no "Bloco dos filhos da Candinha" (1935), composto de trabalhadores do teatro.

---

[7] Esses blocos populares foram identificados a partir de fotos do acervo do Arquivo Fotográfico do Departamento de Patrimônio Histórico da Prefeitura do Município do Estado de São Paulo.

As recorrentes interdições e os obstáculos para colocar o bloco na rua, as altas quantias requeridas para participar do corso e dos préstitos diversos forçaram mudanças paulatinas no carnaval de rua, situação anotada tanto pela historiografia quanto pela imprensa diária.

Figura 29 – "Rancho folião paulista" (DPH/PMSP).

Embora não haja registro na imprensa dos tradicionais desfiles dos cordões negros, certamente eles saíram às ruas. No carnaval de 1934, novamente temos notícias da ocorrência do certame promovido pela FNB. Porém, a taça oferecida ao primeiro premiado foi denominada Frente Negra Brasileira, sem nenhuma referência ao jogador de futebol homenageado no ano anterior. Na coluna "Ecos do Carnaval", publicada em *A Voz da Raça*, o jornal noticiou que a Frente Negra Brasileira instituiu o certame entre os "cordões paulistas que disputavam artística taça", que foi realizado na terça-feira de carnaval. Informou, ainda, que o julgamento foi feito pela seguinte comissão: Salatiel de Campos, Altino Mendes e Francisco Lucrécio.

> Compareceram ao certame os seguintes blocos e cordões:
> Mocidade do Lavapés
> Caveira de Ouro
> Baianas Carnavalescas
> Flor da Mocidade
> Bloco Naval
> Vae Vae
> Desprezados. (*A Voz da Raça*, sábado, 17 fev. 1934, p.3)

O resultado do concurso apontou o vitorioso, o "popular cordão G. C. Vae Vae, que se apresentou com cento e tantas figuras estandarte – balisas – comissão de frente – clarim – música, fazendo graciosas evoluções, cantando as marchas mais lindas inclusive uma em homenagem a F.N.B.".

O segundo lugar coube ao "Bloco Carnavalesco Flor da Mocidade". Outros prêmios foram oferecidos aos balizas.

    Ao Balisa do G. C. Vae Vae – uma taça oferecida pela Voz da Raça;
    Ao Balisa do Caveira de Ouro – Uma medalha de prata oferecida por esta redação;
    Ao Balisa Flor da Mocidade – Uma medalha de prata oferecida pelas frentenegrinas.

Os troféus foram entregues em 7 de abril, em "concorrido festival", realizado pelo "Grupo das Rosas Negras", seguindo um cerimonial que foi aberto pelo presidente da *FNB*, Arlindo Veiga dos Santos (*A Voz da Raça*, sábado, 14 abr. 1934, p.3). O periódico detalhou ainda o prosseguimento do ritual, com a ordem da entrega dos prêmios, seguindo os trâmites próprios a essas solenidades.

    Ao Vae Vae, coube como primeiro premio, uma taça denominada "Frente Negra Brasileira", oferta desta e ao seu balisa, a taça "A Voz da Raça" oferta deste periodico. As entregas desses premios foram feitos pela esforçada frentenegrina senhorita Benedita Costa.
    Ao Mocidade da Barra Funda, coube uma bem trabalhada taça, denominada "Salatiel de Campos" e ao seu segundo balisa Sr. Valdomiro Corrêa dos Santos uma rica medalha de prata, oferecida pelo Grande Conselho da Frente Negra Brasileira, sendo esses premios entregues pela Srta Generosa Alves.
    Ao Caveira de Ouro, coube ao seu terceiro balisa Sr Avelino Traves, uma linda medalha de prata, denominada "Frentenegrinas", entregue pela senhorita Josefina da Silva.

Durante a entrega dos prêmios "fizeram uso da palavra os senhores Manoel Benedito Alves, pelo Vae Vae; João Braz, pelo Mocidade e Lino de Oliveira, pelo Caveira de Ouro".

O periódico procurou nessa matéria destacar o evento em si, mas, também o clima festivo que marcou o convívio dos diversos participantes que "dansaram como nunca dentre risos, palmas e alegrias e manifestaram o seu descontentamento pela festa ter acabado, tão cedo, às quatro horas da manhã".

A presença desse grupo, valorizando o trabalho desenvolvido pelas entidades carnavalescas dos negros, não significou sua supremacia nesse campo. É o que se depreende da participação nos certames oficiais, nos anos seguintes, dos vários cordões carnavalescos dos negros, em que pese não haver registro em seus periódicos.

Nessa metamorfose, velhos personagens desapareceram de cena, o que não ficou despercebido ao cronista Jorge Americano (1962) que, em seus escritos, discorreu sobre tal processo, assinalando que no início dos anos 1930 o corso da Avenida Paulista havia perdido o interesse, cedendo lugar ao corso da Avenida Rangel Pestana, no Brás, por ser "mais animado" (ver Mapa 5). Prosseguindo em suas avaliações, ele observou que as mudanças mais significativas ocorreram com a proibição da circulação dos mascarados pelas ruas, medida que se estendeu aos recintos dos clubes. Com essas proibições "desapareceu o dominó, sumiram os arlequins, acabaram os polichinelos. Nunca mais se ouviu 'o você me conhece'?" (1962, p.103).

Qual é, no entanto, o significado dessas transformações? É possível atribuir às proibições a responsabilidade pelas alterações ocorridas nesses festejos?

A oficialização do carnaval paulistano

Os indícios sugerem que muitas das modificações ocorridas no carnaval decorreram de proibições e cerceamentos aos movimentos dos foliões, motivados por mudanças políticas que ocorreram na virada da década de 1920 para a de 1930. Aliaram-se a elas pressões de segmentos sociais emergentes, tanto da elite endinheirada (os industriais e comerciantes) quanto dos setores médios e das classes populares (sobretudo da comunidade negra). Os últimos protagonistas viam nesses festejos oportunidades para garantir a afirmação de seus interesses (simbólicos e financeiros) que se materializariam no seu acontecer, no âmbito das relações sociais e no seu aparecer no espaço público. Aos setores burgueses, os festejos carnavalescos propiciariam a oportunidade de ampliação dos negócios e, igualmente, de demarcação de identidades específicas, propiciadas pela exibição de suas criações, motivação que era comum aos segmentos médios e populares.

Essas posturas permitiram a reordenação paulatina dos caminhos desses festejos, para adequarem-se às novas demandas sociais, impondo um novo

OS CARNAVAIS DE RUA E DOS CLUBES NA CIDADE DE SÃO PAULO 149

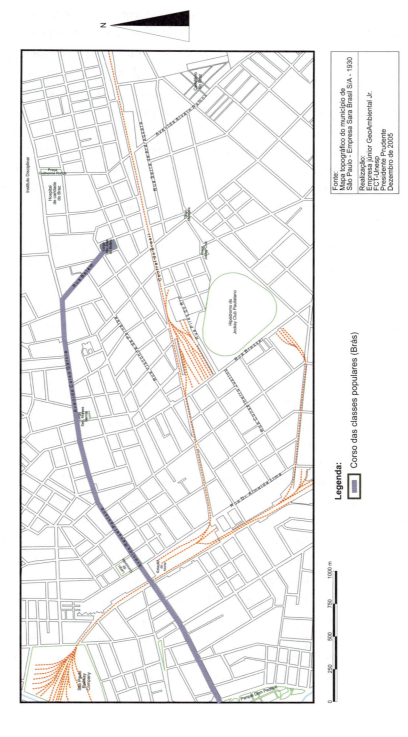

Mapa 5 – Corso no Brás

paradigma ao carnaval brincado no país. Elas deveriam garantir ainda que estivessem contemplados esses novos interesses no decorrer de tais festividades que, a cada dia, eram reconhecidas como modelar do perfil e identidade do país. Tanto foi assim que, já em 1929, setores do comércio em São Paulo sugeriram mudanças no percurso dos festejos de rua, bem como a permissão da participação popular no corso das avenidas principais da cidade. Mas, as dificuldades enfrentadas nos carnavais de 1930 a 1933 deixaram submersas as alterações do carnaval de rua que vinham se projetando para a cidade. Essas modificações foram retomadas no carnaval de 1935, que contou com ampla participação da prefeitura da capital em sua organização, delineando os parâmetros para a institucionalização do carnaval na cidade que contou com a participação dos setores produtivos do Estado.

O perfil dessas modificações traduziu-se no novo ritual que passou a marcar as festividades de Momo, tornando-se protagonistas do evento personagens que já existiam e apareciam informalmente nesses festejos, como o Rei Momo e a Rainha do Carnaval. Faziam parte ainda desse novo ritual o Baile de Gala, no Theatro Municipal (baile oficial que abria os festejos) e as comissões julgadoras.

Os julgamentos dos certames deveriam subordinar-se à estética e ao gosto, vinculados aos códigos clássicos das concepções de arte. Na compreensão dessas elites, os caminhos da institucionalização e nacionalização do carnaval deveriam ter como avalistas também os artistas plásticos e de teatro, os poetas e músicos de formação – os eruditos – que seriam as pessoas competentes para julgar os aspectos estéticos e culturais dessas manifestações. Em consequência e sob tais princípios, dar-se-ia a uniformização dos padrões de julgamento dos carnavais.

As comissões julgadoras teriam então a incumbência de avaliar os diversos certames e deveriam se pautar por luxo, originalidade, cenografia, harmonia (música e coral), indumentária e iluminação. Elas seriam compostas de músicos e artistas plásticos formados nas escolas de música e belas-artes do país ou do exterior, autoridades representando o poder público e a iniciativa privada. O modelo proposto foi amplamente debatido na imprensa, em 1932, e colocado em prática, inicialmente, no carnaval carioca, com o co-patrocínio financeiro dos órgãos públicos, no caso a prefeitura, para a organização desses festejos.

As alterações sinalizadas começaram a ser implementadas em São Paulo, na gestão do prefeito Fábio Prado, no carnaval de 1935, que marcou o início de um período de institucionalização do carnaval na cidade e que se estendeu até o ano de 1938.

A participação do poder público nesses festejos não passou despercebida aos anarquistas que, de forma contundente, em seu jornal *A Plebe* (1935), definiram o sentido dessa oficialização como "a legalização da bandalheira, a cretinice, os desvios morais dessa loucura dos três dias (para) distrair as atenções do povo e desviá-lo da inquietação que paira(va) em relação aos problemas sociais".

Além das várias matérias publicadas pelo periódico *A Plebe*, o assunto também foi discutido em *A Lanterna*, da mesma corrente política. Mas há uma nítida diferenciação em suas abordagens. A matéria publicada no jornal *A Plebe* (2 mar. 1935), intitulada *"Ride, Pagliacci!"*, assinala a presença do Estado na organização dos festejos momescos cujo sentido seria "distrair o povo que anda por aí metido numas tolices que tiram o sono aos pacatos burgueses, fazendo greves e manifestando a sua revolta contra o governo e contra o capitalismo." Já o periódico *A Lanterna*, publicação anticlerical e anarquista, dirigido por Edgard Leuenroth, que veio a público entre os anos de 1933 e 1935, centrou sua análise na crítica ao caráter alienador desses festejos. Na coluna "Hostias amargas" (*A Lanterna*, 9 mar. 1935, p.3), o carnaval de 1935 foi analisado por J. Gavronski de forma sarcástica: igualou as práticas carnavalescas a qualquer ritual católico.

Na percepção do militante anarquista, ganhou destaque a sua compreensão sobre o povo. Para o articulista, tal personagem era um ser movido por paixão desregrada, fantasia e gosto pelas novidades: "[...] o povo, ávido de distrações, procura sempre quem e onde se lh'as proporcione, quer seja na praça pública ou no interior das igrejas, no campo ou dentro dos salões".

No limiar entre a fantasia e a evasão, o autor situou o comportamento dessa massa ingênua, ora seguindo os ditames da Igreja que o incitava "às práticas carnavalescas apostolico-romanas", ora, no outro extremo, exercitando essa mesma busca do prazer por meio das práticas carnavalescas pagãs:

> [...] o carnaval é uma tradição do paganismo, é uma festa com a qual se rendiam homenagens ao deus da folia. E todos sabem quanto é combatida pelo catolicismo essa festividade em honra do deus Momo [...]
>
> E para concorrer com Momo na conquista do povo, inventou a Igreja uma guarda ao Santissimo Sacramento [...]
>
> [...] Nos dias do deus Momo que não é catolico e em que uma outra potencia que vive em guerra com o deus dos catolicos, o tal dos infernos chamado Luficer, diabo, satanaz, anda solto segundo a abalizada opinião dos catolicos, o povo, a grande massa, está nas ruas brincando, dançando, pintando [...] (escrevemos sob o barulho ensurdecedor dos foliões).

Tal qual a religião, o articulista reafirmou o seu desagrado em relação às práticas carnavalescas, concluindo taxativo que "não se confunda povo essencialmente catolico, com povo que vai na onda... por habito, por distração".

Polêmicas à parte, o que sabemos foi que o carnaval de 1935 contou, para sua realização, com a comissão oficial composta de representante da prefeitura e do Touring Clube do Brasil, este tendo como co-patrocinadores a Associação Comercial, Federação das Indústrias, estações de rádio, imprensa, sociedades carnavalescas e esportivas. A partir desse esforço coletivo, foi definido no início de janeiro o programa oficial (8/01/1935) que incluiu em seu roteiro várias inovações como: o patrocínio oficial de batalhas de confete nos principais bairros, bailes oficializados em locais de grande lotação (com oferecimento de prêmios para a ornamentação e iluminação), concursos de filarmônicas (na execução de músicas carnavalescas), carnaval infantil, gincana carnavalesca, organização eficiente dos transportes coletivos (ônibus e auto-ônibus) em São Paulo. Ainda constavam da programação o concurso de cartaz, o baile oficial no Teatro Municipal, o desfile dos grupos, blocos, cordões e ranchos, o corso e o desfile dos clubes carnavalescos nas principais avenidas. Complementando as várias iniciativas, foi instituído o concurso oficial de blocos, cordões, grupos e ranchos, na tentativa de tornar o carnaval de rua efetivamente popular, posição que vinha ganhando espaço efetivo desde 1929, com a permissão de entrada dos carros de aluguel e dos caminhões no corso.

A programação oficial sinaliza, portanto, para a mudança de postura dos poderes públicos e de participação diferenciada na organização desse evento, abandonando a conotação acentuadamente repressora que marcara sua atuação nesses festejos. Outro aspecto dessa parceria – entre a iniciativa privada e o poder público na organização desses folguedos – era a garantia de muitos negócios para a iniciativa privada e o retorno aos cofres oficiais de alguns recursos empenhados.

Assim, o programa oficial – organizado pelo Touring Club e aprovado pela prefeitura – trata de diferentes dimensões da preparação dessas festividades:

> Carnaval de rua – Illuminação especial – Melhora do calçamento em certos trechos – Corso na avenida S. João – Batalhas de confetti nos principaes bairros, por um systema rotativo, realizando-se a primeira em janeiro – premios para cordões carnavalescos da capital e do interior – Permissão e premios para auto-caminhões, ornamentados, sem reclame e com lotação limitada – Premios para prestitos – Instalação de coretos e bandas de musicas nas ruas – Facilidades para vendas de

artigos carnavalescos – Carnaval de bailes – Baile official no sabbado de carnaval no Theatro Municipal, traje de rigor ou phantasia – Bailes officializados em locaes de grande lotação, na Segunda feira de carnaval na base de tres bailes no minimo – Premios para as phantasias de maior luxo, originalidade e comicidade – Premios para a ornamentação e illuminação desses bailes – Carnaval em geral – Concurso de musicas e canções carnavalescas – propaganda pela imprensa, pelo radio e por meio de cartazes – Concurso de cartazes – Concurso de philarmonica (no critério da execução de musicas carnavalescas) – Abatimento nas passagens de estradas de ferro – Abatimento nos hoteis da capital – Organização efficiente dos transportes urbanos em São Paulo (bondes e auto-omnibus) – Facilidades para os impostos especiaes de Carnaval – Carnaval no rio Tiete – Gymkana carnavalesca – Carnaval infantil – Carnaval infantil ao ar livre no Parque D. Pedro II ou no campo do Palestra Itália. (*Correio Paulistano*, 8 jan. 1935, p.3)

As notícias publicadas pelo *Correio Paulistano*, durante os meses que antecedem essas festividades, permitem acompanhar os vários critérios e procedimentos adotados para colocar em prática o programa oficial. A prefeitura definiu a quantia que seria repassada aos Fenianos, Democráticos, Argonautas e Tenentes do Diabo, sociedades carnavalescas reconhecidas na cidade e, ainda, ao Clube dos Veteranos e Lygia Clube.

As subvenções e os critérios oficiais, inicialmente adotados, não agradaram às grandes sociedades que tiveram o apoio do *Correio Paulistano*, que estranhou a verba definida para o Clube dos Veteranos que existia havia apenas quatro anos e não participara, até ali, dos desfiles de rua.

O resultado das negociações entre as partes envolvidas, informou-nos o *Correio Paulistano*, em matéria de 23 de janeiro: "os quatro grandes clubes, Tenentes, Fenianos, Argonautas e Democraticos, receberão uma verba de 25 contos de réis, cada um, enquanto que os Veteranos, 15 contos e o Lygia Clube 10 contos".

O jornal, no entanto, continuou o estranhamento quanto aos critérios usados pela comissão oficial, para definir subsídios aos Veteranos e expressou publicamente os seus argumentos:

Porque essa differença entre esses dois ultimos? Em que se baseou a C. O. para julgar que os Veteranos – fundado há quatro annos e sem dar um baile siquer, nem passeata, nem prestito – tenham maior vantagem do que o Lygia, que, installado em S. Paulo, desde 1922, já em quatro annos passados fez Carnaval, sahindo a rua com passeatas, carros, dando festivaes carnavalescos?

O *Correio Paulistano* observou ainda que o subsídio dado às sociedades não era suficiente para trazer às ruas carros suntuosos, porque o mesmo auxílio já havia sido concedido em outros carnavais, sendo necessário recurso adicional para garantir o préstito na rua. Anos depois (1940), essa avaliação pôde ser aferida em matéria retrospectiva, publicada por esse mesmo jornal, quando Gino Nardelli ("Bull-dog"), dirigente de os Tenentes do Diabo, apresentou o balancete do clube, de 1935 a 1940, que evidenciava duas situações: a) em primeiro lugar, que as contribuições oficiais custeavam metade das despesas para colocar a sociedade nas ruas; b) e, em segundo, sem esse subsídio estava inviabilizado o préstito dessas sociedades, uma vez que, mesmo com o auxílio, ainda havia, no final de cada carnaval, um déficit significativo que deveria ser assumido pelo clube (*Correio Paulistano*, 1º fev. 1940, p.8).

Uma outra peculiaridade na estruturação desses festejos de 1935 foi o fato de os diversos certames oferecerem premiação em dinheiro, notadamente àqueles que se envolveram na elaboração dos cartazes de divulgação do evento, às músicas carnavalescas e aos desfiles dos blocos, ranchos e cordões. Para tanto, fazia-se necessário atender às exigências dos regulamentos criados para esse fim.

A escolha de músicas carnavalescas (sambas e marchas) foi definida pela COCP, a partir de 17 itens que especificaram os critérios do certame. Na citação a seguir, destacarei alguns desses itens que definiam as regras gerais para inscrição, os direitos e os deveres das partes envolvidas, os temas que deveriam ser tratados e a comissão julgadora:

1) – Todas as producções apresentadas devem ser completas, isto é, musica e letra, e para ellas serão distribuidas tres premios para as marchas e tres para os sambas, assim descriminados:

Marchas – 1º premio, 1:000$000; 2º premio.500$000; 3º premio, 300$000. Para o samba haverá os mesmos premios.

2) – Os exemplares premiados ficarão sendo de propriedade exclusiva da C.O.C.P. (música e letra).

3) – Uma vez conhecido o resultado do concurso a COCP providenciará a impressão imediata das musicas e consequente gravação em discos.

4) O produto da venda dessas musicas e discos, de direitos autoraes e de execução pertencerão à COCP [...].

7) – A C.J. será composta de 5 membros: 1 professor do Conservatório Dramatico e Musical de São Paulo e 4 compositores conhecidos, cujos nomes serão dados à publicidade no dia do encerramento das inscripções. [...].

12) – A letra das musicas deve versar sobre motivos paulistas. (*Correio Paulistano*, 19 jan. 1935)

Os detalhes sobre os critérios e procedimentos que seriam acionados para aferição dos desfiles das grandes sociedades e das demais agremiações carnavalescas, constituídas dos ranchos, blocos e cordões, foram explicitados durante as próprias celebrações de Momo. Como parte constitutiva dos festejos oficiais, os certames destinados aos blocos, ranchos e cordões foram organizados pelo *Correio de S. Paulo* e patrocinados pelo Centro de Chronistas Carnavalescos e Comissão Official, com desfile marcado para a rua Líbero Badaró. Suas *performances* seriam avaliadas por uma Comissão oficial, a partir dos critérios de luxo, originalidade, cenografia, harmonia (música e coral), escultura, indumentária e iluminação. E, para a categoria *rancho*, além dos demais critérios, o enredo (*Correio Paulistano*, 3 mar. 1935, p.7).

Para a execução dos objetivos propostos, foi nomeada a comissão julgadora, composta de nomes que representavam os vários grupos envolvidos na organização desse evento e formada por intelectuais, jornalistas, escultores e artistas como os "srs dr. Menotti Del Picchia, pela Comissão Official; Gumercindo Fleury (Buridan), Osvaldo Sylveyra (Balakubako) e M. Tulmann Netto (Lord Nettinho), pelo Centro dos Chronistas Carnavalescos; esculptor João Baptista Ferri; Abilio de Menezes pelo Syndicato dos Trabalhadores de Theatro e Elias Oliveira Ferreira da Cia Antarctica" (*Correio Paulistano*, 5 mar. 1935, p.2).

Os prêmios oferecidos pela comissão oficial eram diversificados, envolvendo quantias em dinheiro, taças, medalhas e presentes. As grandes sociedades concorriam a troféus, e os concorrentes dos grupos, ranchos, cordões e blocos, distribuídos em várias modalidades, a prêmios em dinheiro, troféus, medalhas e presentes especiais como vestidos, tecidos e sapatos, para as participantes femininas.

As premiações em dinheiro diferenciavam-se em cada categoria, sendo as mais valorizadas aquelas que exigiam maior elaboração de seus participantes, como era o caso dos cordões e ranchos. Os valores a seguir citados pelo *Correio Paulistano* indicam as intenções dos organizadores que, ao definirem os procedimentos requeridos para os desfiles, também estavam preocupados em tornar atrativa essa participação, mesmo que para algumas categorias os prêmios fossem irrisórios, se considerarmos que eram classificados como grupo aqueles que tivessem até 25 pessoas; blocos, de 25 a 50 componentes; cordão, de 50 pessoas para cima; e rancho, qualquer número de integrante, sendo, porém, obrigatório o enredo.

A premiação em dinheiro era a seguinte:

- "Grupos" – 1º lugar – 300$000; 2º lugar – 200$000; 3º lugar – 100$000
- "Blocos" – 1º lugar – 600$000; 2º lugar – 400$000; 3º lugar – 200$000
- "Cordões"- 1º lugar – 1: 000$000; 2º lugar – 600$000; 3º lugar – 400$000
- "Ranchos" –1º lugar – 1: 500$000; 2º lugar – 1: 000$000; 3º lugar – 600$000"

(*Correio Paulistano*, 3 mar. 1935, p.7)

Além dessa recompensa simbólica em dinheiro, havia uma taça para cada classificação; medalhas de ouro, prata e bronze para os balizas e para "a senhorita mais graciosa", prêmios específicos ao universo feminino: o 1º lugar, um "riquíssimo vestido"; o 2º, "um corte de seda finíssimo" e o 3º lugar, "um lindo par de sapatos".

As inscrições para essa modalidade de desfile foram bastante concorridas. Na categoria de grupos, os inscritos foram: *Vindos do Sertão, Não me misturo, Grupo X da Rádio Educadora, Veteranos da Serra*. Na de Blocos, destacaram-se os seguintes: *Franco-Brasileiro, Bloco de Roma, Flor da Mocidade, Mocidade do Lavapés, Filhos da Candinha, Bloco Moderado, Cordão dos Innocentes, Bloco do Jockey Clube "Nova Vida é Um Mystério", Bloco da banda Auri-Furgente de Jundiahy e Bloco Bamba*. Os cordões contaram com os seguintes inscritos: *Luso-Brasileiro, Caveiranos, Geraldinos, Terminiano, Cordão Ruggerone, Camisas Verdes, Campos Elyseos, Tenentes do Hispano, Caveira de Ouro, Bahianas Paulistas, Vae Vae, Marujos Paulistas, Cordão Sammarone, Cordão Liberdade, Peccadores sem Arrependimento e Bloco da misses de Santos*. E, finalmente, os ranchos que participaram com os *Garotos Olympicos, Diamente Negro, Rancho Luiz Gama e Arranchados de Quitau'na*.

Algumas dessas agremiações faziam o carnaval da cidade havia muitas décadas, outras eram mais recentes. Porém, nem sempre é possível discutir de forma mais detalhada essa participação, tendo em vista que as informações contidas na grande imprensa resumem-se ao nome da entidade, sem outros detalhes de suas *performances* carnavalescas. O que se sabe é que muitos desses blocos, cordões ou grupos eram integrantes de sociedades maiores que, após seus desfiles oficiais, faziam o carnaval de rua em grupos menores e com outras denominações. Isso ocorria tanto entre as grandes sociedades dos setores médios quanto entre os segmentos populares.

Entre a comunidade negra, algumas das associações inscritas remontavam à década de 1910, outras eram mais recentes. São elas: *Flor da Mocidade e Mocidade do Lavapés*, inscritas como blocos; *Babianas Paulistas, Camisas Verdes* (G.C. Barra Funda), *Campos Elyseos e Vae Vae* participando como cordões, e os ranchos, todos eles originários da comunidade negra.

O G.C. Barra Funda, a mais antiga agremiação, foi fundada em 1914 por Dionízio Barboza, Victor de Souza, Luiz Barboza. Segundo interpretação de *O Clarim d'Alvorada*, eles "deram (forma) à 1ª iniciativa de um pequeno grupo no qual tomaram parte como figura de destaque o Sr Silvano Vidal Silveira, e Antenor dos Passos, Sebastião Dias, Tiburcio de Almeida e outros componentes".[8]

A construção da memória de qualquer grupo ou instituição nem sempre é feita de forma linear e, muitas vezes, define-se em meio a controvérsias e disputas diversas. A trajetória desses cordões não foi diferente. Iêda Marques Britto (1986), em seu livro *Samba na cidade de São Paulo (1900-1930): um exercício de resistência cultural* – utilizando-se de depoimentos de vários fundadores –, expôs outra versão para o surgimento do G.C. Barra Funda, ao enfatizar que este foi criado por um pequeno grupo de parentes e amigos, "de seis a oito rapazes companheiros de jogo de malho", liderado por Dionizio Barboza, Luiz Barboza (irmão), o cunhado Comélio Aires, entre outros. Surgia daí o importante cordão carnavalesco que aglutinou a comunidade negra por longos anos. Britto informou-nos que o grupo saiu pelo bairro cantando música própria e "levando como instrumento o pandeiro e o chocalho feito de tampinhas de garrafas de cervejas fazendo tchic, tichich, tchic". Da precária saída inicial, "foram se organizando, calças e sapatos brancos, chapéu de palha e camisa verde, substituindo os trapos e remendos" de sua primeira exibição. No ano seguinte, acrescentaram-se a surdinha e uma caixa remendada. E, em 1920, sua estruturação já era outra bem mais complexa.

[...] em 1920 tinham já sua orquestra: Sirvano de Tietê e seu saxofone muito velho e remendado, João do Bandolim, Capistano do Trombone, Marcio, Mario,

---

8 Veja-se, por exemplo, a matéria "A origem dos "Grupos Carnavalescos em S. Paulo e sua evolução", publicada em *O Clarim d'Álvorada*, de 5/02/1928, p.4, que discorre sobre o surgimento desses grupos carnavalescos da comunidade negra e o seu desenvolvimento até o ano de 1928.

Jandiro e Vito com cavaquinhos e um clarinete, Dionízio Barboza e seu pandeiro e, o mais importante, o surdo ou o bumbão nas mãos de Marcelo Roque, que comandava, lá de trás, toda a bateria. Dos oito ou doze participantes iniciais, passaram a vinte e, no auge do crescimento em 1920, era ao todo sessenta homens, sendo que no começo alguns se travestiam. (Britto, 1986, p.74)

Nos anos 1930, as notícias veiculadas pela imprensa apontavam como vestimenta uma calça branca e uma camisa verde e, na cabeça, um capacete de estilo romano. Essa indumentária pode ter variado ao longo dos anos, considerando-se que os cordões, embora não tivessem um enredo, não abdicavam de um tema para compor o vestuário de seus integrantes, como bem lembrou Wilson de Moraes (1978, p.38): "Os Cordões não desenvolviam enredos [...] Utilizavam um tema simples objetivando principalmente uma motivação para as fantasias. [...] O tema se definia quase todo na vestimenta".[9]

Os ritmos que animavam seus desfiles eram as marchas sambadas. As músicas eram geralmente elaboradas coletivamente por Dionízio Barboza, João Brás, Feijó (Jair Bento Ferreira) e Vitor (Britto, 1986, p.76), compositores do próprio cordão.

Na formação do cordão, os conhecimentos e as vivências anteriores de Dionízio Barboza, adquiridos no carnaval do Rio de Janeiro, no rancho de Reis do pastoril de que participara, aparecem nas figuras de mestre-sala e porta-bandeira, introduzidos nas exibições públicas. Abrindo o desfile vinha o baliza, figura que teve origem e inspiração nos desfiles militares a que assistira. Depois de 1921, foram introduzidas as amadoras (que executavam evoluções) e, posteriormente, o abre-alas – uma grande alegoria com a figura de um falcão. Todas essas idéias foram introduzidas pelo próprio Dionízio Barboza:

> O grupo saía na ordem seguinte: Baliza na frente, atrás seis batedores com bastões às mãos, o porta-estandarte, o mestre-sala, que corria desde o baliza até a bateria, as amadoras (depois de 1921) e o grosso do cordão; os instrumentos ficavam divididos: clarinete mais à frente, uma caixa ao meio e por fim os instrumentos de corda, o pessoal do choro na frente da bateria que fechava o grupo. Com essa divisão assegurava a distribuição do som, todos cantando as composições próprias do grupo, de autoria de seus compositores. (ibidem, p.75)

---

9 Essa informação foi fornecida por "Pé Rachado", integrante do Vae Vae, a Wilson de Moraes (1978) e se aplicava, igualmente, aos demais cordões..

Igualmente não há consenso quanto ao percurso e ao dia do desfile do cordão. Na interpretação de Britto, o grupo saiu inicialmente aos domingos, repetindo nos anos seguintes o mesmo roteiro. Desfilavam "a pé por toda a Barra Funda, Avenida São João, subindo a avenida Ángelica até a Av. Paulista, descendo pela Av. Brigadeiro Luiz Antonio até o Largo São Francisco, Rua São Bento, o Triângulo até a Praça do Patriarca". Depois o "grupo voltava com a mesma organização, passava pelo Correio, 'faziam uma parada para as mocinhas tomarem guaraná', subia a av. São João e chegava festivo à sede da Barra Funda, à Rua Conselheiro Brotero, casa de Dionizio Barboza e depois na Rua Vitorino Carmilo, no mesmo bairro" (p.75-6).

Já Simson (1989) assinala que o grupo desfilava inicialmente na terça-feira, partindo do bairro em direção à Praça da Sé, repetindo dia e percurso nos anos seguintes. As notícias veiculadas pelo *Correio Paulistano*, em 1929, reafirmam que o dito cordão desfilava na terça-feira gorda. O cordão circulou até 1939, quando uma crise interna provocou sua paralisação.[10]

No final dos anos 1910, o G.C. Barra Funda passou a dividir os espaços públicos com o G.C. Campos Elyseos, cordão também da Barra Funda, que apareceu com uma estrutura bem mais elaborada e integrada por 50 rapazes. Logo se destacou pela qualidade de seus instrumentistas.

As cores do referido cordão, como observamos anteriormente, eram o roxo (camisas) e o branco (calças).

Um dos pontos altos desse grupo, na análise de Britto, eram "os instrumentistas, com o predomínio da percussão, as vezes em um número superior a 10: caixas, surdos e bumbos de todos os tamanhos. A estes juntavam-se o grupo de choro, o chamado conjunto choro, com trombone, o clarinete, o violão, banjos, chocalhos, pratos e prato com baqueta" (Moraes, 1978, p.77).

O Grupo Carnavalesco Campos Elyseos apresenta data de fundação controversa. Iêda Britto (1986) afirma que o grupo saiu pela primeira vez em 1917, com um grupo de 50 pessoas, já portando camisa roxa e calça branca.

Era originário do Bloco dos Boêmios que, desde 1913, existia de forma não-estruturada na Alameda Glette, na Barra Funda. Seu principal inspirador, como bem lembra Wilson de Moraes (1978, p.26) foi Argentino Celso Vanderlei, um funcionário da Companhia Telefônica, que o criou em torno de

---

10 O cordão ressurgiu em 1952, com o nome de Grêmio Recreativo Mocidade "Camisa Verde e Branco", pelas mãos de Inocêncio Tobias. Consultar: Moraes, 1978, p.26, 34.

1915, com Alcides Marcondes e José Euclides dos Santos. Na interpretação de Simson (1989), a agremiação foi fundada em 1918 (como cordão) por um grupo de negros, com "situação financeira um pouco melhor" do que aqueles que formavam o Camisa Verde, e também saía às ruas às terças-feiras.[11] Mas o periódico *Progresso*, vinculado ao cordão, define sua origem em 1919.

O Clarim d'Alvorada publicou, em 1927, o emblema do grupo, um animal, misto de águia e dragão (Figura 30) que o identificava em suas aparições públicas.

Figura 30 – Emblema do G. C.Campos Elyseos (*O Clarim d'Alvorada*, 1927).

O *G. C. Campos Elyseos* não elaborava enredo para apresentação de seus desfiles, embora definisse um tema como ponto de apoio às suas fantasias. Não tinha sede própria e podia iniciar seu desfile tanto na Barra Funda quanto em qualquer outro ponto da cidade.

As músicas eram "famosas e originárias de seu núcleo de compositores: Alcides Marcondes, João de Souza, Benedito [Gabriele], o Carmelinho, pianista respeitado, e o ritmo era a marcha e não as marchas sambadas do "Camisas Verdes" (Barra Funda) (Britto,1986, p.78).

As mulheres tiveram um papel importante em seu interior, destacando-se, entre elas, Dona Cecília que era considerada a verdadeira dirigente do cordão,

---

11 Essa notícia foi dada pelo *Correio Paulistano* em 8/02/1929, p.4.

segundo os depoimentos de Inocêncio Tobias, do G. C. Barra Funda e de Sebastião Eduardo Amaral, o "Pé Rachado", do Vae Vae.

O sucesso dessas agremiações materializou-se em suas performances durante os festejos carnavalescos, ano após ano, como nos informou *O Clarim d'Alvorada*. Em 1926, a coluna Echos do Carnaval noticiou o êxito alcançado pelos dois cordões: Barra Funda e Campos Elyseos, "graças ao bom gosto e ao fino espírito com que em público se apresentaram" (*O Clarim d'Alvorada*, 21 mar. 1926, p.3).

No ano seguinte, 1927, os foliões afro-paulistanos contaram com mais uma agremiação, A Flor da Mocidade, originada a partir da dissidência no G. C. Barra Funda. Mas, ao que parece, essa ruptura não causou abalos significativos no trabalho de arregimentação do tradicional cordão. Em 1928, ele demonstrava a ampliação do número de seus participantes, estruturando-se por intermédio da formação de *cordões internos* que permitiam o crescimento do grupo e a consolidação de uma estrutura descentralizada capaz de fortalecer a entidade.

> Actualmente (1928) vem o "Grupo Carnavalesco Barra Funda" por intermedio de seus fundadores, organizando os cordões internos os quaes tem sido aplaudidos e dando ao mesmo grupo enorme desenvolvimento taes como: "Miséria e Fome" victorioso incontestavel; o "Angu da Bahiana" nosso rival; "Camponeses" nosso rival; "Cozinheiros" nossos discipulos os quaes trazem como chefe o sr. Zé mêmê o terrivel folgazão Carioca que só tem encontrado com o terrivel paulista, C. e dado para tras; o sr. José Alexandre Silva não é biscoito, mais... tem que perder porque o C. não dorme. A seguir temos o chefe geral Sr Dionizio Barboza auctor e dirigente do "Grupo Infantil Barra Funda" juntamente com o sr Jorge Raphael esforçado Director do "Grupo Carnavalesco Barra Funda", que tem procurado o enlevo do mesmo.
>
> A seguir temos um grupo de amadoras estas que serão o braço direito do "Grupo Carnavalesco da Barra Funda conforme suas forças legaes. – são ellas que dão as mais bellas provas Carnavalescas e em todas as mais distinctas festas desta sociedade empregando seus esforços". (*O Clarim d'Alvorada*, 5 fev. 1928, p.4)

No início da década de 1930, esses cordõess partilharão os espaços públicos com o Cordão Esportivo Carnavalesco Vae Vae, fundado em 1930, no Bexiga, por Frederico Penteado (Fredericão), Dona Iracema, Tino, Guariba, Henricão, Benedito Sardinha, Dona Casturina, entre outros. Era originário do clube de futebol Vae-Vae, em oposição a outro clube, o Cai Cai, ambos da rua Marques Leão.

O Vae Vae estreou naquele carnaval fantasiado de marinheiro, adotando as cores preto e branco, as mesmas do seu clube de futebol, indicando na escolha da fantasia uma atitude bem mais irreverente do que a dos seus coirmãos. Como os outros cordões, não tinham um enredo, desfilando ao longo de alguns anos com o mesmo traje. Segundo Pé Rachado, também "inventaram outras fantasias, mas muitos continuaram saindo daquele mesmo jeito" (Moraes, 1978, p.38).

A estrutura de seus desfiles era tradicional (as fileiras laterais), embora já incorporasse as novidades que faziam parte dos desfiles dos outros cordões, como, o estandarte carregado por uma mulher, como nos informa Ieda M. Britto (1986, p.79):

> O estandarte, por exemplo, vinha carregado, por mulher, D. Iracema, uma inovação de 1921 do cordão Os Desprezados da Barra Funda, dirigido pelo Neco. Na frente, abrindo o cortejo, estavam os balizas, presente D. Sinhá, então com 12 anos, única mulher dentre 10 rapazes. Logo depois, vinha a porta-estandarte, seguida de uma comissão situada entre fileiras laterais, e no meio, a porta-bandeira. [...] No decorrer da década de 30, o Vai-Vai introduziu personagens de corte com a figura de uma rainha e de uma dama que em obediência as cores do cordão, trazia indumentária negra, sendo apelidada de "dama de negro" iniciativa esta, na idéia e na representação, de D. Olímpia, uma das primeiras figurantes femininas com que contou o Vai Vai.

As músicas cantadas durante as exibições do cordão eram de autoria de seu núcleo de compositores Tino, Guariba e Henricão, conhecidos sambistas desse grupo.

O Vae Vae destacou-se em relação aos outros cordões por prevalecerem os instrumentos de couro, além da caixa, rufo, prato e chocalho, que vinham na frente dos bumbos enormes, sempre mais de um. Depois, criaram a caixa carioca que produzia um som semelhante ao repinique dos tempos modernos. A participação dos elementos de choro era insignificante dentre os instrumentistas. Essas informações foram prestadas por Sebastião Eduardo Amaral, o "Pé Rachado", sambista do Vae Vae, em entrevista a Iêda Marques Britto, em 1979. Citando igualmente o sambista, Wilson de Moraes afirma que o único instrumento de sopro verificado naquele cordão foi o clarim. O "batuque" era semelhante aos outros grupos. A base era o bumbo, a caixa e a caixa carioca (sem bordões), e esta, segundo os ritmistas, fazia o papel hoje desempenhado pelo repinique, também chamado de malacacheta (Moraes,1978, p.29)

Embora fosse um cordão do bairro do Bexiga composto de núcleos familiares tal qual os demais cordões, aglutinou em torno de si foliões originários da Barra Funda e integrantes do Campos Elyseos.

Se esses cordões desfilavam sob o ritmo da marcha, entre 1933 e 1934 houve mudanças, pois o carnaval paulistano passou a contar com o bloco das Bahianas Paulistas, também chamado de Bahianas Teimosas, que passou a desfilar sob o ritmo do samba, tal qual ocorria desde fins da década de 1920, no Rio de Janeiro. Tal bloco era formado por Jovina, Eunice, Nair e Índia do Brasil, entre outras, ao qual se integraram alguns rapazes, como Alcides Marcondes e Chico Pinga (Moraes, 1978, p.51), que cuidavam da bateria e do acompanhamento musical voltado para o samba.

Entre a comunidade branca sem muitos recursos, surgiu em 1927 o cordão[12] Os Moderados, composto por operários da Água Branca. Os seus préstitos aconteciam em dois dias, geralmente no domingo e na terça-feira. No domingo, iam com os carros alegóricos para o centro da cidade, participar de concursos. Na terça-feira, desfilavam como bloco ou cordão (sem os carros alegóricos) pelo bairro da Água Branca e Lapa. O nome desse cordão já era uma sátira, considerando-se que os seus fundadores estavam longe de corresponder ao seu significado diante da fama de "rapazes pouco comportados" que possuíam no bairro. O objetivo expresso, desde sua criação, era provocar o riso no espectador. Saíram inicialmente com roupas velhas rasgadas. Posteriormente, essa fantasia foi substituída por uma camisa de malha listrada, chapéu, rosto pintado e um nariz postiço. Segundo Ado Benatti, seu fundador, era do que precisavam para o disfarce.

Ano após ano, Os Moderados empenharam-se, com afinco, na definição do tema do bloco, cujo trabalho de preparação era sigiloso. Procuravam tematizar questões que envolviam o seu cotidiano, utilizando-se de figuras emblemáticas da sátira caricatural, bem aceita por um público urbano letrado. A paródia era um recurso freqüente, como bem lembrou Pedro Gualdani, chefe da bateria desse grupo, e, pontualmente esclarecido por Olga von Simson (1989, p.59):

> O tema era geralmente baseado numa música carnavalesca de sucesso do ano, desde que possibilitasse um enfoque jocoso do assunto tratado como lembrou Pedro Gualdani que cuidava da bateria do folguedo. "É só crítica, sempre pra rir, pra turma gostar, se divertir com aquilo que tava vendo". Além disso, duas figuras importantes

---

12 Foi qualificado de rancho por Moraes (1978, p.41).

para permitir satirizar situações vivenciadas durante o ano eram sempre incluídas no desfile: O Amigo da Onça e Juca Pato.

A integração dessas agremiações ao carnaval oficial significava o reconhecimento pelas autoridades de sua importância no carnaval de rua brincado na cidade e não apenas dos desfiles das grandes sociedades carnavalescas, patrocinados pelas elites.

Assim, temos nesse ano de 1935, além dos certames dos grupos, blocos, cordões e ranchos, os préstitos das grandes sociedades carnavalescas – Argonautas, Tenentes do Diabo, Fenianos e Democráticos – marcados para terça-feira, a partir das 20 horas, com entrada pela Avenida São João, prosseguindo em direção ao centro da cidade, percorrendo as ruas do famoso triângulo central. A dispersão ocorria no Largo São Bento. As sociedades concorriam, além dos prêmios oficiais, à taça *A Gazeta* que tinha comissão própria para avaliação dos referidos préstitos.

O *Correio Paulistano* noticiou que estava sendo formada a comissão oficial de julgamento desses préstitos, tendo sido convidados "os srs. Dr. Carlos de Souza Nazareth, presidente da CO CP, pintor Lopes Leão, esculptor Elio de Giusto, Gumercindo Fleury (Buridan), representante do Centro dos Chronistas Carnavalescos e o poeta Correia Junior, representando a Prefeitura Municipal." As comissões julgadoras foram alocadas no coreto do Largo Paissandu.

No decorrer desses festejos, as notícias veiculadas pelos jornais enfatizaram a animação que marcou o carnaval de rua e dos clubes. O *Correio Paulistano* (5 mar. 1935, p.2) por exemplo, enfatizou que os Dias Gordos transcorreram sem ocorrências policiais significativas; além de excelente movimento nos hotéis, segundo depoimento entusiasmado de um gerente, ao afirmar que "o número de hospedes aumentou de fórma extraordinaria neste ultimo mez, por causa de Momo. Já se pode dizer que há turismo em São Paulo".

Esse otimismo pode ser aferido também nos resultados dos vários certames realizados no decorrer desses dias festivos. O resultado dos concursos de alguns desses eventos de rua saiu ainda na terça-feira gorda, notadamente, dos desfiles dos grupos e cordões realizados na Rua Líbero Badaró. Foram vencedores os seguintes concorrentes: na categoria *Grupos*: Vimo do Sertão – 1° lugar, com 186 pontos; Veteranos da Serra – 2° lugar, com 129 pontos e Grupo X da Radio Educadora, o 3° lugar, com 96 pontos. Dentre os *cordões*, foram premiados os Teminiano (1° lugar, com 370 pontos), Luso-Brasileiro (2° lugar, com 293 pontos) e Caveirano (3º lugar, com 282 pontos). Ainda nessa última categoria, receberam prêmios extraordinários os cordões Vae Vae e Geraldinos (de negros da Barra Funda), "dada sua brilhante apresentação no desfile". As demais premiações seriam divulgadas posteriormente.

Os ecos desse carnaval projetaram-se muito além dos dias da folia, servindo, em muitas situações, de referência para os festejos do ano seguinte. Essa é a impressão ao lermos os jornais de 1936, que sinalizam para um amplo espectro de medidas visando à organização dos diversos espaços cenográficos para o acontecer carnavalesco. Por exemplo, as ruas, palco de algumas dessas celebrações, foram devidamente ornamentadas. Um gigantesco Rei Momo (Figura 31), "colocado no topo da avenida São João, rente à praça Antonio Prado", palco principal dessas festividades, anunciava ao folião a chegada do carnaval. Figura de porte gigante, braços e pernas avantajados, erguendo entre as mãos uma máscara, conclamava a todos a cair na folia (*O Estado de S. Paulo*, 11 fev. 1936, p.9). Além dessa figura gigantesca, fez parte do cenário montado naquela avenida a iluminação propiciada por 70.000 lâmpadas, conforme divulgação da imprensa.

Figura 31 – Rei Momo (DPH/PMSP).

Novos espaços cenográficos foram criados, além da produção da Avenida São João. Seguindo esse espírito, foi feita a montagem, sob o Viaduto do Chá, na Rua Formosa, do enorme barco "Caravela da alegria", inaugurado com um baile carnavalesco no dia 8 de fevereiro. Os ingressos foram vendidos na própria "Caravela" e na cidade, "nos valores de 40$ para cavalheiros, 20$ para damas e 30$ para reservas de mesas" (*O Estado de S. Paulo*, 8 fev. 1936, p.7), seguindo um preço um pouco acima daquele cobrado nos bailes públicos mais requintados que geralmente custavam vinte mil réis. Isso sinalizava que não eram para os segmentos populares que, de antemão, estavam excluídos.

Os preparativos foram além dos cenários. Algumas atividades foram programadas com o objetivo de animar o carnaval de rua. Os jornais empenharam-se em transmitir um clima de empolgação, ao divulgarem as batalhas de confete que ocorreriam em alguns bairros como o Ipiranga, Bela Vista, Belém, Liberdade, entre outros.

Os jornais noticiaram os vários bailes, que fizeram parte dos preparativos carnavalescos, em diferenciados clubes existentes na cidade, e as muitas batalhas de confete que visavam criar um clima festivo e garantir a animação necessária aos festejos. Na Avenida São João estavam programados o corso e os préstitos das luxuosas sociedades carnavalescas, e na Rua Líbero Badaró as expectativas voltavam-se para os desfiles das chamadas "Pequenas Sociedades Carnavalescas". A ênfase das notícias recaíra nas providências colocadas em prática pelas autoridades, para garantirem a fluição das diversas brincadeiras, nos diferentes palcos do acontecer carnavalesco.

Os dias de carnaval finalmente chegaram antecedidos por uma programação intensa de "batalhas de confetti", em diferentes bairros e, também, de vários bailes organizados por clubes, associações sindicais ou espaços de aglutinação de grupos específicos. O jornal *O Estado de S. Paulo* noticiou os bailes de alguns deles:

Nomes dos clubes/ hotéis/ teatros	Local do baile	Dia/mês/ano
Caravela da Alegria	Rua Aurora (Viaduto do Chá)	8/2/1936/ (inauguração); dia 20/2/1936 – Baile dos Artistas*
Tennis Club Paulista	Rua Colombia, 1	n/c
Nosso Club	Salão do Trianon – Av. Paulista	Sábado –15/2/1936

Esporte Club Syrio	Sede – baile infantil	Domingo – 16/2/1936
Rex Club	Salão – R. Brigadeiro Machado- Brás	Sábado – 15/2/1936
City Bank Club	Salão Teçaindaba **	Sábado – 15/2/1936
Odeon	Rua da Consolação	15/2/1936 e nos dias 22, 23, 24 e 25/2/1936
Associação dos Empregados do Commercio	Sede – Rua Líbero Badaró	Domingo – 16/2/1936
Terpsychore Club	n/c	n/c

* Organizados pelo Syndicato dos Trabalhadores de Theatro de São Paulo e do Syndicato Musical
** Para os funcionários do banco

Quadro 13 – Bailes carnavalescos em São Paulo – 1936
Fonte: *O Estado de S. Paulo*, 8/2/1936, p.7; 12/02/1936, p.6; 13/02/1936, p.10; 14/02/1936, p.8.

A abertura dos festejos oficiais ocorreu no dia 15 de fevereiro, com a chegada à cidade, às 20 horas, do Rei Momo que foi recebido na Estação do Norte por "todos os clubes, ranchos e cordões carnavalescos e por uma grande massa popular". Em seguida, formou-se grande cortejo que desfilou pela cidade. Após o desfile, foi recebido na "Caravela da alegria", local previsto para realização do "Grandioso baile da Travessia do Equador" (*O Estado de S. Paulo*, 15 fev. 1936, p.9).

O jornal *O Estado de S. Paulo* noticiou ainda o *Programa do carnaval oficial de 1936*, enfatizando que a seção de Divertimentos Públicos, da prefeitura da capital, já finalizara todo o processo de organização, marcando como abertura oficial desses festejos a recepção ao Rei Momo, ocorrida no dia 15 de fevereiro de 1936. A programação dos demais dias de carnaval pôde ser lida pelos paulistanos nesse jornal, que informou ainda as atividades que teriam lugar durante a semana antecessora aos festejos carnavalescos.

O clima festivo foi garantido pela organização de bailes que atendiam aos interesses das crianças e também dos adultos, a saber:

Domingo – 16 – às 15 horas
Grandioso vesperal infantil na "Caravela da Alegria" com a presença de Rei Momo [...].
Às 22 horas – "Soirée" dedicada à sociedade paulistana, na "Caravela da Alegria" [...]
Dia 20, às 23 horas – Baile dos Artistas na "Caravela da Alegria" [...]

As expectativas, no entanto, voltavam-se para os eventos programados para o principal palco do acontecer carnavalesco, no sábado de carnaval, na Avenida São João, que inaugurava de fato a programação oficial, como noticiou o jornal citado:

> [...] Dia 22, sabbado – Será descoberto o monumento de Rei Momo, na Av. S. João e inaugurada a majestosa decoração dessa avenida, com 70.000 lampadas, local destinado ao corso official do Carnaval Paulista de 1936.
> Às 21 horas – Na av. São João – Grande desfile dos prestitos carnavalescos dos clubes "Garotos Olympicos" e "Campos Elyseos" (familliares), num total de 10 carros allegoricos, bandas de músicas, batedores, clarins etc., em disputa de valiosa taça offerecida pela Comissão de Divertimentos Publicos.
> No Theatro Municipal, às 22 horas, grande baile official, com o comparecimento das altas autoridades estaduaes e municipaes e de S.M. "Rei Momo". Às 24 horas, nesse baile, será solennemente coroada a Rainha do Carnaval Paulista.
> Baile na "Caravela da Alegria" às 23 horas, onde será recebida a Rainha do Carnaval Paulista, para ahi conduzida por S.M. Rei Momo.
> Baile publico na praça do Patriarcha.

Para os dias seguintes, a agenda era intensa e compreendia os desfiles de rua, – o corso, os préstitos das sociedades carnavalescas na Avenida São João, os desfiles dos blocos e cordões na rua Líbero Badaró e os bailes públicos. A programação a seguir fornece os detalhes desses festejos que o folião tinha a seu dispor:

> Domingo, 23 – Na rua Libero Badaró, às 20 horas, entrando pelo largo São Bento, desfile de 46 cordões carnavalescos, filiados à Federação da Pequenas Sociedades Carnavalescas, com distribuição de premios aos vencedores.
> Na av. S. João: Grande corso de autos, com premios aos vencedores do concurso, que então se realizará, de caminhões enfeitados. A Av. estará ricamente ornamentada e illuminada de forma deslumbrante.
> No Theatro Municipal: Às 15 horas, grande vesperal infantil, com distribuição de premios às crianças que apresentarem fantasias mais ricas e mais originaes.
> Na av. Rangel Pestana: à noite, grande corso de automoveis. A Av. tambem será ornamentada e illuminada.
> Grande baile na "Caravela da Alegria", com a presença da Rainha do Carnaval e do Rei Momo, com sua comitiva de honra.
> Segunda-feira, 24 – Na av. S. João: Grande corso de autos e caminhões enfeitados.

Na rua Libero Badaró – às 20 horas, desfile dos 12 ranchos filiados à Federação das Pequenas Sociedades Carnavalescas, em disputas premios estabelecidos pela Comissão de Divertimentos Publicos.

Na av. Rangel Pestana – Grande corso de autos e caminhões enfeitados.

Na "Caravela da Alegria" – Às 23 horas, grande desfile offerecido pelo almirante "Seu Cabral"ao seu hospede S.M. Rei Momo.

Terça-feira, 25 – Na avenida S. João, às 20 horas, grandioso desfile dos prestitos carnavalescos de 4 grandes clubes carnavalescos, os maiores até hoje exhibidos, pelos clubs " Excentricos", "Democraticos", "Fenianos" e "Tenentes do Diabo", commissões de honra, batedores, clarins, bandas de musica. Às 24 horas será feito o julgamento e proceder-se-á à distribuição de riquissimas taças.

Na rua Libero Badaró – Desfile de cordões.

Na praça do Patriarcha, baile publico.

Na avenida Rangel Pestana, grande concurso de autos e caminhões enfeitados.

Grandioso baile na "Caravela da Alegria". (*O Estado de S. Paulo*, sáb. 15 fev. 1936, p.9)

A leitura da programação oficial não deixa dúvidas ao leitor sobre os diversos palcos do acontecer carnavalesco, nos quais se estruturavam tanto as brincadeiras destinadas às exibições das elites como os corsos realizados na Avenida São João e adjacências, os préstitos das quatro grandes sociedades carnavalescas, os bailes chiques realizados nos clubes e no Teatro Municipal, quanto aquelas destinadas aos populares tais como: os bailes públicos na Praça Patriarca, os desfiles dos blocos, ranchos e cordões, na Rua Líbero Badaró (Mapa 6), e o corso, na Avenida Rangel Pestana, no Brás. Para o êxito de tais festejos, "todas as estradas de ferro concedem o abatimento de 50% no preço das passagens, durante o período de 15 a 29" do mês corrente (ibidem).

A abertura dos folguedos carnavalescos, embora tenha sido declarada com a chegada de Momo à cidade, em 15 de fevereiro, de fato ocorreria na noite de sábado de carnaval (22 fev.1936), com a inauguração pública do monumento dedicado ao rei Momo e da decoração da Avenida São João, seguida dos préstitos dos clubes carnavalescos Garotos Olympicos e G.C. Campos Elyseos, agremiações populares finalmente incorporadas, numa situação de destaque, às atividades dos festejos oficiais.

Após a inauguração do palco principal desses festejos na Avenida São João, seguiu-se o Baile de Gala (baile oficial) realizado no *Teatro Municipal*, com a presença de altas autoridades e do Rei Momo, que tinham a incumbência de realizar a coroação da Rainha do Carnaval paulistano daquele ano.

A partir do domingo de carnaval (23 fev. 1936), realizar-se-ia o desfile oficial das "pequenas sociedades carnavalescas", constituídas pelos grupos, blocos, cordões e ranchos, promovido pela Comissão de Divertimentos Públicos, contando com a participação das diversas sociedades carnavalescas da capital paulista. Os primeiros a desfilar seriam os cordões, cuja cobertura pela imprensa ficou a desejar. O Estado de S. Paulo noticiou, na véspera (sábado de carnaval), a lista de alguns dos inscritos nesse certame que, aliás, não traduzia a informação anterior, constante da programação oficial, que noticiava a inscrição de 46 cordões e 12 ranchos que fariam suas exibições na Rua Líbero Badaró.

As sociedades carnavalescas inscritas eram as seguintes: Grupo Regional Vim do Sertão, Bloco dos Artistas de Cor, Cordão das Bahianas Paulistas, Cordão Flor da Mocidade, Mocidade de Lavapés, Camisa Verde, Marujos Paulistas, Geraldinos, Vai-Vai, Campos Elyseos, Desprezados da Penha, Maricota, 13 de Maio, A. A. R. Bom Retiro, Cordão Sabratino (O Estado de S. Paulo, 22 fev. 1936).

Para os dias seguintes estavam previstos o corso e os desfiles das grandes sociedades carnavalescas.

Os grandes préstitos, organizados pelos Club dos Tenentes do Diabo, Club dos Fenianos (dezenove anos de existência), Democráticos e Club dos Excentricos Carnavalescos, ocorreram na terça-feira de carnaval, dia 25 de fevereiro de 1936, na Avenida São João. O jornal O Estado de S. Paulo informou que o Club dos Fenianos recebeu auxílio financeiro da Comissão de Divertimentos Públicos da Prefeitura de São Paulo, o que provavelmente deve ter ocorrido com os demais clubes, embora o jornal não tenha esclarecido essa questão. O jornal descreveu os diversos carros alegóricos (vinte de cada sociedade) que foram apresentados, ao longo do préstito, tanto pelos Fenianos quanto pelos Tenentes do Diabo.

Os jornais diários noticiaram que os diferentes espaços cenográficos da cidade, onde eram celebrados os festejos de Momo, foram controlados por um eficiente esquema de policiamento, que integrava os serviços prestados pela Polícia Civil, Gabinete de Investigações e Diretoria de Trânsito, cujo objetivo era evitar transtorno ao folião. Sobre essa questão, O Estado de S. Paulo informou que esses serviços foram eficientíssimos durante todos os dias dos festejos, garantindo, assim, total sucesso às diversas atividades que aconteceram pela cidade.

O sucesso desses festejos pode ser aferido também sob a ótica financeira. As informações colhidas no jornal citado indicam-nos que, do ponto de vista oficial, as diversas atividades programadas renderam aos cofres públicos uma pequena soma, mencionando, como exemplo, as ocorrências de bailes que superaram as do ano anterior:

> O movimento de bailes superou ao do anno passado, quando foram expedidos quinhentos e poucos alvarás de licença. Neste anno o numero de bailes se elevou a 791, sendo 559 bailes de sociedades a convite e 232 bailes públicos a pagamento. Esses alvarás renderam aos cofres publicos 21:594$600. (*O Estado de S. Paulo*, sexta-feira, 28 fev. 1936, p.8)

As cifras citadas referem-se apenas aos bailes, estando excluídas dessa apreciação as demais taxas cobradas pela prefeitura para os desfiles nas vias públicas. Para se ter uma idéia a esse respeito, a taxa para a entrada dos automóveis e auto-caminhões no corso custava 10$000, valor regulamentado em 1926 e ainda em vigor em 1938:

> De acordo com a Lei Municipal de 2936, de 6 de fevereiro de 1926, é exigida, para entrada de automoveis e auto-caminhões no corso carnavalesco, a exibição do recibo de quitação da taxa municipal na importância de 10$000"(*Correio Paulistano*, sábado, 26 fev. 1938, p.4).

Os festejos carnavalescos iam além dos dias dedicados à folia. Os seus ecos poderiam ser colhidos nas revistas de variedades e, também, nos periódicos mensais que, a cada ano, faziam o balanço do sucesso das ditas festividades, projetando-se para o ano seguinte a repetição de seus momentos gloriosos. Em algumas agremiações, o tema somente voltava a ser pauta em janeiro do ano seguinte. O mesmo não ocorria entre as de origem popular que desenvolviam no decorrer do ano várias atividades visando à arrecadação de fundos para a preparação de seus desfiles do ano subseqüente.

Esse processo repetiu-se no carnaval de 1937, com características peculiares, por contar com a participação da prefeitura da capital na sua estruturação. Desde o início dos preparativos, criou-se um clima de euforia, projetando-se o sucesso a ser alcançado. Tal objetivo foi plenamente atingido, conforme se posicionou o jornal *O Estado de S. Paulo,* que o considerou um dos mais animados da capital paulistana.

A prefeitura da capital, como organizadora desses festejos, construiu os vários espaços cenográficos que abrigaram as celebrações de Momo: os quatro tablados para os bailes públicos, devidamente ornamentados e aparelhados com equipamentos de som (Mapa 6). Ou seja, foram instalados 43 alto-falantes nas praças Marechal Deodoro, Júlio de Mesquita, Correio e Largo do Paisandu (*O Estado de S. Paulo*, quarta-feira, 3 fev. 1937, p.9), e também a iluminação da Avenida São João.

A iluminação e a sonorização desses espaços foram consideradas, nas propostas da prefeitura, a garantia para o sucesso do carnaval de rua, perspectiva igualmente endossada pelo jornal *O Estado de S. Paulo*. Na semana que antecedeu os Dias Gordos, esse jornal noticiou as iniciativas tomadas pela prefeitura para a fixação dos alto-falantes nas praças que abrigariam os folguedos. E, também, nos locais onde se realizariam os bailes públicos, enfatizando que os testes feitos confirmavam a alta qualidade do som que os foliões teriam durante tais festejos:

> Nos tablados para os bailes publicos, patrocinados pela Prefeitura, a Radio São Paulo (que ganhou a concorrência pública para instalar os auto-falantes) tambem fez installar quatro auto-falantes em cada um delles.
> "No tabuleiro da bahiana", como foi denominado, à sua decoração, o da Praça da Sé, esses aparelhos, hontem mesmo experimentados, produziram um som claro, perfeitamente ouvido até mesmo na Praça João Mendes.

Os cuidados com a iluminação fizeram parte das preocupações das autoridades e foram aplaudidos pela imprensa, que, igualmente, avaliou as suas possibilidades com muito apreço. O jornal *O Estado de S. Paulo* destacou os seus efeitos, mostrando a excelente impressão causada na cidade pela inauguração dos *novos postos preparados pela prefeitura*, considerando a iluminação um apelo irresistível ao folião, para cair na brincadeira.

> Lâmpadas em profusão, distribuidas em postes numerosos que se enfileiram pelas ruas numa série verdadeiramente brilhante, iluminam a cidade de uma forma que se não é inedita pelo menos se apresenta originalmente aos olhos do paulistano.
> Quem se collocar no alto da avenida S. João e contemplar a fileira de luzes que se estende junto à calçada daquella rua, há de perceber no hombro a pancada amiga de Rei Momo [...]. (*O Estado de S. Paulo*, sábado, 6 fev. 1937, p.10)

Esses cenários públicos de celebração dos festejos carnavalescos, além de contarem com sonorização e iluminação, foram cuidadosamente ornamentados a partir de temas específicos. Por exemplo, os tablados da Praça da Sé, nomeado de *"No tabuleiro da bahiana"*, e o do Largo da Concordia, inspirado nos motivos da marcha carnavalesca *"Lig-Lig-Lig-Lé"* (*O Estado de S. Paulo*, 3 fev. 1937, p.9)[13], de autoria de Paulo Barbosa e Oswaldo Santiago, feita para o carnaval desse ano, inspiraram a cenografia carnavalesca. Mesmo não tendo o registro fotográfico desse cenário, a letra da marcha carnavalesca que serviu de mote à ornamentação do Largo da Concórdia sugere possibilidades cenográficas bastante exóticas:

> Lá vem o seu china
> Na ponta do pé
> Lig-lig-lig-lig-lig-lig-lé
> Dez tões, vinte pratos
> Banana e café
> Lig-lig-lig-lig-lig-lig-lé
>
> Chinês
> Come somente uma vez
> Por mês!
> Não vai
> Mais Schangai
> Buscar a Butterfly
> Aqui
> Com a morena fez a sua fé!
> Lig-lig-lig-lig-lé

A ornamentação era uma parte importante nos preparativos dessas celebrações que almejavam colocar em cena as múltiplas manifestações que ocorriam durante os Dias Gordos. Estava previsto, sob o patrocínio da prefeitura de São Paulo, na Avenida São João, o grande desfile popular. Mais de trinta ranchos, cordões e blocos já estavam inscritos, além da Federação das Pequenas Sociedades Carnavalescas, com todos os seus cordões e ranchos filiados.

Assim, as expectativas das autoridades para as brincadeiras carnavalescas de rua tinham, em mira, como publicou *O Estado de S. Paulo* (3 fev. 1937, p.9), que "nos tres dias da folia, o povo trabalhador da Paulicéa dynamica se divertirá dansando das 21 horas às 3 horas da madrugada, nesses amplos logradouros".

---

13 Essa letra pode ser lida em Alencar (1985, p.256).

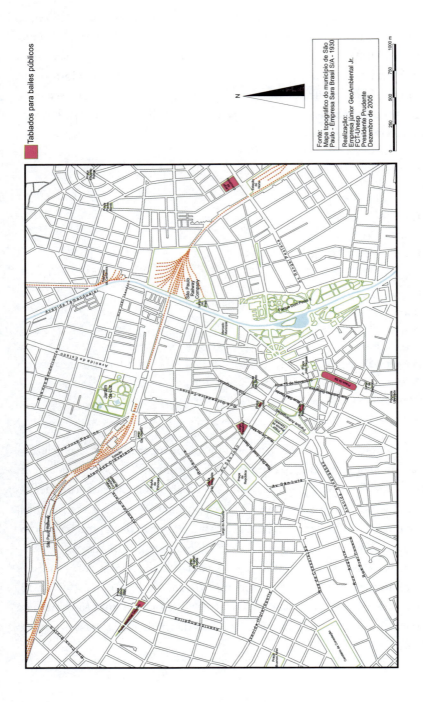

Mapa 6 – Região central de São Paulo. Bailes oficiais nos espaços públicos (1937-1938)

Com base nesse conjunto de informações, cabe uma ressalva sobre a afirmação de que na Avenida São João ocorreria o grande desfile popular. Para essa via, estavam programados apenas o corso e os préstitos das grandes sociedades Carnavalescas que formavam o carnaval de luxo. O tom "mais popular" talvez tenha ocorrido no corso, pois os foliões do Brás não puderam contar com o seu famoso corso local, em decorrência do conserto das avenidas Rangel Pestana e Celso Garcia (*O Estado de S. Paulo*, 4 fev. 1937, p.12).

A prefeitura, além de cuidar dos desfiles dos carros, promoveu os concursos de préstitos dos clubes e de blocos. Na segunda-feira, às 21horas, foi realizado, na Rua Líbero Badaró, o concurso oficial dos Blocos e, na terça-feira, na Avenida São João, às 22 horas, os préstitos dos Clubes ou Sociedades Carnavalescas, concorrendo ao troféu "Fábio Prado", vencido em 1936 pelo Club dos Fenianos.

Os clubes inscritos, Democráticos e Tenentes do Diabo, fizeram suas exibições ao longo da Av. S. João, sendo avaliados, na Praça Júlio de Mesquita, pela comissão julgadora, composta pelos senhores Achilles Bloch da Silva, Nuto Sant'Anna, B. Bastos Barreto (Belmonte), Ricardo Romera e Castro de Carvalho. Os quesitos apreciados foram: frente, luxo, originalidade, iluminação, arte e conjunto. Cada inscrito deveria desfilar duas vezes perante a comissão julgadora, o que foi dispensado aos Tenentes do Diabo, por causa do temporal que caía na cidade. Porém, os transtornos provocados pela chuva não impediram as avaliações da comissão. O clube Tenentes do Diabo foi laureado com o primeiro lugar. E "entrou na posse, por um anno, do tropheu 'Fábio Prado'" (*O Estado de S. Paulo*, 11 fev. 1937, p.7).

Além dos espaços públicos montados no centro da cidade e imediações, para a realização da folia momesca, informa-nos *O Estado de S. Paulo* que Santo Amaro constituía-se em outra opção das folganças carnavalescas de rua. Apóia-se em notícias colhidas no jornal da região, *Folha do Povo*, um dos promotores, juntamente com os comerciantes da localidade.

Verificamos, portanto, que o carnaval popular, de rua, de São Paulo teve o patrocínio da prefeitura, por meio dos desfiles oficiais dos blocos, na segunda-feira de carnaval, realizados na Rua Líbero Badaró, conforme podemos observar no Quadro 14.

O pequeno número de blocos/cordões inscritos no carnaval oficial talvez tenha sido uma decorrência da descentralização dos desfiles para outras regiões da capital, ou uma falha na cobertura da imprensa em relação a esses certames. Independentemente das lacunas, uma hipótese seria de que uma parte dessas agremiações populares deu preferência ao certame realizado em Santo Amaro que, igualmente, oferecia taças de diversos tamanhos, como prêmio aos foliões vencedores que festejavam os Dias Gordos. À categoria de cordões concorreram agremiações que tinham uma longa tradição no carnaval popular paulistano. Essa mesma situação repetiu-se para os blocos que se inscreveram e foram premiados no carnaval de rua de Santo Amaro, como observou o jornal *O Estado de S. Paulo*. Os quadros que se seguem são elucidativos em relação à questão.

Associação carnavalesca	Quesitos	Comissão julgadora
Desprezados	Originalidade, escultura, harmonia, indumentária, evoluções e iluminação	Prof. Achilles Bloch da Silva, Fernando Mendes de Almeida, Menotti del Picchia, Serpa Duarte e Castro Carvalho.
Victoria Paulista		
Caprichosas		
Onze Irmãos Patriotas		
Desprezados da Penha		
Moderados		
Bahianas Teimosas		

Quadro 14 - Blocos carnavalescos paulistanos, desfile oficial, 1937
Fonte: *O Estado de S. Paulo*, 11 fev. 1937, p.7.

Associação carnavalesca	Quesitos	Comissão julgadora
1° prêmio – Marujos Paulistas	Não há informações	Dr. Sebastião Lins Prado; Dario Paulinetti; coronel Isaias Branco de Araujo; Avilla Geraque; Fellippe Laborde
2° prêmio – Campos Elyseos		
3° prêmio – Camisas Verdes (Barra Funda)		
4° prêmio – Mocidade de Lavapés		

Quadro 15 – Cordões carnavalescos paulistanos, desfile em Santo Amaro, 1937
Fonte: *O Estado de S. Paulo*, 11 fev. 1937, p.7

Os blocos (Quadro 16) que foram premiados no carnaval de Santo Amaro eram do próprio bairro e também "da capital", conforme noticiam os jornais, cujos nomes nem sempre foram citados pela imprensa. A exceção poderia ser feita para os Desprezados

Associação carnavalesca/ premiação	Quesitos	Comissão Julgadora
1º prêmio – Verde e Branco de Santo Amaro	Não há informações	Dr. Sebastião Lins Prado, Fellippe Laborde, coronel Isaias Branco de Araujo, Avilla Geraque.
2º prêmio – Desprezados (capital)		
3º prêmio – Grupo Lyrio do Amor (capital)		
4º prêmio – Bloco Elegante (capital)		
5º prêmio – Grupo da Bahiana (capital)		

Quadro 16 – Blocos Carnavalescos paulistanos – Desfile em Santo Amaro – 1937
Fonte: *O Estado de S. Paulo*, 11 fev. 1937, p.7.

Depreende-se, a partir dos preparativos e da cobertura da imprensa durante as celebrações carnavalescas, o sucesso do evento, inclusive pelo extravasamento do momento de seu acontecer. Isso pode ser percebido pela ressonância da folia carnavalesca que, às vezes, se prolonga por mais algum tempo até que o ritmo do cotidiano – com seus percalços costumeiros — dissipe a euforia provocada por essa festa do desgoverno. Independentemente dessa situação, os preparativos para as celebrações dessas festividades ocorrem quase que continuamente de um ano para outro, dependendo do segmento social envolvido, como já observamos anteriormente.

Ao pensarmos nessas celebrações, não se pode perder de vista o contexto no qual elas se inserem e as alterações nos seus preparativos em decorrência de mudanças gerais ocorridas no país. É o caso do ano de 1938, que iniciou o seu calendário com novas modificações no cenário político, em decorrência do golpe de Estado de 1937, que traria alterações nos festejos carnavalescos em todo o país. O carnaval paulistano de 1938 não ficou imune a esse processo, vivenciando nova situação, por meio de policiamento ostensivo e proibições detalhadas envolvendo o conjunto dos folguedos. Em São Paulo, foi significante o afastamento das funções de prefeito de Fábio da Silva Prado, por uns 15 dias, o que certamente acarretou mudanças no perfil dos festejos, ainda que as celebrações tenham ocorrido com ele no comando da prefeitura. A imprensa não fez nenhuma menção ao fato.

No entanto, o jornal *O Estado de S. Paulo,* mesmo silenciado (e seus diretores na cadeia ou no exílio), continuou na postura de opositor ao governo Vargas, empenhando-se em publicar em suas páginas as draconianas alterações que teriam as comemorações carnavalescas, todas elas nitidamente decorrentes das mudanças políticas. Tal postura não foi assumida pelo *Correio Paulistano,* que não noticiou tais proibições.

Em decorrência dessas mudanças, já nas primeiras semanas de fevereiro de 1938, saem as determinações policiais, abrangendo as diversas modalidades de brincadeiras. Em 6 de fevereiro de 1938, o jornal *O Estado de S. Paulo* publicou sob o título "Determinações policiaes" o comunicado proveniente do gabinete do secretário de Segurança Pública, estabelecendo um rígido controle e censura sobre os festejos momescos em todo o Estado. Prescreve o esquadrinhamento e o enquadramento do folião nos espaços públicos e fechados. O conjunto dos folguedos foi duramente atingido pelas medidas acionadas, estendendo o ato censor às músicas que deveriam ser tocadas nos clubes e demais veículos de divulgação e, também, ao horário de término dos bailes nos clubes. O corso teve regras rígidas para o seu desfile como veremos mais adiante. O teor do comunicado não deixa dúvidas sobre as pretensões da autoridade policial:

O sr. secretario da Segurança Publica do Estado de São Paulo determina aos srs. delegados de policia, que cumpram e façam cumprir as seguintes disposições sobre as festas de carnaval:

1 – Os bailes publicos só poderão ser realisados mediante autorisação da Secretaria da Segurança Publica e consequente alvará expedido pela Secção de Divertimentos Publicos, da Delegacia de Costumes;

2 – As passeatas, blocos, cordões, ranchos e outros agrupamentos carnavalescos só poderão sahir à rua mediante licença da Secção de Divertimentos Publicos da Delegacia de Costumes, ouvida a Delegacia de Transito;

3 – Os prestitos carnavalescos dependem da vistoria prévia dos carros allegoricos, pela Superintendencia de Ordem Politica e Social, e alvará expedido pela Secção de Censura e Divertimentos Publicos, da Delegacia de Costumes;

4 – Os ensaios carnavalescos só poderão ser realizados mediante alvará da Secção de Divertimentos Públicos, da Delegacia de Costumes, duas vezes por semana, das 20 às 22 horas;

5- Os bailes carnavalescos terminarão às 4 horas da madrugada, salvo ordem especial da autoridade de serviço no local;

6 – Os estandartes exhibidos em publico por agrupamentos carnavalescos, seja qual fôr a sua designação, deverão ser com antedencia apresentados

à Secção da Censura Theatral, da Delegacia de Costumes, para a necessaria approvação;

7 – Nenhuma canção poderá ser cantada em público, sociedade ou club, nem em qualquer casa de diversões, sem que a letra respectiva tenha sido préviamente censurada pela repartição competente na delegacia de Costumes;

8 – Durante o periodo carnavalesco, não será permittido o uso de fantasia attentatoria da moral e dos bons costumes, prohibindo-se os grupos constituidos de individuos maltrapilhos, à guisa de blocos, impunhando latas, fragmentos de madeira e outros objectos aggressivos, devendo ser os infractores encaminhados à autoridade de plantão na Policia Central, ou ao Gabinete de Investigações;

9 – Fica, igualmente, prohibido, o uso, como fantasia, de uniformes com distinctivos, emblemas, bonets, fitas, golas, botões, adoptados e usados pelas classes armadas ou que os tornem semelhantes aos usados por aquellas corporações;

10 – Fica prohibido, durante as festividades carnavalescas, a venda de bebidas alcoolicas, exceptuando-se "chopp", cerveja e "champagne", bem como vinho nos hoteis e restaurantes, às refeições, nos dias 27 e 28 de Fevereiro e 1º de Março do corrente anno;

11 – O uso de mascaras na via publica será tolerado nos tres dias de Carnaval e nos bailes carnavalescos a partir de 1º de Fevereiro ficando, entretanto, os mascarados sujeitos à verificação da Policia, quando necessario;

12 – Fica permittido o uso de "lança-perfume", durante os folguedos carnavalescos, sujeitos os seus portadores à fiscalisação da Policia, que punirá severamente todos aqqueles que desvirtuem o seu uso;

13 – As licenças deverão ser pleiteadas perante as repartições competentes, com antecedencia de 10 dias, no minimo;

14 – Nas cidades do interior do Estado, fica a cargo dos respectivos delegados, a concessão das licenças a que se referem os itens 1, 2, 3, 4, 6 e 7. (*O Estado de S. Paulo*, domingo, 6 fev. 1938, p.10)

As medidas coercitivas acionadas pela Secretaria de Segurança Pública continuaram ao longo do mês de fevereiro, passando das normatizações para sua execução. Em meados de fevereiro, por exemplo, em "O carnaval e a polícia", *O Estado de S. Paulo* noticiou outro comunicado, desta feita do Serviço de Censura Theatral e de Divertimentos Públicos (19 fev. 1938), reiterando as proibições de execução pelas orquestras de músicas cujas letras haviam sido consideradas "attentatórias a decência publica". O órgão "previne aos responsáveis pelas sociedades, gremios recreativos, e outras entidades, bem como em particular, às orchestras, que agirá contra os transgressores na forma da Lei Penal e dos Regulamentos de Policia" (*O Estado de S. Paulo*, sábado, 19 fev. 1938, p.4).

Completando o comunicado, apresenta o rol de músicas, até aquele momento submetido à censura, que não poderiam ser executadas. São elas:

"Mulungú"- "Perna cabelluda" – "Você perdeu" – "Onde está o dinheiro" – "Você usa e abusa"- "Você faz Tudo" – "Diabo sem rabo", esta devido a nova censura a que foi submettida e "Alleluia" por ferir a susceptibilidade religiosa da maioria da população.

Próximo aos dias da folia carnavalesca, novamente foi publicada pelo mesmo jornal a matéria "O carnaval e a polícia", na qual o delegado auxiliar de polícia, Dr. Durval Villalva, reitera que não tolerará que pessoas, aproveitando-se dos festejos carnavalescos, atentem contra a moral e os bons costumes. No final do texto, é repetido o item que proibe usar, como fantasia, uniformes e todos os distintivos adotados pelas corporações militares ou que sejam semelhantes a eles, sob pena de prisão aos transgressores (*O Estado de S. Paulo*, sábado, 24 fev. 1938, p.7).

A insistência e as recorrentes medidas tomadas pelos órgãos policiais e de censura, sobre os diversos aspectos que envolveram tais festejos, se não influenciaram diretamente o clima de animação, que foi a tônica dos anos anteriores, parece que tiveram um papel inibidor aos noticiários. Eles se voltaram para a preparação da cidade da alegria, instalada no espaço de Exposição do Cinqüentenário da Imigração, no Parque D. Pedro II. Apesar disso, os Dias Gordos foram comemorados com bastante entusiasmo pelos foliões durante todo o mês de fevereiro.

Mesmo considerando o clima contido em relação aos Dias Gordos, as matérias publicadas pela imprensa sinalizam que os festejos carnavalescos de 1938 percorreram os mesmos caminhos dos anos anteriores. Houve a abertura oficial desses festejos no sábado de carnaval, 26 de fevereiro, com o baile de gala no Teatro Municipal, seguido do corso e dos desfiles das grandes sociedades carnavalescas. Seguiam-se a essa programação duas novidades que marcaram os preparativos desses festejos: a instalação da Cidade da Alegria, no Parque D. Pedro II,[14] e o estímulo dos folguedos nos bairros, com batalhas de confete em vários deles.

---

14 A "Cidade da Alegria", no Parque D. Pedro II, constitui-se de amplo espaço que abrigou a Exposição de Cinqüentenário da Imigração, que foi adaptado para as comemorações carnavalescas constando de sete salões adaptados para essa finalidade.

Tais festejos, todavia, não ficaram circunscritos aos desfiles e préstitos oficiais. Os paulistanos divertiram-se em atividades variadas, durante todo o mês de fevereiro, nas muitas batalhas de confete ocorridas nos bairros da cidade, nos bailes pré-carnavalescos (infantis e para adultos) e nas demais brincadeiras organizadas por suas agremiações. Alguns pândegos participaram do "banho à fantasia", organizado pelo bloco *Sabina deixa morder teu beiço*, no *Clube de Regatas Tietê*. Outros foliões preferiram o "Jogo de futebol a fantasia", realizado na "Cidade da Alegria", entre os times "Grêmio Vasco da Gama e Casa Facciola".

O carnaval de rua, conforme a cobertura do *Correio Paulistano*, contou com os tradicionais corso e préstitos que se realizaram na Avenida São João, nos dias 27, 28 de fevereiro e 1º de março. O jornal divulgou as instruções da Diretoria do Serviço de Trânsito para as diversas atividades que ocorreriam pela cidade, notadamente o corso e os préstitos carnavalescos:

> Nos dias 26 e 27, o transito será desviado (da avenida S. João), às 16 horas, afim de que às 17 horas tenha inicio o corso, que terminará à 0 hora.
> No dia 1º de março, o corso será permitido das 16 às 20 horas para que se verifique o desfile das sociedades carnavalescas. (*Correio Paulistano*, 26 fev. 1938, p.10)

Cair na folia significava, portanto, sujeitar-se às determinações oficiais. A participação no corso, por exemplo, implicava submeter-se às muitas regras: o enquadramento do carro nas normas oficiais, o pagamento de taxa de 10$000 à prefeitura e o cumprimento do itinerário oficial.

No carnaval de 1938, as instruções da diretoria de Serviço de Trânsito (DST) especificam as regras relativas aos veículos que poderiam participar do corso. Nas determinações da DST estariam em condições de participar os automóveis licenciados naquele ano, em qualquer parte do país (capital, interior e outros Estados), os automóveis de outros países licenciados para circulação internacional e os autocaminhões artisticamente enfeitados e vistoriados por esse órgão. Também apresentou a relação dos demais tipos de veículos que estavam proibidos de entrar no corso, destacando-se, entre eles, os veículos de tração animal (carroças) e motora (bicicleta, triciclo e motocicleta) ou, ainda, aqueles com defeitos nos motores, escapamento livre, ou carro-reclame. Também estavam proibidos de entrar no corso os cordões, blocos e ranchos, os vendedores ambulantes e crianças à cata de serpentinas.

Os préstitos das sociedades carnavalescas tradicionais estavam previstos para terça-feira de carnaval, na Avenida São João, depois das 21 horas, obedecendo ao itinerário que se segue: "avenida S. João, praça do Correio, rua Libero Badaró, praça do Patriarcha, ruas Direita, 15 de Novembro, João Briccola, Boa Vista, largo de S. Bento, Viaduto de Santa Ephigenia, largo de Santa Ephigenia, rua Antonio de Godoy e av. S. João".

Os preparativos e a animação também ocorriam nos barracões das várias sociedades e cordões que realizavam os ensaios e os bailes costumeiros, garantindo os laços de coesão sociais e momentos lúdicos aos participantes, bem como o entrosamento necessário com vistas aos desfiles dos Dias Gordos.

As sociedades carnavalescas Tenentes do Diabo e Fenianos, por exemplo, realizaram bailes pré-carnavalescos em suas sedes, animados por paródias que fustigavam os grupos rivais. O *Grupo respeite a cara*, de os Tenentes do Diabo, cantou em seus bailes, arreliando os Angorás (Fenianos), a paródia "Camisa listada", mas sem a força do texto original "Camisa Listada", de Assis Valente,[15] expoente da música negra carioca. Os versos, claramente, inserem-se numa tradição irreverente dos carnavais populares, descritos no tipo malandro do início da letra, cujo perfil define-se por alguns ícones como: a camisa listrada, um trago de cachaça parati, canivete no cinto e, no final da canção, já travestido de mulher, portando o estandarte (improvisado) em homenagem ao seu cordão. Os tipos descritos ainda sugerem sua proximidade ao universo do samba malandro, embora já tenham perdido os ícones como a navalha no bolso, o chapéu de palha, o tamanco e, sobretudo, o gingado. Na paródia de os Tenentes do Diabo, esse tom crítico e popular desapareceu:

> Vestiu uma camisa listada
> e sahiu todo ufano
> Corria, saltava, chamando
> Algum Feniano
> Levava um gatinho no cinto

---

15 No caso específico, tratava-se de "Camisa Listrada", de Assis Valente, composta para o carnaval do ano de 1937 e gravada por Carmem Miranda. A letra era a seguinte: "Vestiu uma camisa listrada/ E saiu por aí/ Em vez de tomar chá com torradas/ Ele bebeu parati/ Levava um canivete no cinto/ Um pandeiro na mão/ E sorria quando o povo dizia/ Sossega leão, sossega leão/ Tirou o seu anel de doutor/ Para não dar que falar/ E saiu dizendo: Eu quero [mamar]/ Mamãe eu quero mamar/ Abriu o guarda roupa/ E arrancou minha combinação/ E até do cabo da vassoura/ Ele fez um estandarte para o seu cordão".

E uma águia na mão
E sorria quando ouvia gritar
Olha lá o Angorá, olha lá o Angorá
Tirou o diploma de doutor
Para não dar o que falá
E tristonho dizia por dentro
Adeus carnaval, adeus carnaval
Levava um gatinho no cinto e uma aguia na mão
E sorria quando ouvia gritá
Alha lá o Angorá, olha lá o Angorá
Agora que o carnaval
Está chegando
E elle não tem telhado
Para morar
Vae todo triste
E chorando
Procurar a cova
Para se enterrar.[16]
(*Correio Paulistano*, 10 fev. 1938)

Cabe assinalar que o uso da paródia, a partir de letras de músicas conhecidas, era um recurso bastante usado pelas várias agremiações. Essa prática, no entanto, não foi identificada entre os negros, certamente porque na origem de suas agremiações estavam os músicos que, inclusive, compunham as canções que eram cantadas pelos seus integrantes. Afinal, o samba e a batucada faziam parte de suas práticas culturais e eram partilhados pelas mulheres que cantavam, dançavam e participavam da batucada.

Os preparativos carnavalescos também aconteciam para os muitos bailes que seriam realizados pelos clubes espalhados pela cidade que foram amplamente divulgados pelo *Correio Paulistano*. Porém, os esforços para colocar os préstitos nas ruas, nesse ano, foram exclusivos das sociedades carnavalescas, uma vez que a prefeitura não repassou recursos para as agremiações. As notícias publicadas pelos jornais destacaram os preparativos para suas apresentações pelas ruas da cidade apenas de os Tenentes do Diabo, a partir dos esforços de seus responsáveis Gino Nardelli, o popular "Bull-dog", Bernardo Brandão (o

---

16 O uso da paródia era muito comum entre alguns blocos, cujos componentes eram de origem branca. Os diretores de o bloco Moderados, de trabalhadores de origem italiana, fazem referência a essa prática da paródia, a partir de músicas de sucesso.

laureado artista), Arthur Nardelli e demais colaboradores. O *Correio Paulistano* (17 fev. 1938, p.9) foi ao barracão dos "baetas", entrevistando o "laureado artista Brandão" que deu a seguinte declaração: " [...] o prestito que os Tenentes do Diabo apresentará este ano, embora com as difficuldades surgidas em face da ausencia de verba municipal será uma irretorquível demonstração do esforço, da tenacidade, da folia e do ardor rubro-negro".

Brandão destacou como novidade o carro-chefe, considerando-o "uma obra prima de arte e movimento, com 34 metros de extensão, que deslumbrará por certo a toda a população paulistana, sempre tão amiga das cores preto e vermelho".

Em matéria de 26 fev. 1938, o *Correio Paulistano* voltou ao assunto e informou que os Tenentes do Diabo haviam se preparado para exibir nas ruas da cidade o seu préstito. Destacou que "Os diabos e as diavilinas do Grupo 'Ninguem Rasga' mais uma vez vão por a prova seu valor e demonstrar que ninguem rasga mesmo o titulo de campeões e unicos carnavalescos da Paulicéa que vencendo todos os ventos contrários [...]" apresentam, na terça-feira de carnaval, o seu préstito alegórico "Touradas em Madri", que tem como suporte a seguinte paródia:

"Touradas em Madri"	"Paródia – Touradas em madri"
João de Barro e Alberto Ribeiro	
"Eu fui as touradas de Madri	"Fui dansar num grande taboleiro
Parará tim pum pum pum	Para tchi bum bum, Para tchi bum bum
Parará tim pum pum pum	Porque já não tenho mais dinheiro
E quase não volto mais aqui	Eu sou doutor
[i....i ...	Mas sem valor
Pra ver Peri i....i...	
Beijar Ceci	Conheci uma caipira
Parará tim pum pum pum	Natural de Tangará
Parará tim pum pum pum	Queria que eu dansasse o vira vira
	E festejasse o carnavá
Eu conheci uma espanhola	Caramba
Natural da Catalu....unha	Caracoles
Queria que eu tocasse	Sou do samba
[castanhola	Não me amoles

E pegasse o touro a u...nha	Minha musa agora cessa
Caramba.....	Eu só faço carnaval lá na travessa"
Caracoles....	
Sou do samba	
Não me amoles	
Pro Brasil eu vou fugir	
Que isto é conversa mole	
Pra boi dormir	
Parará tim pum pum pum	
Parará tim pum pum pum"	

* Pelo C.B.C.C.
** Pela Divisão de Turismo e Divertimentos Públicos.
Quadro 18 – Ranchos carnavalescos paulistanos, desfile oficial, 1938
Fonte: *Correio Paulistano*, 26 fev. 1938, p.10

Nas letras dessas músicas, o realce é a afirmação do samba e do batuque como definidores da brasilidade, em oposição às práticas culturais estrangeiras (espanhola e portuguesa) aí marcadas pela castanhola e pelo vira-vira.

As notícias não esclarecem se os Fenianos também desfilaram no palco principal dos festejos desse ano. Porém, a foto, sem data, localizada no acervo do Museu da Imagem e do Som, dá a idéia da participação dessa sociedade nos carnavais da cidade. As informações afixadas nessa imagem referem-se a desfile no centro da cidade, o que provavelmente deve ser um trecho do desfile, pois essas sociedades tinham palcos específicos para tais exibições: na Avenida Paulista, durante a década de 1920, e na Avenida São João, a partir da década de 1930.

Figura 32 – Préstito dos Fenianos no centro da cidade – carro-chefe (MIS. 31.164, s. d.)

Em meio às diversas celebrações e dificuldades, o carnaval de rua de 1938 ainda pôde contar com esse tipo de espetáculo propiciado pelos Tenentes do Diabo. No palco secundário, na Rua Líbero Badaró, desfilaram – sem o *glamour* dos préstitos das grandes sociedades carnavalescas – os ranchos, blocos e cordões carnavalescos, sob o patrocínio oficial, no domingo de carnaval, a partir das 21 horas e, na segunda-feira, às 20h30 min. Esses eram normalmente considerados os dias fracos dos festejos momescos. Mesmo assim, inscreveu-se no certame um número significativo de cordões e blocos que tiveram os seus desfiles distintos. No domingo, apresentaram-se os ranchos e cordões, e os demais (blocos e grupos) na segunda-feira de carnaval. Os cordões concorriam às taças Fenianos (campeão) e Campos Elyseos (vice-campeão). Já os blocos e grupos disputavam as taças Democráticos (campeão) e Excêntricos (vice-campeão).

Na avaliação de *O Estado de S. Paulo*, as pequenas sociedades carnavalescas são a alma dos festejos. Nesse período, elas já integravam a Federação das Pequenas Sociedades Carnavalescas.

Assim, apresentaram-se na Rua Líbero Badaró, como parte dos festejos oficiais, os ranchos, cordões, blocos e grupos, cujos desfiles foram apreciados por comissões julgadoras integradas por especialistas – pintores, escultores e representantes da prefeitura – que julgavam as exibições de seus componentes a partir dos quesitos específicos a cada modalidade – como veremos nos quadros 17, 18 e 19 – muito embora os quesitos luxo e evolução fossem exigências comuns a todas as modalidades.

Os quadros 17, 18 e 19 permitem-nos visualizar as informações relativas a todos os inscritos para os desfiles oficiais. Estavam programados para desfilar no domingo de carnaval os ranchos Diamante Negro e Juventus (Quadro 17) e os cordões (Quadro 18), agrupamentos que compunham as modalidades mais estruturadas dos folguedos populares cujos desfiles despertavam significativos interesses no público. Eles seriam apreciados pela comissão julgadora composta, entre outros, por nomes conhecidos como Belmonte e Victor Brecheret.

Os ranchos (Quadro 17) seriam julgados a partir dos itens enredo, luxo, evolução, porta-estandarte e mestre-sala, critérios que orientavam o carnaval de luxo das elites.

Os cordões inscritos (Quadro 18) eram bem mais numerosos que os ranchos. Alguns deles já faziam parte da tradição carnavalesca da cidade, como Barra Funda, Campos Elyseos, Vai Vai, Mocidade do Lavapés, Ruggerone e Geraldinos que, geralmente, desfilavam com mais de cem componentes.

Dentre esses cordões, Vae Vae e Campos Elyseos tinham afinadas baterias e excelentes músicos, reconhecidos pelo público e pela imprensa. As suas criações e *performances* públicas seriam julgadas pelos quesitos luxo, iluminação, canto, evolução e baliza.

Associação carnavalesca	Quesitos	Comissão julgadora
Diamante Negro	Enredo, luxo, iluminação, evolução, porta-estandarte e mestre-sala	Dr. Miguel Paulo Capalbo; escultor Victor Brecheret; Pintor B. Bastos Barreto (Belmonte); José de Castro Carvalho * ; dr. José Corrêa da Silva Junior **
Juventus		

* Pelo CBCC
** Pela Divisão de Turismo e Divertimentos Públicos.
Quadro 17 – Ranchos carnavalescos paulistanos – desfile oficial – 1938
Fonte: *Correio Paulistano*, 26 fev. 1938, p.10

Associação carnavalesca	Quesitos	Comissão julgadora
Geraldinos	Luxo, iluminação, canto, evolução e baliza	Dr. Miguel Paulo Capalbo; escultor Victor Brecheret; Pintor B. Bastos Barreto (Belmonte); José de Castro Carvalho * ; dr. José Corrêa da Silva Junior **.
Ruggerone		
Irmãos Patriotas		
Mocidade do Lavapés		
A . A . Bom Retiro		
Barra Funda		
Nacionalistas		
Vae-Vae		
Marujos Paulistas		
Victoria Paulista		

* Pelo CBCC
** Pela Divisão de Turismo e Divertimentos Públicos.
Quadro 18 – Cordões carnavalescos paulistanos – Desfile oficial – 1938
Fonte: *Correio Paulistano*, 26 fev. 1938, p.10.

Entre os blocos e grupos (Quadro 19), alguns eram conhecidos na cidade como Príncipe Negro, Caprichosas, Bahianas Paulistas. Encerrando os festejos carnavalescos, todos os ranchos, cordões, blocos e grupos desfilariam, depois das 20 horas, pelas ruas centrais.

Associação carnavalesca	Quesitos	Comissão julgadora
Das Estrellas	Luxo, originalidade, canto e evolução	Prof. Achilles Bloch da Silva; pintor J. Wash Rodrigues; Dr. Ribas Marinho *; Álvaro Vieira *; Maurício Loureiro Gama*;
Caprichosas		
Príncipe Negro		
Bahianas Paulistas		
Bahianas Teimosas		
Cravos Vermelhos		
C. Carnavalesco		
Mexicanos		
Escola de Samba do Lavapés		
13 de Maio – Escola de Samba 1° de S. Paulo		

* Representando a Divisão de Turismo e Divertimentos Públicos.
Quadro 19 – Blocos e Grupos carnavalescos paulistanos – desfile oficial/1938
Fonte: *Correio Paulistano*, 26 fev. 1938, p.10. (Desfile – segunda-feira, 28 fev. 1938).

As determinações e o controle sobre os foliões não ficavam apenas em âmbito local. Os secretários de Segurança de todo o país comunicavam-se cotidianamente com o chefe de polícia de Vargas, capitão Filinto Müller, por meio de radiograma. Esse monitoramento permitia acompanhar os passos dos foliões, durante os festejos, e evitar que possíveis reações ou levantes contra o governo ocorressem aproveitando-se dessas celebrações.[17]

A análise do noticiário sobre os carnavais, nos anos 1930, permite identificar que as modificações que tornaram possível o acesso dos segmentos populares e de setores médios às avenidas públicas alteraram a rotina do carnaval. Isso significou que o povo deixou de ser o espectador dos desfiles luxuosos das famílias abastadas paulistanas, partilhando também os espaços que antes eram exclusivos desse segmento. Essa modificação teve o seu preço, que foi o "esvaziamento" do carnaval de rua praticado por essa elite. Muitos foram os artigos e as crônicas que abordaram o tema, atribuindo à intervenção oficial as razões do desinteresse momentâneo pelo carnaval de rua e não as alterações

---

[17] Arquivo Filinto Müler. Ano de 1938. CPDOC – Radiogramas enviados a Filinto Müller por secretários de Segurança Pública de vários Estados brasileiros. O radiograma proveniente de São Paulo foi assinado pelo Secretário de Segurança Pública Dulcidio Cardoso, em 1° de março de 1938 (terça-feira de carnaval), assegurando que os festejos estavam transcorrendo na "máxima ordem". E que todas as providências foram tomadas para que isso ocorresse (FM c h/ad 33.08. 03).

que incorporavam os setores populares ao conjunto dos festejos. A avaliação de O *Estado de S. Paulo* (1º mar. 1938, p.3) nesse sentido foi exemplar:

> Observamos estes dias a absoluta falta de entusiasmo do paulistano em festejar o carnaval ao ar livre [...]. A oficialização desta festa popular vai acabar por extinguí-la definitivamente, e o nosso famoso tríduo não será mais que uma reunião dançante em que se permite o uso de fantasias e lança-perfume.

Porém, o zelo desse órgão de imprensa, além de traduzir uma postura de oposição ao governo Vargas, também manifestou certa insatisfação de setores burgueses com as alterações do carnaval de rua. Esta última idéia foi explicitada por Maria Isaura P. de Queiroz (1992, p.18) que interpretou a presença dos novos foliões nos corsos, no centro da cidade, na Avenida Paulista e no Brás, como a responsável pelo refluxo das famílias burguesas nesses desfiles.

> No fim dos anos 30, o corso, da Av. Paulista foi se tornando cada vez mais "misturado". A "promiscuidade" se tornava intolerável e as famílias da camada superior se retiravam pouco a pouco das ruas, deixando para o 'povo' a celebração carnavalesca de desfile.

Entre os demais segmentos, as modificações processaram-se ao longo desse percurso. Nos carnavais que ocorreram entre 1935 e 1938, a prefeitura da capital definiu a rua Líbero Badaró como palco para a exibição das pequenas sociedades carnavalescas, nas quais se incluíam as diversas agremiações dos negros que participaram entusiasticamente dos diversos circuitos desses festejos, incluindo os desfiles de rua.

Diante do entusiasmo da comunidade negra, como pensar as interdições diversas que recaíam sobre os foliões? Qual era o relacionamento entre essa comunidade organizada e a polícia? Por que em seus periódicos tais questões não foram contempladas? Sabemos, pelas notícias veiculadas pela imprensa diária, que os blocos e as sociedades dos segmentos populares eram alvo de investidas da polícia durante os dias de carnaval. No Rio de Janeiro, os componentes das agremiações populares eram revistados antes de saírem às ruas.[18] E, em São Paulo, tal procedimento era também utilizado pela polícia?

---

18 Consultar sobre o assunto: Silva (1998, p.157).

A socióloga Olga von Simson afirmou, em seus trabalhos, que o relacionamento entre os organizadores do carnaval da comunidade negra e as autoridades públicas, notadamente a policial, era amistoso. Isso se deveu, segundo a autora, em parte às estratégias de aproximação desenvolvidas pelos líderes desses grupos, aos objetivos definidos pela elite para tais festejos, os quais foram controlados pela autoridade policial, que tomava esses padrões para fazer cumprir os regulamentos e as exigências definidas naquelas instâncias de poder.

A autora também identificou certa tensão no relacionamento entre a polícia e os negros. Porém, prevaleceu em sua análise a tese do convívio amistoso entre ambos, uma vez que a estratégia dos cordões, desde suas origens, era buscar nas apresentações fugir àquilo que pudesse ser caracterizado como "fora-da-lei". Cada vez mais os desfiles amoldavam-se a uma perspectiva de carnaval-*show*, no qual o luxo era o objetivo a ser alcançado.

Os membros mais antigos das diretorias desses cordões realçaram em suas falas esse cuidado com o visual. A bela aparência, se, por um lado, traduzia o desejo e a busca de aceitação da comunidade negra pela sociedade mais ampla, por outro, mediante do disfarce, deixava para trás, durante esses momentos lúdicos, o estigma de pobreza e de humilhações em decorrência de sua reiterada condição de ex-escravo. Daí o esforço desenvolvido por esses homens e mulheres visando apagar tais vestígios, e a luta para vencer as resistências e o preconceito, forçando a sua presença na ocupação do espaço público em diferentes eventos sociais, notadamente durante o carnaval.

A busca de uma aparência aceitável foi realçada em vários momentos por diferentes sambistas desses cordões. Os cuidados com o vestuário completo, inclusive com os sapatos que seriam usados durante os desfiles, eram recorrentes. Os dirigentes do G.C. Barra Funda ("Camisas Verdes"), por exemplo, esclareceram em entrevista a Olga von Simsom que os sapatos de todos os componentes de sua agremiação eram de couro e feitos sob encomenda para a ocasião, detalhes que poderiam passar despercebidos, se não traduzissem o orgulho dos sambistas que faziam questão de realçar tal peculiaridade que tinha um significado específico para o grupo. Afinal, aparecer calçado, como lembra Simson, citando Tinhorão, era antípoda à condição de escravo, que andava descalço. Assim, os cuidados com seu aparecer no espaço público colocavam em destaque sua nova condição de homem livre.

Conviver ano após ano com as proibições aos desfiles dos blocos era uma realidade vivenciada pelos negros, uma vez que não tinham um espaço definido para suas apresentações, ao contrário do que ocorria com os demais componentes de agremiações da elite endinheirada. Essa situação direcionou suas ações no sentido de preservar sua identidade, graças à luta renhida para sua inserção na sociedade mais ampla e, em particular, para garantir o direito de participar nesses festejos. Isso pode ser aferido na teimosia dessas lideranças negras que, por intermédio de muitas estratégias e do contato amiúde com os chefes de polícia, foram alargando as fronteiras do consentido. Por exemplo, os primeiros cordões que surgiram, nos anos 1910 e 1920, lutaram, sem sucesso, para desfilar nas avenidas centrais. Diante das barreiras interpostas, os seus desfiles ficaram praticamente restritos aos próprios bairros, exibindo-se em percursos que repetiam sua primeira exibição e que se constituíram em roteiros tradicionais para seus desfiles, com paradas para homenagear os seus "protetores" financeiros angariados no bairro. Apesar da investida fracassada, visando às avenidas centrais, os seus desfiles terminavam no centro da cidade local onde "presta(vam) homenagem à autoridade policial máxima", pedindo informalmente a sua anuência para a continuidade do desfile. Também desfilavam em frente aos grandes jornais. Dirigiam-se em seguida aos "clubes da raça", localizados na região central da cidade, onde podiam exibir-se sem se preocuparem com as investidas da polícia. A cortesia era retribuída pela orquestra, com uma valsa, da qual participavam apenas os membros do bloco que dançavam entre si.

Fugir a esse enquadramento significava entrar em confronto com a polícia que tolerava os folguedos negros, com suas marchas sambadas, apenas durante os dias de folia carnavalesca, como informou Pé Rachado (Sebastião Eduardo Amaral), do Vae Vae, em entrevista a Olga von Simson. No decorrer do ano, os praticantes do samba eram perseguidos pela polícia e enquadrados como vadios. Ele menciona que até o porte do violão ou de outro instrumento era indicativo de vadiagem, o que os obrigava (sobretudo os músicos), para garantirem o seu sustento e o da família, a se dedicarem a outras atividades profissionais, em regra, pouco qualificadas e braçais. Nesse sentido, arranjar trabalho em outra profissão era um modo de fugir do estigma de vagabundo e do enquadramento por vadiagem, nas freqüentes batidas policiais ocorridas nos locais de encontro desses artistas, recorrentemente fechados pela polícia. Essa perseguição sistemática obrigou-os a se refugiarem em espaços fechados (os clubes), e também em redutos privados, os famosos encontros de fundo de quintal, realizados nas próprias casas ou na de amigos.

No livro *Memórias de Seu Nenê de Vila Matilde,* Silvia e Braia (2000, p.53) corroboram informações que já haviam sido dadas pelos contemporâneos, como Pé Rachado, sobre a perseguição policial aos negros, nos anos 1920, e sua extensão ao samba, que era tolerado apenas durante o carnaval.

> Em São Paulo, nessa época [anos 19 e 20] já tinham alguns cordões que eram formados só por negros. Quando um branco aparecia no meio, ficava logo marcado como vagabundo. A polícia dava em cima e o samba só era permitido no carnaval. Mas não tinha lugar definido para as brincadeiras dos negros, o pessoal teve que ir brigando, conquistando o seu espaço.
> Eu não vivi essa época, essas coisas a gente sabe de ouvir falar.

As dificuldades encontradas pelos afrodescendentes em seu cotidiano obrigaram-os a pensarem outras estratégias para contornar as interdições. Uma delas foi cuidar com "capricho" do vestuário, para evitar cair nas malhas da polícia que os enquadrava como vadios, muitas vezes, somente a partir do visual externo (Simson, 1989; Britto, 1986).

Uma outra estratégia mais geral, usada pelos cordões mais antigos, foi organizar o próprio lazer do grupo. Inicialmente, foi praticada pelo *G.C. Barra Funda (Camisas Verdes),* que tomou a si a iniciativa de organizar várias atividades que iam desde a participação em festas religiosas, como a de São Bom Jesus de Pirapora, serenatas, piquenique e os bailes. Elas garantiam, assim, lazer à comunidade negra de poucos recursos e a continuidade de suas práticas culturais.

É bem verdade que, a partir dos anos 1930, com o surgimento de outros blocos, a aceitação do carnaval popular negro passou a ser significativamente maior, sendo estimulado pelo comércio. Manifestava-se, às vezes, com a ajuda financeira aos blocos, feita individualmente, bem como por meio da participação do carnaval oficial em alguns períodos, ou dos concursos organizados pela iniciativa privada, associada aos meios de comunicação de massa: rádio e jornais.

Esse quadro começou a alterar-se com a oficialização do carnaval a partir de 1935, na gestão do prefeito Fábio Prado, que valorizou também o carnaval praticado pelos ranchos, blocos e cordões, definindo um lugar específico para sua exibição. A participação negra no conjunto de eventos realizados nesse ano ficou praticamente restrita ao desfile dos blocos e cordões, marcando uma presença significativamente desigual, se comparada aos demais eventos organizados pelos clubes e pelas associações da elite e da classe média. Pelo menos, foi o que demonstrou a cobertura do carnaval, feita pela mídia do período.

Além disso, concorrer com o luxo do carnaval da elite branca era extremamente difícil. No ano de 1935, por exemplo, houve uma vasta programação de eventos públicos como: batalhas de confete, desfile de grupos, blocos, cordões e ranchos[19], cujo pré-requisito, para vencer o certame, seria o seu enquadramento "aos critérios de luxo, originalidade, cenografia, harmonia (música e coral), escultura, indumentária e iluminação" (*Correio Paulistano*, 3 mar. 1935, p.7). Ou seja, exigências que as entidades negras tinham dificuldades em cumprir e, nesse sentido, estavam formalmente concorrendo, se considerarmos as desvantagens ante seus concorrentes de origem branca. Nesse ano, os inscritos foram os seguintes:

"Grupos": Vindos do sertão, No me misturo, Grupo X da Radio Educadora, Veteranos da Serra.

"Blocos": Franco-Brasileiro, Bloco do Roma, Flôr da Mocidade, Mocidade do Lavapés, Filhos da Candinha, Bloco Moderado, Cordão dos Innocentes, Bloco do Jockey Clube "Nossa Vida é um Mystério", Bloco da Banda Auri-Furgente de Jundiahy, Bloco Banda.

"Cordões": Luso-Brasileiro, Caveiranos, Gerandino, Terminiano, Cordão Rugggerone, Camisas Verdes, Campos Elyseos, Tenentes do Hispano, Caveira de Ouro, Bahianas Paulistas, Vae-Vae, Marujos Paulistas, Cordão Sammarone, Cordão Liberdade, Peccadores sem arrependimento, Bloco das Misses, de Santos.

"Ranchos": Garotos Olympicos, Diamante Negro, Mimoso Príncipe Negro, Rancho Luiz Gama,

Arranchados de Quitau'na (*Correio Paulistano*, 5 mar 1935.).

Entre os participantes no certame, constavam várias entidades negras: cordões que remontavam à década de 1910, como o G.C. Barra Funda (1914) e o Campos Elyseos (1919), e os ranchos que, sequer, foram classificados. O Vae Vae, criado em 1930, recebeu prêmio extraordinário pela sua "brilhante apresentação".

Em que pese essa incorporação aos folguedos mais amplos, isso não significou a eliminação do preconceito e da intolerância que ainda definiam as

---

19 A definição de cada categoria era feita pelo número de participantes, a saber: "grupo", tinham até 25 pessoas; "blocos", de 25 até 50 pessoas; "cordões", mais de 50 pessoas;"rancho", qualquer número de pessoas, sendo, porém, obrigatório o enredo.

relações entre negros e brancos na década de 1930. O jornal *A Voz da Raça*, na matéria publicada em 30 de setembro de 1933, intitulada "Os sambas e os bailes", protestou contra o tratamento dado aos negros pelos senhorios. Relata o jornal que os negros, ao se candidatarem ao aluguel de um imóvel, eram tolhidos de sua privacidade pelas exigências do proprietário que os proibia de receber visitas e realizar bailes. A indignação ficou expressa no trecho da referida matéria, que expôs as dificuldades enfrentadas pelos negros, em seu cotidiano, para garantirem os direitos mínimos, até mesmo quando estavam pagando por um determinado bem ou serviço.

> [...] quando temos necessidade de alugar um quarto ou uma sala o que o proprietário logo grita:
> Não quero bailes nem visitas em minha casa.
> Ainda há quem diga que já acabou a escravidão!
> Até a casa que nos alugamos e pagamos pontualmente, não temos o direito de fazer um divertimento.
> Eu penso que depois que nós trabalharmos seis dias em qualquer serviço que seja para a manutenção da nossa prole, também temos o direito de procurarmos um divertimento qualquer porem, licito, com ordem e respeito, que são as principaes da(s) Bases (da) Educação (*A Voz da Raça*, 30 set. 1933, p.3).

As pesquisas que abordaram aspectos diferenciados envolvendo a comunidade negra chamaram a atenção para sua exclusão em significativas situações da sociedade brasileira. Até mesmo sua participação no mercado de trabalho livre ocorreu sob condições de desigualdade, se comparadas às da população branca.[20]

Porém, em que pese tal exclusão, a partir dos anos 1920, parcelas letradas da classe dominante defendiam sua incorporação à sociedade mais ampla. Na prática, essa inclusão ocorreu lentamente. Por um lado, os negros estavam em desvantagem decorrente de sua baixa escolarização para enfrentar o preconceito existente entre parcelas das elites. Por outro, havia a própria resistência em integrar-se ao mercado de trabalho formal em condições desvantajosas.

Nos meios intelectuais, contudo, houve significativa valorização de sua cultura, sobretudo entre aquela parcela afinada com as vanguardas artísticas

---

20 Consultar sobre esta questão os seguintes autores: Brito (1986); Simson (1989); Cunha (2001); Andrews (1998).

modernistas. Nessas elaborações, o negro foi erigido a símbolo estético (e político), tornando-se elemento primordial na definição da cultura brasileira em diversas expressões artísticas. Nas artes plásticas, por exemplo, os negros apareceram de forma marcante, sobretudo, nas obras de Tarsila do Amaral, Di Cavalcanti e Portinari. Essa identidade simbólica está presente em *A Negra* (1923), *Carnaval em Madureira* (1924) e *Vendedor de Frutas* (1924), entre outras, de Tarsila do Amaral, e, também, nas obras de Di Cavalcanti. Nos anos 1930, o negro ganhou projeção mítica nas telas de Portinari (Fabris, 1990).

A mesma metamorfose ocorreu na literatura. Em *O moleque Ricardo*, de José Lins do Rego (1961, p.430), o negro de força-de-trabalho tornou-se sujeito político, processo que teve origem na sua inserção no mercado de trabalho assalariado urbano, sob regras capitalistas claras. Situação semelhante ele vivenciará nas obras de Jorge Amado, particularmente em *Subterrâneo da liberdade*. A sua valorização ocorreu de forma marcante na produção de Mário de Andrade. O autor desenvolveu intensa pesquisa etnográfica junto a essa comunidade, estreitando relações com o reduto negro mais inacessível da Barra Funda que se refugiara nesses lugares de difícil acesso, para ter um pouco de tranquilidade em relação às investidas da polícia e, também, em decorrência de suas dificuldades financeiras e de sobrevivência.

Os negros tinham plena consciência das dificuldades para sua integração no mundo dos brancos. A questão a ser enfrentada não se resumia apenas à polícia. Nos bairros onde moravam, embora fossem mais numerosos, também tinham que conviver com imigrantes pobres de cor branca, de diferentes nacionalidades. Na Barra Funda, por exemplo, também moravam italianos, portugueses e sírios. É com essa população que os cordões teriam de estabelecer relações cordiais e "tentar conquistá-la, para poderem ocupar o espaço comum das ruas para seus ensaios e apresentações" (Simson, 1989, p.171).

Havia uma preocupação no G. C. Barra Funda (Camisas Verdes) em relação a essa aproximação. Com os italianos, afirma Simson, ela foi facilitada em razão das cores do próprio cordão que eram as mesmas do time de futebol da Itália. A simpatia manifestou-se de diversas maneiras: apoio financeiro (contribuição no livro de ouro), aplausos e torcida. Até o popular apelido "Camisas Verdes" foi dado pelo jornalista italiano Casper Líbero, do jornal *A Gazeta*. Esse relacionamento ocorria de forma individualizada, "não havendo uma atividade coletiva da colônia em relação ao cordão" (ibidem, p.172). Porém, a participação de brancos como integrantes dos blocos e cordões, segundo os depoimentos dos sambistas, não era bem-aceita pelos próprios brancos que hostilizavam aqueles que, em algum momento, manifestaram interesse em integrar-se à brincadeira. Nesse particular, havia certa reciprocidade, pois se tratava de uma brincadeira que tivera origem no grupo ou na família e, em decorrência, o sentimento de pertencimento era forte e, nesse sentido, nem sempre estava aberto a outras adesões. As explicações de ambos os grupos procuravam amenizar as divergências e contornar os reais impedimentos que se constituíam em barreiras para a interação recíproca. Porém, elas não conseguiram esconder que tais obstáculos eram políticos e étnicos e não culturais, uma vez que o carnaval era uma festa constitutiva da cultura italiana desde os primórdios.

Arrematando a discussão, diria que vários fatores favoreceram as redefinições das práticas de brincar o carnaval, que vão desde a incorporação de componentes que sinalizam para a oficialização e a ação disciplinar sobre o carnaval brincado no país, aos problemas enfrentados com a guerra. Tais alterações fizeram que o carnaval paulistano refluísse das áreas centrais da cidade para os bairros, diferentemente do que acontecia até então, embora esses redutos abrigassem essas festividades. Ou seja, os clubes, as sociedades carnavalescas, os cordões e os blocos tinham suas bases de foliões nos respectivos bairros de origem dessas agremiações. Ali eles praticavam o carnaval de rua, mas também se dirigiam ao centro da cidade.

A partir de 1942, os grandes jornais noticiaram que, nos bairros como o Brás, Bexiga, Bela Vista, Penha, Lapa, Santana e outros, a agitação carnavalesca era muito intensa. A folia acontecia nas ruas desses bairros, com desfiles de blocos, ranchos e cordões, ao som de músicas como o samba de bumbo e marchinhas (*O Estado de S. Paulo*, 17 fev. 1942, p.7).

Em que pesem essas alterações, apareceram, no universo dessa festa, inspirados na tradição, os tipos e as figuras que povoavam o imaginário social, sinalizando para a manutenção/dissolução das normas que organizavam o cotidiano desses indivíduos. Os carnavais dos anos 1920 e 1930, em São Paulo, expressavam bem essa situação. Compunham-se de tipos e figuras alegóricas, representadas por Pierrôs, Colombinas, Arlequins, Dominós e Melindrosas, transformistas (homens vestidos em trajes femininos), piratas, guerreiros (indígenas), princesas de contos infantis, rainhas, imperadores, anjos e plebeus. Personagens que, remetidos à tradição, buscavam legitimar-se como figuras emblemáticas de aspirações existentes no universo social daquela época.

Convém, no entanto, assinalar que esses tipos e figuras, embora apresentassem elementos de repetição, projetaram igualmente as alterações que se impunham para a sociedade brasileira do período. Assim é que, tal qual o momento atual, as décadas anteriormente mencionadas foram sacudidas por profundas transformações. As mudanças ocorreram em todos os setores da sociedade brasileira, atingindo igualmente os valores que regiam o seu cotidiano, no âmbito das práticas culturais diversas, como o carnaval. Porém, na dinâmica desse processo, o exame dos tipos e das figuras que se projetaram nas fantasias usadas pelas mulheres ou, ainda, nas representações que tomavam a figura feminina como inspiração parece relevante para compreendermos os significados dessa presença. Nessas elaborações, ela apareceu ora expressando o modelo de recato, ora a síntese dos prazeres ilimitados, e inversão da ordem que regia o cotidiano. Como pensar então essas representações ambíguas que buscavam no riso a quebra da ordem, pelo menos nos dias de folia?

A apreciação elaborada pelo jornal sindical *O Apito* sugeriu-nos algumas pistas em relação às mudanças em curso no carnaval brasileiro e, em seu interior, o papel desempenhado pelas mulheres nesse processo, assunto que abordaremos no capítulo que segue.

3
A PRESENÇA DAS MULHERES NOS CARNAVAIS DA CIDADE

> *"E cada folião era um Momo em miniatura, um Momo a afagar a carne das mulheres na ridente promiscuidade das ruas repletas e viciadas de sátiros, um Momo que seduzia facilmente a fragilidade feminina, sempre desejosa de uma sedução romântica e aventureira."*
> (Apponio de Mahomet, *As amantes de Momo*, 1928)

As mulheres divertem-se nos festejos dos Dias Gordos[1]

Nos capítulos anteriores, foram discutidos os múltiplos aspectos que moldaram as celebrações de Momo e identificadas as diversas brincadeiras em que estiveram envolvidos homens, mulheres e crianças, embora o foco das reflexões não tenha se detido no exame de qualquer desses segmentos. Mesmo assim, a presença das mulheres nessas festividades, no decorrer dos anos mencionados, foi recorrente. Tal aspecto torna bastante instigante refletir sobre o assunto e, apesar das dificuldades de fontes e da bibliografia especializada (Queiroz, 1987; Simson, 1991-992), supor que as mulheres eram figuras marginais na estruturação e nas brincadeiras dos Dias Gordos. Diante disso, as indagações que se seguem buscam esclarecer aspectos que envolvem tal participação. A primeira delas é saber qual era, nesse período,

---

[1] "As mulheres se divertem nos festejos dos Dias Gordos" foi publicado (com um outro título) na revista *Projeto História*, PUC/SP, n° 28. Para este livro, fiz significativas modificações, embora o sentido do texto original tenha permanecido.

a magnitude da participação das mulheres em tais celebrações. Depois, saber até que ponto formulações como as da epígrafe, presentes no livreto de Apponio de Mahomet,[2] traduzem valores que expressam o imaginário coletivo do período estudado, sobre a fragilidade e a vontade femininas, para sucumbirem aos desejos da libido. Por fim, em que pese o apego aos valores recatados, que elementos apareceram no cotidiano que possibilitaram esse tipo de elaboração sobre as mulheres brasileiras e, ainda, permitiram, em curto espaço de tempo, fixar-se no imaginário coletivo da sociedade brasileira como objeto sexual e símbolo dos prazeres até então insondáveis? Ainda, como foi possível, em rápido espaço de tempo, a sociedade brasileira alterar os seus valores, a ponto de a figura feminina projetar-se na atualidade como objeto sexual e símbolo dos prazeres ilimitados?

Essas questões serão argüidas ao longo deste capítulo, tomando como ponto de partida os indícios que sinalizam para o envolvimento dos brasileiros e brasileiras nos festejos momescos, ora criticando os valores que estruturavam a sociedade brasileira, ora aceitando os limites impostos às suas atitudes e aos seus comportamentos, mesmo durante o carnaval.

Para uma melhor compreensão desse processo, no que diz respeito aos valores remetidos aos papéis requeridos para a mulher, penso que retraçar os caminhos de sua inserção na sociedade brasileira nesse período permitirá compreender também as projeções veiculadas sobre sua presença durante os festejos de Momo.

Os diferentes registros assinalam profundos questionamentos em relação à forma como a sociedade estava organizada nos anos 1920 e 1930, colocando em xeque valores e a estrutura de poder vigente, configurada e sacralizada na política de revezamento do controle da máquina estatal, partilhada por São Paulo e Minas Gerais. Essas pelejas culminaram na derrocada desse modelo de República elitista e excludente, em outubro de 1930, em nome da regeneração da República.

Ao longo desse processo, as recorrentes disputas e divergências que ocorreram por toda a década de 1920 e seguintes colocaram em xeque certos valores que estruturavam a sociedade brasileira. Nessas disputas, evidenciam-se algumas demandas de segmentos da sociedade, como os trabalhadores e as mulheres que lutavam, desde longa data, pelo reconhecimento de seus direitos.

---

2 Provavelmente trata-se de nome fictício.

No campo feminino, foi constante a pressão do movimento de mulheres da elite e de segmentos médios, ao longo daquela década, para que fosse assegurado o direito ao voto a esse gênero. Essa questão trilhou o mesmo caminho das lutas para a garantia de seus direitos à educação básica e universitária e ao exercício de profissões. Essas questões estavam em cena desde meados do século XIX,[3] algumas recorrentemente refutadas, no decorrer daquele século, até pelos homens mais eruditos do país. O direito à educação, inclusive à educação universitária, somente foi garantido pela reforma do ensino realizada em 1879, mas ainda pautado por muitas restrições vindas de diferentes espaços do social, a começar pela falta de escolas que pudessem receber as jovens que quisessem estudar.

Em meio às resistências e aos preconceitos, aceitava-se que as mulheres poderiam receber uma educação voltada para atividades consideradas o prolongamento de suas atribuições domésticas, como educar as crianças, cuidar dos doentes, destinando-se a elas o magistério, a enfermagem, entre outras profissões correlatas.

Os argumentos e as objeções, inicialmente voltados ao tamanho diminuto de seu cérebro que evidenciava suas limitações intelectuais, deslocaram-se para aspectos mais sofisticados que envolviam seu papel primordial na estruturação e na manutenção da família, indispensável para o bom funcionamento de todos os aspectos da sociedade. Com isso, admitia-se o seu direito à educação, já que era a formadora e educadora dos filhos e dos futuros governantes da nação. Mas continuavam as objeções em relação ao desejo manifestado por algumas mulheres de exercerem outras profissões, valorizadas socialmente, como medicina e direito. O obstáculo apontado, nesse caso, era sua incapacidade para o aprendizado e para o exercício dessas profissões. Com isso, ficava evidente que as barreiras legais haviam sido vencidas, mas não aquelas que se disseminavam no campo de atuação específica da profissão e no social.

Algumas mulheres, a partir de suas batalhas pessoais para o exercício de profissões almejadas, como medicina e direito – entre outras – transformaram essas aspirações em algo maior, passando a combater os preconceitos existentes em relação à capacidade e à potencialidade das mulheres para o

---

3 June E. Hahner (2003) discute como se deu esse processo que remonta ao século XIX, iniciando a luta das mulheres pelo direito ao estudo que se estendeu ao direito de ter uma formação e carreira profissional para, em seguida, ampliar-se para os direitos políticos.

exercício de qualquer profissão. Nesse processo, além do apoio paterno, foram pacientemente arregimentando outras mulheres em torno de revistas e, posteriormente, de associações femininas, para divulgar os ideais preconizados e ganhar aliados, visando à sua emancipação.[4] Mas as conquistas foram lentas, e, ainda, nas primeiras décadas do século XX, era recorrente a idéia de que o lugar da mulher era o lar.

Ao longo das primeiras décadas do século XX, o esforço dessas mulheres concentrava-se na luta pela sua formação e pelo direito de exercer qualquer profissão, o que implicava a dura tarefa de quebrar o monopólio masculino em muitas delas. Enfrentando ferrenhas objeções, a cada dia essas mulheres das elites e da classe média passaram a escolher os cursos de medicina, direito, engenharia, arquitetura, odontologia, biologia, farmácia ou, ainda, os considerados apropriados às mulheres. Correlatos a esse embate, também passaram a submeter-se aos concursos públicos e a enfrentar as muitas objeções às suas pretensões.

Nessa luta, as mulheres criaram imprensa própria e diversas associações que passaram a promover campanhas e eventos voltados para a causa emancipacionista. Entre elas, merece destaque a Federação Brasileira pelo Progresso Feminino (FBPF), criada em 1922, sob a liderança da bióloga do Museu Nacional, Bertha Lutz, cujo objetivo era articular o movimento feminista em âmbito interno sem perder de vista sua dimensão internacional. Em torno dessa associação, aglutinaram-se os diversos setores da causa feminista que vinham ganhando impulso a partir das primeiras décadas do século XX. Em meados de 1920, porém, a ênfase do movimento centrou-se na campanha sufragista, mas sem desconsiderar que essa emancipação passava pelo direito à educação e ao efetivo exercício da profissão, os verdadeiros pilares desse processo. Assim pensava uma parcela do movimento feminista do período, dentre ela a própria Bertha Lutz. Para garantir maior legitimidade, a FBPF associou-se a Aliança Sufragista Feminina Internacional, em sua versão americana, com vista ao fortalecimento da causa emancipacionista feminina no Brasil.[5] Entrementes,

---

4 Verificar sobre o assunto: Lobo e Paoli, 1982, p.46-56; Almeida, 1993, p.63-83.
5 Em 1922, a FBPF promoveu no Rio de Janeiro o Primeiro Congresso da Federação Brasileira pelo Progresso Feminino, o qual contou com a presença da líder feminista norte-americana Carrie Chapman Catt, como objetivo de fortalecer a luta das mulheres do Brasil e dos Estados Unidos. June Hahner, comentando a presença de C. Catt nesse congresso, afirma que a líder feminista ficou muito impressionada com a disposição das brasileiras para conquistar seus direitos: "de volta aos

a bibliografia especializada[6] insiste que, nessa década, ainda prevalecia a perspectiva no sentido de reforçar na sociedade determinados papéis destinados às mulheres, ligados à imagem de provedora e de figura basilar na perpetuação de valores associados à ordem, à moral sexual e aos bons costumes. Deduz-se dessas dissensões, sobre a figura feminina e seu papel na sociedade, que o paradigma puritano, que anteriormente regia suas práticas sociais, não era mais hegemônico.

Essa fissura expressou-se com clareza durante o carnaval, nas diversas representações que tematizaram o seu envolvimento nesses festejos, sendo projetada ora expressando o modelo de recato, ora a síntese dos prazeres ilimitados e a inversão das regras que ordenavam o cotidiano. Mesmo considerando essa clivagem, como pensar tal presença se o seu aparecer nos espaços públicos estava entrecortado por interdições diversas? Como conciliar sua presença nesses festejos diante da perspectiva puritana que ainda prescrevia, como normas para sua conduta, uma postura de recato e reclusão ao lar e, juridicamente, sua tutela ao marido, apesar de já existir o afrouxamento de certos costumes? Quais os espaços em que essa presença era bem-aceita e quais os que eram proibidos?

Ora, se algumas interdições são visíveis em relação ao papel que as mulheres deviam ocupar na sociedade, também os vários sinais indicam com certa nitidez o desejo de mudanças. Além disso, o período singularizou-se pelo questionamento de valores e pelo aparecimento de lutas diversas, visando ao reconhecimento de direitos, dentre eles os das mulheres em torno do voto e do efetivo exercício de profissões, muitas delas considerados privilégios garantidos apenas ao sexo masculino, como já mencionamos anteriormente.

Mas, se a presença feminina no comando dos festejos era questionada, quais eram as características dos espaços em que tais festividades aconteciam?

Seriam eles exclusivamente masculinos? Isso não é uma questão resolvida. A bibliografia especializada, embora não seja unânime, indica-nos um caminho muito diferente para tal trajetória, na qual a mulher dos diferentes estratos sociais assumiu papel de pouco destaque nesses festejos. Era esperada

---

EUA, a americana destacou, como avanço, o fato do Brasil já ter em seus quadros muitas mulheres médicas, dentistas e advogadas; muitas escritoras capazes, poetisas e pintoras; uma jovem e famosa aviadora; seis engenheiras civis; algumas mulheres engajadas no serviço químico do Departamento de Agricultura; e várias que eram bastante notáveis na ciência".

6 Sobre essas questões as autoras abaixo citadas que discutiram diferenciados aspectos enfrentados pelas mulheres ao longo do século XX. Rago (1985); Reis (1993) e Ribeiro (1986, 2004).

dessa mulher, nos dias de folia, uma atitude comportada e absolutamente pautada nas regras do recato e do decoro, mesmo que fosse possível detectar mudanças nos valores que regiam a sociedade brasileira desse período.

Para encaminhar essa discussão, seria oportuno relembrar os locais por onde transitavam homens e mulheres, e as redes de relações que se estabeleceram no cotidiano desses sujeitos, notadamente durante as celebrações carnavalescas. Os vários indícios sugerem que os espaços nos quais aconteciam tais festejos – clubes, teatros, associações, grêmios recreativos, entre outros – atendiam a múltiplas atividades. Alguns deles estavam direcionados para atividades lúdicas. Outros, durante o ano, voltavam-se para eventos culturais ou políticos. A partir de janeiro, alguns desses locais sofriam verdadeira metamorfose ao direcionarem suas atividades para os preparativos carnavalescos. A produção de cenários, recriando temas míticos, alusivos aos festejos dos Dias Gordos, garantia o sucesso e sua divulgação pela imprensa. Nesse sentido, criava-se, na preparação desses espaços cenográficos, um clima de envolvimento daqueles que partilhavam com os seus pares os momentos de lazer e de recreação, propiciados por esses circuitos que garantiam uma rede ampla, forjadora de múltiplas possibilidades de relações de convívio e de sociabilidades desejadas.

Os jornais da grande imprensa colocaram em evidência os clubes e os teatros freqüentados pela elite nesse processo. Essa cobertura redefiniu-se na década de 1930, talvez porque a cidade de São Paulo, ao ganhar dimensão de metrópole, abrigava em seu interior outros setores sociais que passaram a pressionar pela ocupação desses espaços e, também, dos noticiários dos periódicos: jornais diários e revistas.

Entre os diversos cenários das celebrações carnavalescas, mais freqüentados pelas mulheres de elite, ganharam projeção alguns espaços já assinalados anteriormente e relembrados neste capítulo, pela importância que assumiram para as mulheres. Eles constituíram-se nos principais palcos de sua exibição, conferindo projeção pessoal e prestígio aos seus maridos e familiares, como: o Teatro Municipal, os clubes Sociedade Harmonia, o Trianon, na Avenida Paulista, a Sociedade Hippica Paulista, o Club Athletico Paulistano. E, ainda, os que integravam os imigrantes bem-sucedidos, como a Sociedade Portuguesa e o Circolo Italiano, entre outros.

Além desses espaços chiques, existiam ainda os clubes freqüentados pela classe média, geralmente localizados nos bairros – Lapa, Pinheiros e Brás, entre outros – ou, ainda, os teatros, cassinos, cinemas e hotéis. Nesses locais distintos eram realizados bailes destinados exclusivamente à participação das famílias desses diferenciados segmentos sociais.

Já a participação das mulheres das classes populares ocorria nos bailes de seus clubes (a imprensa diária silencia quanto a esses locais populares), geralmente organizados pelas sociedades recreativas desses grupos, em salões alugados para tais fins e pelos blocos e cordões que, ao longo dos anos estudados, assumiram o papel daqueles[7], como o G. C. da Barra Funda (1914), o G.C. Campos Elyseos (1919), também desse bairro, o Lyra da Madrugada (1920) e o Cordão Esportivo Carnavalesco Vae Vae (1930), no Bexiga. No decorrer dos anos 1930, vários blocos emergiram, organizando esse segmento e ampliando, assim, as possibilidades e os espaços para a exibição de seus integrantes, dentre eles as mulheres.

A comunidade branca, sem muitos recursos, apareceu organizada para esse evento, em blocos, cordões, como os Moderados *(1927)*, nos clubes esportivos populares, nas agremiações que estruturavam as comunidades residentes nos bairros mais afastados, como a Lapa e Água Branca ou, ainda, nas associações que aglutinavam as diversas colônias de imigrantes.

Havia ainda os bailes em espaços alugados para os festejos de carnaval, muitos de iniciativas de senhoras e senhoritas dos vários segmentos sociais. Alguns deles, é bem verdade, eram exclusivos para os homens e, portanto, vetados às moças e às mulheres de família, como o anunciado em 1929 para o Teatro Santa Helena, com exibição de nu artístico, a partir de 3h30 (*Correio Paulistano*, 7 fev. 1929).

Todos eles passaram a funcionar como pólos de aglutinação dessas comunidades no decorrer do ano, mesmo que alguns não possuíssem sedes próprias.

Além dos bailes nos clubes e congêneres, os desfiles do corso nas avenidas principais mobilizaram o interesse e a participação de mulheres da elite, dos setores médios e populares. Porém, tal participação acontecia em espaços distintos: o corso, de luxo, acontecia nas avenidas Paulista, Angélica e São João, e no Triângulo Central – ruas Direita, São Bento e Quinze de Novembro – e ruas adjacentes, mas, ficava circunscrita aos segmentos da elite e seus satélites. Ao longo da década de 1920, esses desfiles carnavalescos das regiões

---

7 No âmbito da comunidade negra, além dos blocos, tem-se notícia pela bibliografia especializada que esse segmento também tinha clubes na região da Praça da Sé.

centrais, aos quais acorriam os estratos abastados ou com alguns recursos, aconteciam sob rígido controle da polícia, para evitar a presença de intrusos. Já o popular era realizado nas avenidas Rangel Pestana e Celso Garcia, no Brás. Havia ainda o desfile do "Camisas Verde" pelo bairro da Barra Funda que, desde 1914, ano de sua criação, percorreu as ruas do bairro no sentido da Praça da Sé, local de sua finalização. A grande imprensa só mencionou sua existência no final dos anos 1920. No final dessa década, os estratos médios e remediados da população foram incorporados aos referidos folguedos, sob os protestos dos segmentos endinheirados mais tradicionais, que perderam o interesse por esses desfiles, em razão de seu caráter "misturado".

Mas qual era a real inserção da mulher nesses festejos? Nas pesquisas sobre o tema, embora os textos mais extensos sejam artigos ou capítulo de livro, mesmo assim há indicações sobre os diversos papéis assumidos pela mulher, de diferentes estratos sociais, nessas festividades. De acordo com Maria Isaura P. de Queiroz (1987), a partir de 1850, com a introdução do carnaval burguês, a mulher da elite passou de personagem principal para coadjuvante nessas festividades, ao contrário do que ocorria até meados do século XIX. Enquanto prevaleceu o Entrudo, a participação dessa mulher da elite foi significativa na organização e na efetivação dos festejos dos Dias Gordos, tendo a casa como núcleo da folia. Ela, além de organizar e cuidar dos preparativos da comilança, era a figura de destaque nos jogos, quase sempre tomando as iniciativas dos ataques que seriam desferidos nas batalhas de água ou de farinha. Na interpretação da autora, essa presença ativa da mulher da elite, casada ou solteira, no carnaval sofreu alteração significativa a partir de 1850. O seu lugar nas brincadeiras e nos préstitos das agremiações – que eram clubes masculinos – foi ocupado pelas cocotes e moças alegres, geralmente artistas, que se exibiam nas avenidas, luxuosamente vestidas, como destaques dos carros alegóricos dessas agremiações e, também, nos demais bailes.

Essa alteração, na concepção de Queiroz, traduziu igualmente o deslocamento dos espaços dos festejos dos Dias Gordos. Ou seja, a casa cedeu lugar à rua e, com isso, trouxe os sentimentos de perigo e proteção que prevaleceram como precondição para sua participação nesses eventos. Em decorrência, a presença dessa mulher de família (da elite) nos eventos do carnaval elegante de rua ficou subordinada à proteção que podia ser oferecida pelos membros da família, ou de suas relações de amizade, para enfrentar os perigos que constituíam a rua e a multidão das grandes cidades. Mesmo assim, sua presença foi notada nos desfiles do corso e nos bailes dos clubes fechados destinados às famílias burguesas, como admitiu Queiroz.

A defesa de tal tese não é consensual na historiografia. Talvez ela possa ser aplicada a um período muito curto e, por isso, sua generalização deva ser relativizada, pois, já nos anos 1930, as pistas diversas sinalizam maior flexibilidade e a incorporação aos folguedos de rua de setores femininos, pertencentes tanto às famílias endinheiradas quanto às populares.

Além disso, a documentação e as fotos do período chamam nossa atenção para a participação feminina nas diferentes modalidades das festividades de Momo. A questão é saber qual o significado dessas representações. Por que a mulher, embora elemento subordinado no âmbito dessa sociedade, ganhou notório espaço nessas elaborações carnavalescas se a literatura especializada qualificou sua presença como igualmente submetida aos mesmos padrões?.[8]

Ora, tal tese merece ser repensada, considerando-se o envolvimento das famílias nas mudanças e a rápida absorção por elas dessas alterações em curso. Tanto isso é verdade que os jornais se empenharam nessa busca de adesão dos setores sociais – considerados os guardiões da moral e dos bons costumes – às modificações das festividades de Momo.

Entre os segmentos populares, essa participação foi restrita, afirma Queiroz (1987). No período em que prevaleceu o Entrudo, o envolvimento da mulher popular ou escrava nesses folguedos restringiu-se à tarefa de executar os preparativos destinados à sua realização. Escravas ou escravos apenas tinham a possibilidade de participar dos jogos do Entrudo nos momentos em que iam buscar água nas fontes para abastecer as residências de seus senhores. O seu envolvimento com essas brincadeiras ficava circunscrito ao próprio segmento social, uma vez que era inadmissível partilhar desses jogos com os senhores da elite, embora fossem alvos de suas brincadeiras.

A interpretação aludida foi posta em questão por vários autores que enfatizaram ser uma prática generalizada também entre os escravos.[9] Penso que a reflexão de Queiroz está levando em consideração as várias interdições exis-

---

8 Consultar: Queiroz (1987) e Simson (1992). Em respectivas abordagens, as autoras atribuem às mulheres um papel secundário nos festejos carnavalescos.
9 Refiro-me em especial aos trabalhos de Cunha (1986, 1996, 2001); Sohiet (1998); Pereira (1994). Nessas pesquisas, os autores enfatizam que a prática de brincar carnaval era generalizada, até mesmo entre os escravos em que pese sua situação específica.

tentes relativas aos escravos que fossem flagrados brincando esses folguedos. Como não eram homens livres, estavam sujeitos às penalidades previstas em lei – os açoites – situação lembrada por Leonardo Pereira (1994), em seus estudos sobre o carnaval carioca das décadas finais do século XIX e início do século XX. Ora, se tais imposições legais colocavam em dúvida a tolerância das elites em relação aos seus escravos, elas não esclarecem até que ponto as ditas interdições eram postas em prática.

Já no período seguinte, o do carnaval burguês, Queiroz identificou a existência de dois carnavais: o grande e o pequeno carnaval, em cuja fase a mulher, tanto de elite quanto das classes populares, foi relegada à condição de coadjuvante nesses festejos. No caso da mulher popular, coube-lhe apenas o papel de mera espectadora, uma vez que nesse tipo de festejo, pelas exigências requeridas de luxo e demais pré-requisitos para sua participação, apenas participavam os segmentos médios e das elites. Partilhando da mesma interpretação, Olga von Simson (1991-1992), ao analisar o carnaval paulistano entre os anos de 1850 a 1960, assumiu que a participação da mulher nesses festejos foi limitada. Ao longo dos anos 1920 e 1930, sua presença foi considerada insignificante, mesmo no carnaval popular – ou no pequeno carnaval -, embora ela fosse um dos suportes de todos os festejos.

Considerando essas afirmações, caberia perguntar como as mulheres chegaram ao carnaval de rua se, após as mudanças de meados do século XIX, elas perderam a primazia de sua organização e condução, como afirmam as autoras? Essa é uma questão que precisa ser pensada de forma mais pontual pela historiografia. A hipótese trabalhada neste texto é a de que o deslocamento da mulher burguesa do interior da casa para a rua e a partilha do espaço público com outros estratos femininos – podendo haver entre eles mulheres de reputação duvidosa – propiciaram a busca de diferenciação na sua maneira de brincar o carnaval. Além disso, aceitar a periodização proposta é assumir uma hierarquização desses festejos, que pouco esclarece sobre os múltiplos palcos de seu acontecer e não permite perceber os diversos sentidos atribuídos pelos foliões às brincadeiras em que se envolvem durante essas celebrações.

A interpretação das autoras merece um outro aporte, considerando-se que a mulher, da elite ou popular, mesmo que não fosse o elemento organizador e participativo que predominou anteriormente, assumiu um outro papel nesse processo a partir dos anos 1930. Ficou evidente, nessas análises, a falta de percepção sobre as mudanças em curso, que redefiniram a inserção diferenciada do gênero feminino na sociedade brasileira. Corroboram ainda essas inferências as conclusões de análises historiográficas mais recentes, cujas divergências são marcantes em relação àquelas interpretações. As reflexões de Rachel Sohiet (1998), por exemplo, indicam uma outra trajetória de inserção da mulher nesses festejos, embora admita que, nas décadas de 1920 e 1930, ainda recaía sobre as mulheres uma forte carga de pressões acerca do comportamento desejado, pessoal e familiar, visando à sua adequada inserção na nova ordem que se projetava para o país. Ora, tais projeções nem sempre correspondiam aos desejos e às ações dessas mulheres, que colocaram na ordem do dia o direito à educação e a uma profissão, acenando para sua independência financeira como uma garantia para sua autonomia, independentemente da origem social.

Analisando ainda o material coletado nas diferenciadas fontes, percebemos que a presença de mulheres de diferentes segmentos sociais nos bailes de carnaval, nos desfiles das sociedades carnavalescas e nos bailes realizados em teatros e clubes sofreu algumas alterações. Entre os estratos femininos de elite, essa participação pode ser aferida nas festas organizadas sob o seu comando, promovidas pelo Clube Harmonia (um clube organizado por mulheres), e nas fotos publicadas nas revistas de variedades que circularam no período, como *A Cigarra/SP*, muitas delas produzidas especialmente para o periódico.

Já as notícias sobre a participação das mulheres de origem popular, embora mais escassas, também indicaram um envolvimento efetivo nesses festejos. As mulheres negras, por exemplo, integravam os desfiles do cordão G.C. Barra Funda desde 1922, compondo a ala das famosas amadoras. Ou, ainda, apareceram como destaque dos desfiles, na condição de porta-bandeira dos diferentes cordões que foram criados ao longo dessas décadas. Em 3 de março de 1927, o jornal *O Estado de S. Paulo* descreve o desfile do rancho Mimoso Girassol, formado por "umas 40 mocinhas de cor, vestidas a Luis XV, cabeleira algodoada que cantavam em coro uma musiquinha embaladora" e encenavam, em coreografia própria, o enredo que fazia parte de sua proposta em exibição. Ainda no carnaval de 1927, o mesmo jornal noticia a passagem em frente ao seu jornal do Grupo dos Caprichosos do Belemzinho, formado por moças e rapazes (provavelmente brancos) e originários de setores populares.

No início da década de 1930, as mulheres apareceram como membros de diretorias de agremiações carnavalescas (*Evolução*, 13 mai. 1933, p.12), como no caso do G. C. Campos Elyseos ou ainda desempenhando um papel importantíssimo de comando, como Dona Cecília, considerada a verdadeira dirigente dessa agremiação pelos sambistas Sebastião E. Amaral (Pé Rachado), do Vae Vae, e Inocêncio Tobias, do G. C. Barra Funda.

Igualmente, organizaram blocos, como o *das* Bahianas Paulistas, que também era conhecido como Bloco das Bahianas Teimosas, conforme noticia o jornal negro *Evolução* (p.15). Esse bloco passou a desfilar, entre 1933 e 1934, no carnaval paulistano, sob o ritmo do samba, tal qual já ocorria desde fins da década de 1920, no Rio de Janeiro. Era um bloco de mulheres, integrado, entre outras, por Jovina, Eunice, Nair e Índia do Brasil, que foi uma estrela da Companhia Negra de Revistas. A ele juntaram-se alguns rapazes, como Alcides Marcondes e Chico Pinga (Moraes, 1978, p.51), que cuidavam da bateria e do acompanhamento musical voltado para o samba. Tal bloco, segundo Wilson de Moares (1978), era composto de pouco mais de vinte pessoas. Em seu acompanhamento musical, destacavam-se o conjunto de choro e alguns instrumentos de couro, notadamente o surdo. Ainda, de acordo com Moraes, "a responsabilidade da dança cabia exclusivamente às mulheres, ficando o ritmo inteiramente à cargo dos homens". Seu ponto de localização era a Rua Tamandaré, na Liberdade.

Se a presença feminina foi notada e ganhou realce nas diversas representações, parece que isso não significou rupturas marcantes e ousadias no vestuário. Nos trajes usados durante o carnaval, percebemos uma postura bastante comportada das folionas da elite paulistana e de outros segmentos sociais. Mesmo as fantasias mais ousadas apenas insinuavam leves violações em relação aos costumes da época.

Essa idéia não é consensual entre os autores. Insiste Rachel Soihet (1998) que os valores que celebravam os prazeres da libido, até ali adstritos ao sexo masculino, estavam cada vez mais colocados em xeque, tal era a insistência dos cronistas em divulgar as transgressões de mulheres que, na ausência de maridos e noivos, caíam de forma desregrada na folia, embora o epílogo fosse a punição severa das transgressoras.

Isso significava a continuidade do controle sobre suas condutas, o que nem sempre impediu que aflorasse, de forma cada vez mais explícita, o erotismo entre as classes populares e também nos demais segmentos sociais. Segundo Soihet (1998, p.157), "havia uma crescente determinação entre as mulheres de dar vasão a seus desejos, que no carnaval, momento tradicional de liberação, encontravam um ambiente propício a sua plena manifestação".

Para avaliarmos os significados dessas mudanças, alguns registros fora dos espaços desses festejos permitem precisar o alcance de tais cissuras nem sempre bem recebidas pelos contemporâneos. No início dos anos 1930, segundo Jorge Americano (1962), algumas modificações haviam sido introduzidas no vestuário feminino, demarcando um perfil fino, elasticidade nos movimentos e no encurtamento das saias, pouco abaixo dos joelhos. As calcinhas de baixo, igualmente haviam encurtado e se tornado justas. Os espartilhos haviam sido abandonados, deixando os seios livres, o que só ocorreu totalmente com a introdução do *soutien-gorge*. Os cabelos também haviam sofrido modificações: em vez de cabelos longos, presos à nuca, agora eram curtos. Essa projeção de leveza foi acompanhada pela modificação na aparência, sendo permitido às mulheres o uso de maquiagem, no início bem leve e, em seguida, mais acentuada: batom na boca inteira e *rouge* em tom um pouco mais forte (Americano, 1962, p.185-92). Ainda segundo Americano (1962, p.188):

> Desde 1925 as moças, no verão, já vestem estampados decotados. Por esse tempo usam "saias plissées" e "sweaters", de tricô, no inverno; uns anos mais, começarão a fumar nos interiores. E muito, muito tempo depois, fumarão dirigindo automóvel [...]
> A moda de andar sem chapéu foi introduzida aos poucos. Começou por saírem de casa as moças, em cabelo, levando na mão o chapéu, para "parecer bem".

Tais mudanças, contudo, já eram perceptíveis em esferas mais amplas da sociedade e até qualificadas de forma preconceituosa. Em 1926, por exemplo, o jornal *O Estado de S. Paulo* já sinalizava para algumas modificações em curso, como o corte do cabelo, o uso de pintura, como o *rouge*, e acentuava a masculinização crescente da mulher, decorrente da incorporação de hábitos considerados próprios do gênero masculino, tais como: o uso da gravata, o cigarro e o corte do cabelo. No caso do cigarro, o jornal atribuía a ousadia ao carnaval, embora admitisse que já era corrente na Europa. Afirmava *O Estado de S. Paulo*: "em virtude da profusa distribuição de cigarros Esplanada durante os festejos de Momo assistimos a passagem de senhoras e senhoritas ostentando fumegantes os deliciosos cigarros, que lhes completavam as fantasias a George Sand, Madame Pourtalés e Imperatriz Eugenia".[10]

---

10 Agradeço a José Mário M. Ruiz por ter localizado essa matéria, que também faz parte do assunto de suas pesquisas.

Mas a dúvida instaurada seria se os novos invólucros traduziam práticas sociais correspondentes. E, ainda, o desafio de pensar o seu alcance. As indicações, também nesses casos, sinalizam para mudanças que poderiam ser consideradas relativas. Se os costumes no jeito de trajar haviam sofrido alterações, isso não sinalizava para ousadias nas roupas, além desses limites, durante o carnaval. Pelo menos, era o que sugeriam as fantasias usadas por essas folionas, nos corsos das Avenidas e, também, nos bailes dos clubes espalhados pela cidade, cuja propaganda veiculada pela imprensa enfatizava o seu caráter familiar, mesmo que houvesse alguns com propostas mais arrojadas que, certamente, estavam fora daquele circuito. Nos anúncios e nas matérias de divulgação dos eventos, eram expressos os horários de início e de finalização dos bailes e também os trajes exigidos, com destaque para aqueles que não seriam permitidos aos foliões. As proibições voltavam-se para fantasias que expunham a nudez do corpo, fosse ela feminina ou masculina (*Correio Paulistano*, 1929).

Os cronistas do período, sempre atentos, assinalaram, aqui e acolá, mudanças nas práticas cotidianas que regiam as relações sociais na sociedade paulistana. No dia-a-dia de homens e mulheres, novos hábitos foram adquiridos, e, no início dos anos 1930, novas práticas apontavam diferenciações em relação aos anos iniciais da década de 1920. Jorge Americano (1962) assinalava o afrouxamento da vigilância familiar em torno das jovens. Em vez do namoro à distância, mediante o costume de postar-se à janela às tardes, e nos clubes, com a exigência de acompanhantes familiares nas conversas com rapazes, as jovens passavam a ter um contato mais direto com eles. No primeiro caso, essa alteração deu-se graças às mudanças de hábitos decorrentes da alteração do horário noturno das refeições. E, também, das modificações das residências que, ao introduzir o recuo e jardins, com a entrada coberta por trepadeiras, dificultou a visão da rua, reduzindo assim o campo visual para o namoro de rua. No segundo caso, o cronista atribuiu a flexibilidade dos costumes à mudança de atitude dos pais. De acordo com Americano (1962, p.98), "a liberdade maior que se deu às moças fez com que elas se reunissem à tarde em grupos para passear nas calçadas, de braços dados. A esses grupos aderiram os rapazes, modificando por inteiro o tipo de namoro de rua, à distância". A mesma tolerância acontecia nos clubes, podendo os rapazes aproximar-se das moças, longe da presença das mães, mesmo que sob o seu olhar vigilante.

Essas mudanças também ganharam visibilidade no lazer. Entre as diversões costumeiras do período, as práticas de esportes, as excursões e piqueniques, os bailes e a ida ao cinema constituíram-se nos eventos que garantiram a ampliação da sociabilidade e do convívio às moças de família.

As mulheres das elites tinham ao seu dispor, nos vários clubes que freqüentavam, várias modalidades de esportes. Os registros historiográficos assinalam a natação, o tênis, a ginástica e equitação como modalidades apropriadas a esse sexo. A natação e o tênis foram exaltados pela revista *Sports*, em janeiro de 1920, como práticas esportivas que se adequavam de forma singular ao sexo feminino. Afirmava o jornal que "o tênis (era) incontestavelmente, um dos esportes mais apropriados para a educação física feminina", embora nas competições os homens levassem vantagem por terem mais força. Já a natação propiciava ao sexo feminino uma identidade maior, uma vez que "a arte de saltar na água e mergulhar, são muito mais 'femininas' do que quaisquer outros esportes", associando ao próprio esporte atributos femininos como: graça, intuição do ritmo e da harmonia e inconstância. Esse posicionamento, na percepção de Mônica Raisa Schpun (1999, p, 51), "serve muito mais para reforçar essas qualidades femininas do que para aproximar homens e mulheres na prática esportiva". Se as intenções eram essas, não podemos deixar de mencionar que tais práticas também ampliavam suas relações de convívio longe dos olhos e do controle familiar.

Além das práticas esportivas, as praias igualmente passaram a ser freqüentadas por esse segmento e pela população em geral. Segundo Jorge Americano, "a afluência às praias era pequena durante o ano e muito grande nas férias de inverno. Aos domingos, iam multidões de São Paulo, que faziam piqueniques, jogavam futebol e bola ao cesto e voltavam à tarde[11]". Dizia ainda o autor que "nas praias já se tomava sol (que antigamente fazia mal). Roupas de banho com saiote curto, sem mangas; depois maiôs, depois o tamanho dos maiôs reduziram-se".

Examinando outro tipo de conjunto documental, como a cobertura dos jornais da grande imprensa e as fotos coletadas, a partir das publicações de *A Cigarra*, entre os anos de 1922 e 1931, ou ainda a revista *Fon-Fon/RJ*, foi possível perceber outras dimensões do universo de preocupações que orientou o imaginário social dos foliões dos anos 1920 e 1930, particularmente suas percepções acerca da presença da mulher nesses festejos. Em alguns pontos, elas se aproximam das crônicas de Jorge Americano, mas, em outros, houve um afastamento claro em relação às suas interpretações.

---

11 J. Americano, op. cit. p.102. As praias freqüentadas eram as de Santos, Guarujá e São Vicente.

Embora as saias tenham encurtado, não significou a ousadia no uso de fantasias que privilegiassem o desnudamento do corpo, mesmo que apareça a proibição expressa, em mais de uma ocasião, aos trajes de índios e às fantasias de papel. A busca do erotismo expresso nas fantasias era muito sutil, situação que traduzia as balizas existentes no âmbito da sociedade do período, e que eram igualmente aceitas pelas famílias, por demarcar os limites para as mudanças em curso.

A virtude, o recato, a pureza e a inocência, ou ingenuidade, eram valores que a sociedade, a partir de instituições como a Igreja e o Judiciário, entre outras, tentou impor à mulher, em troca de proteção espiritual e jurídica até bem recentemente. A garantia desse amparo pressupunha à família, sem distinção de classe, zelar pela moral dessa mulher, de diferentes maneiras. Para tanto, exigia-se, por exemplo, o rígido controle sobre o namoro das moças solteiras e, também, de seus movimentos. O prescrito era que a moça de família, honesta, deveria sempre andar acompanhada e, se tinha namorado, esses cuidados deveriam ser redobrados. Essa prática já começara a cair em desuso ao longo da década de 1920, apesar de os juízes, em décadas posteriores, ainda estarem considerando esses aspectos para desabonar, em situações de litígio, suas condutas (Maluf & Mott, 1998).

Tais limites estavam respaldados por prescrições rígidas do Código Civil, de 1916, que subordinava a mulher à tutela do pai ou do marido, cerceando seus movimentos. Impedia, inclusive, a mulher de qualquer iniciativa como dedicar-se aos estudos ou ao trabalho fora de casa, em que pese a reforma do ensino de 1879 ter garantido o seu direito à educação. Essa situação perdurará por longo tempo, notadamente entre os segmentos médios e de elite, embora as pressões, inicialmente individuais e, posteriormente, em grupo, visando a mudanças, tenham sido recorrentes desde os anos 1850, como nos lembra June Hahner (2003). Apesar disso, os indícios sinalizam para a presença na cena brasileira de uma nova mulher, provocando acirrada polêmica nos órgãos de imprensa, conforme informam Maluf & Mott (1998).

Mesmo reconhecendo o caráter geral dessas leis – Códigos Penais e Civil – as reflexões de Maluf & Mott (1998) e de Velloso (1992)[12] admitem que a mulher

---

12 Essas autoras enfatizam essas diferenças sinalizando que tal liberdade decorria de sua maior inserção no mercado de trabalho, por sua condição de vendedoras de quitutes e de serviços, o que lhes conferia um conhecimento específico por essa movimentação nas ruas e maior destreza no enfrentamento dos perigos diversos a que estavam submetidas.

de origem popular havia conquistado a liberdade de deslocamento nos espaços públicos desde o século XIX, exercendo outros papéis sociais em sintonia com as atividades variadas que passaram a executar, diferentemente das mulheres dos estratos médios e de elite, que eram pressionadas para sempre andarem pelas ruas devidamente acompanhadas. Essa situação traduzia os limites de sua inserção no espaço público e, também, das mudanças em curso, sinalizando que ainda predominava a perspectiva que as reduzia à condição de figuras de exibição do poder econômico de seus maridos e de promotoras de eventos filantrópicos.

Na virada da década de 1920, os sinais dessas alterações, no entanto, já eram mais visíveis em termos políticos e das relações sociais. A busca e a defesa por alterações relativas ao exercício de profissões que ficavam adstritas ao beneplácito do pai ou marido, conforme prescrições do Código Civil de 1916, tornaram-se recorrentes nos discursos das mulheres de elite, aliados à campanha pelos direitos políticos. Esses esforços foram alcançados com a indicação, em 1932, da bióloga e militante feminista carioca Bertha Lutz e da advogada gaúcha, residente no Rio de Janeiro, Nathercia Silveira, igualmente engajada na causa pela emancipação da mulher, para participarem da elaboração do Anteprojeto de Constituição encaminhado à Assembléia Nacional Constituinte de 1932; e, no ano seguinte, a eleição da médica paulista Carlota Pereira de Queiroz, como deputada daquela Assembléia.[13] Essas mudanças traduziram-se no deslocamento nas posições da mulher da elite, na sociedade brasileira, embora as pressões e o controle sobre suas condutas, nos diferentes aspectos que envolviam a sua sociabilidade, ainda fossem efetivos.

Contudo, esse processo de mudanças processou-se de forma bastante lenta, uma vez que as pesquisas que analisaram os crimes de sedução (Ribeiro, 1986), dos anos 1940 aos 1970, depararam, ainda, com as imposições de recato. Para que a lei se constituísse em elemento de proteção à mulher, esta deveria demonstrar ser merecedora, evidenciando por meio de provas materiais sua adequação ao modelo preconizado nos Códigos Penais em vigor no período (Códigos de 1890 e de 1940), se quisesse recuperar sua honra e a de sua família. Essa mesma literatura apontou que o rompimento desses rígidos preceitos implicava outros enquadramentos, que iam desde sua qualificação como mulher

---

13 Essa participação somente foi possível em decorrência de o Novo Código Eleitoral, de 4 de fevereiro de 1932, ter incluído o direito ao voto à mulher. Cf. sobre o assunto: Hahner (2003, p.333); Silva (1999, p.43, 47); Schumaher & Brazil (2000).

devassa e mundana (prostituta) à figura portadora de alguma enfermidade mental (Cunha, 1986), se seu comportamento fosse considerado inadequado aos padrões impostos pelos Códigos Penais. Em algumas situações, os juízes interpretaram a lei de forma excessivamente rigorosa, desconsiderando o anacronismo de algumas práticas. Em conseqüência, exigiam das famílias rígida vigilância e comportamento exemplar das jovens, se quisessem a proteção da lei. A fuga a esses enquadramentos indesejáveis passava por uma conduta irrepreensível – andar acompanhada, não rir alto, não freqüentar bailes noturnos, vestir-se de forma recatada – e legitimada socialmente.

Esse modelo puritano de comportamento, além das implicações apontadas, igualmente colocou interdições diversificadas ao corpo. O seu embelezamento nem sempre foi aceito com agrado por esses setores preocupados com a moral e os bons costumes (Sant' Anna, 1995).

No entanto, a rigidez e as expectativas de enquadramento da mulher nesse modelo de conduta, marcado pela ingenuidade e submissão ao homem, não impediram que as pressões fossem cada vez mais recorrentes, no sentido do abrandamento dos ditos costumes que assinalamos anteriormente. Junto com o afrouxamento das regras de comportamento, presenciamos o surgimento de outros papéis assumidos pelas mulheres.

Entre os anos 1920 e 1940, de fato, houve significativos deslocamentos da presença de mulheres, em geral, de seus espaços costumeiros de práticas sociais. As mulheres da elite, por exemplo, deslocaram-se dos salões para outros espaços, tornando-se mais freqüente sua inserção em atividades de natureza pública. De figuras decorativas e de exibição do poder econômico do homem, ou promotoras de eventos filantrópicos, elas migraram para os campos da militância política, das letras e das artes, colocando em xeque as expectativas vigentes, relacionadas aos valores da tradição. Esse movimento teve início com a conscientização de algumas mulheres, no decorrer do século XIX e primeiras décadas do XX, que lutaram para retraçar a trajetória da mulher brasileira, arrancando-a dos espaços do mundo privado aos quais estava confinada. Esse caminho foi redesenhado ao longo do processo de lutas para garantir o direito à educação e ao exercício de profissões, considerado por essas mulheres a precondição para a conquista de sua cidadania plena.

Nessa trajetória, várias mulheres que ousaram pleitear o acesso a profissões consideradas redutos do sexo masculino, como medicina e direito, na interpretação de June Hahner (2003), encabeçaram posteriormente a luta pela emancipação da mulher, criando imprensa própria e associações, com o objetivo de aglutinar as mulheres que lutavam pelos mesmos ideais. A partir daí, conseguiram montar uma rede de comunicação pelo vasto território nacional, que serviu de elemento agutinador dessa luta. Entre elas, destacaram-se as advogadas Mirtes de Campos e Natércia Silveira, que abriram caminho para outras mulheres; as médicas Rita Lobato e Ermelinda Lopes de Vasconcelos; a bióloga Bertha Lutz; a engenheira civil Carmem Portinho; a escritora Júlia Lopes de Almeida; Maria de Moura Lacerda, a jovem aviadora paulista Anésia Pinheiro Machado, entre outras, que fizeram de suas escolhas pessoais exemplos de luta e de possibilidades de conquistas para as demais mulheres. Ao seu modo, juntaram-se a elas Anita Malfatti e Tarsila do Amaral que marcaram o debate no âmbito das artes plásticas e do grupo de modernistas brasileiros, nos anos 1920 e 1930, com intensa e significativa produção. Nas letras, destacam-se várias mulheres. Na década de 1930, Raquel de Queiroz, com o romance *O Quinze*, Maria Lacerda, que rediscute o papel da mulher em seus escritos, e Cecília Meirelles com sua poesia. Na política, Patrícia Galvão, jornalista e escritora, participou intensamente de atividades políticas desenvolvidas pelos comunistas, no meio operário. Em 1933, em razão dessa militância, publicou *Parque industrial*. E mais de uma vez, foi presa como uma decorrência desses compromissos; a carioca Bertha Lutz (RJ), a advogada gaúcha, radicada no Rio de Janeiro, Nathércia Silveira e a paulista Carlota de Queiroz (SP) participaram dos trabalhos da Constituinte de 1933/1934, como já assinalamos anteriormente. No âmbito das classes populares, embora elas sempre estivessem no mercado de trabalho, sua presença nos salões e em quadros dirigentes de entidades começou a aparecer, sinalizando para a ocupação de outros papéis sociais.

As mudanças assinaladas significam igualmente rupturas no âmbito dos valores? Até que ponto suas ações cotidianas estavam pautadas por regras mais flexíveis? Em suas relações amorosas, as possibilidades eram as mesmas vivenciadas pelos homens? As respostas a essas questões são bastante difíceis, embora alguns indícios sugiram posturas que apontam em múltiplas direções. Durante os Dias Gordos, as diferenciadas representações desvelaram que a busca dos prazeres da libido era uma preocupação não só dos homens, mas também das mulheres de todos os estratos sociais. As análises historiográficas, contudo, sinalizaram para inserções distintas dessas mulheres no espaço público e nas vivências da sexualidade, que são apresentadas ora recobertas de recato, ora fora dos padrões requeridos.

Assim, convivendo com esse universo múltiplo que indica, por um lado, maior flexibilidade dos costumes e, por outro, a permanência de valores considerados anacrônicos e excessivamente rígidos para a sociedade atual, a discussão de seus limites parece ser relevante. Tal perspectiva propiciará a argüição dos valores presentes nas diferentes percepções que formavam o perfil dos paulistanos do período. São várias as crônicas que insistem nessa permissividade e nesse afrouxamento das regras e normas de convívio, permitindo maior flexibilidade nas diversas brincadeiras que envolvem as relações entre homens e mulheres durante o carnaval. Alguns desses cronistas queixam-se do despudor de mocinhas de família que aceitam de rapazes atrevidos apalpadelas e beliscões nas pernas e nos braços, sob o olhar complacente e permissivo de seus pais. Essa mesma postura é descrita nos romances do período, que "denunciam estarem sendo bolinadas as moças de família", dos segmentos populares e das elites, por rapazes inescrupulosos, sob o olhar complacente de seus familiares.[14] As críticas apontadas sugerem a possibilidade de ruptura dos antigos padrões de sexualidade, já que o recato passara a fazer parte do passado.

Na trama de O país do carnaval, Jorge Amado (1997) evidencia que a permissividade atravessa os diferentes espaços, insinuando-se as mesmas possibilidades de prazeres, tanto às moças de famílias das elites quanto às das classes populares, brancas, mulatas e negras. Nos salões, as regras do recato e do bom comportamento haviam sido abolidas. Paulo, a personagem, percebe que em volta todos se beijam e se apalpam tal qual ele beijava e apalpava a moça de família que seguira. Nas ruas, as regras não eram tão distintas daquelas que vigoravam nos salões. Essa foi a impressão que teve ao sair do baile.

O batuque e o chamamento aos prazeres da libido expressavam-se, de forma contundente, também na rua, ignorando as regras da moralidade e do decoro públicos. Era carnaval e a norma era quebrar as convenções, assim pensavam os foliões. Tais projeções ficaram consagradas na narrativa amadiana quando a personagem Paulo integrou-se ao grupo de foliões que passou sambando, incitado pelo gingado e a sensualidade visual de tal exibição, aflorando os seus desejos libidinosos. Ele sambou com o grupo e respondeu aos beijos da negra que o agarrou, partilhando assim os momentos de imaginária quebra de convenções propiciadas por tais folguedos.

---

14 Essa questão foi abordada pelo periódico O Apito e pelos romances O país do carnaval (Jorge Amado) e Parque industrial (Patrícia Galvão).

Mas até que ponto é possível extrapolar essas representações para situações efetivamente vividas?

Dias (1984) e Velloso (1990) observaram que as mulheres das classes populares viviam situações particularizadas em decorrência de sua inserção no mercado de trabalho, o que lhes permitia maior desenvoltura e liberdade de movimento. Isso ocorria porque elas, desde o século XIX, passaram a desenvolver atividades profissionais no mercado formal de trabalho (fábricas) e também nas ruas como quitandeiras e vendedoras ambulantes. Essa situação foi constatada tanto no Rio de Janeiro quanto em São Paulo. Dentre esse segmento, as mulheres negras desempenharam um papel peculiar, considerando que elas ou compunham o contingente de serviçais domésticas ou estavam envolvidas em atividades informais, como lavadeiras e vendedoras de quitutes nas ruas. Destacam-se, entre elas, "as tias bahianas" que ocuparam as "esquinas" ou os "pedaços", cuja significação vai além de um simples negócio. Muitos deles funcionavam como "locais de referências e de contatos para o grupo (no caso, os migrantes negros vindos da Bahia), ajudando-o a integrar-se na cidade grande" (Velloso, 1990, p.209). As "tias bahianas", já no período após abolição, teriam assumido, no Rio de Janeiro, o papel de demarcação da identidade do grupo pela rede de relações que elas constituíram ao transformarem os seus "espaços de trabalho" na rua ou ainda sua casa em locais de referências múltiplas: afetivas, de trabalho e político-culturais.

Rachel Soihet insiste que essas mulheres vivenciavam maior liberdade em suas práticas sociais como uma decorrência das normas e dos valores próprios de sua cultura, sugerindo que elas tinham o domínio sobre seus desejos e sexualidade e não apenas de movimento, em função de sua inserção no mercado de trabalho. Na interpretação de Soihet (1998, p.155), "as mulheres pobres viviam sua sexualidade de forma distinta daquela que se pretendia homogeneizar para todas as classes". Tais reflexões apoiaram-se nas descrições dos viajantes estrangeiros, do século XIX, e nas crônicas dos jornalistas, do século XX, sobre as práticas lúdicas carnavalescas em que essas mulheres estavam envolvidas, realçando seus poderes de sedução que extravasam as fronteiras raciais e de classe. Eram "mulheres de tez queimadas que requebram como gatos, felinas e maliciosas, tentando branco e preto, louro e moreno, dançando e rodopiando" (ibidem, p.158).

Essa mesma representação apareceu no romance de Jorge Amado, *O país do carnaval* (1997), no qual o autor explorou a sensualidade exibida pelas mulheres negras ou mulatas. Em seus requebros, elas insinuavam-se ávidas por prazeres, atraindo homens de todas as cores.

Porém, a questão também tem seu revés, mesmo que os envolvidos nem sempre discutissem os limites dessas liberalidades. Em São Paulo, os sambistas, em registros diversos – na imprensa, em memórias e depoimentos a pesquisadores –, embora não abordassem essas questões, mostraram preocupações com as condições para participação de suas mulheres nos folguedos ao longo dos anos 1920. Insistiam que a integração delas aos desfiles dos blocos, pelas ruas da cidade de São Paulo, somente ocorreu quando houve condições de segurança. Ou seja, quando a polícia permitiu a passagem dos blocos, e as disputas entre os grupos rivais mantiveram-se sob controle dos organizadores dos desfiles.

As diversas pistas encontradas na documentação apontaram, já nos anos 1920, a presença marcante da mulher no carnaval de rua, integrando os cordões existentes, como foi o caso do *G.C. Barra Funda*, que tinha a ala das amadoras desde 1922. Nessas agremiações, elas inauguraram a função de porta-estandarte, posteriormente porta-bandeira, nos seus desfiles oficiais. Além disso, participaram ativamente das festas realizadas em seus clubes, disputando os concursos de fantasia ou organizando, elas mesmas, bailes para os amigos e grupos de convívio. No início dos anos 1930, essas mulheres passaram a integrar as diretorias das entidades a que eram filiadas[15] e ainda a formar e a dirigir cordões carnavalescos.

A partir dessas evidências, como pensar o erotismo e a sensualidade dessas mulheres que, a partir de suas danças, foram exaltadas por cronistas nacionais e estrangeiros? Mesmo que isso tenha acontecido, se considerarmos o fato de os blocos e cordões em São Paulo serem estruturados a partir do núcleo familiar e de amigos próximos, os requebros e os gingados de suas danças, considerados libidinosos e eróticos pelos cronistas e autoridades públicas, não eram a tônica desses desfiles. Em São Paulo, a união entre *dança e batuque do samba* só ganhou a rua entre 1933 e 1934, com o cordão Bahianas Paulistas, também chamado de Bahianas Teimosas. Anteriormente, nas agremiações do gênero,

---

15 Em 1928, o periódico *Progresso* (7 set. 1928, p.4) noticia a posse da nova diretoria da "União da Mocidade" que é formada por homens e mulheres. Já em 1933, *Evolução* (13 maio 1933, p.12, 15) publica em suas páginas, em notícias diferentes, a participação de mulheres dirigindo bloco carnavalesco e ocupando cargos em diretoria de entidades. No primeiro caso, o jornal refere-se ao Bloco das Bahianas que era chefiada por Ondina. No outro, ao homenagear a diretoria do "B.C.Campos Elyseos", informa-nos que tem, nos cargos de vice-presidente, a Srta Benedicta Carvalhaes e de diretora a Sra Sebastiana M. Barreto. Lemos, em o *Progresso* (20 ago. 1930, p.1), que o "Clube 13 de Maio B. dos Homens Pretos de S. Paulo" tem sua diretoria composta apenas por mulheres.

predominava a marcha sambada, que não permitia as mesmas *performances* oferecidas pelo samba (Moraes, 1978). A estrutura desses blocos e cordões leva a crer que essas exibições não se constituíam em perigos adicionais a essas mulheres, pela proteção que desfrutavam no próprio grupo em decorrência de suas características específicas, centradas na família e nos amigos próximos.

Em detrimento desses argumentos, impõem-se as indagações: Para essas mulheres a liberdade de movimento correspondia à liberalidade de valores que eram partilhados pelos homens do grupo? Até que ponto essas projeções correspondiam às vivências no interior do grupo?

Da mesma forma que existem pistas sinalizando para a liberalidade nas relações amorosas, como é o caso das letras de música produzidas pela vertente do samba malandro que talvez traduza a especificidade do Rio de Janeiro, existem outras que insistem em reafirmar certa acomodação às regras existentes na sociedade mais ampla, como a valorização do casamento pelos afrodescententes paulistas, identificados nas pesquisas realizadas pelo historiador americano George R. Andrews (1998)[16], diferentemente do que ocorria no Rio de Janeiro, conforme observações de José Murilo de Carvalho (1987). Ao traçar o perfil daquela cidade, no início do século XX, Carvalho identificou uma população masculina superior à feminina, altas taxas de nascimentos ilegais e baixas taxas de nupcialidade. Na compreensão do autor, essa situação sinalizava para o afrouxamento nos costumes.

Constatar tais aspectos não significa que as transgressões não existissem durante o carnaval. Por tratar-se de uma sociedade marcada por uma postura bastante rígida quanto aos valores que deveriam orientar as novas e velhas práticas sociais, o disfarce ainda constituía uma das formas que possibilitava quebrar as normas. Aqui e acolá, deparamos com atitudes de censura ante as ousadias, como apalpadelas, beijos, abraços e beliscões, mesmo que essas práticas aparecessem mencionadas com freqüência durante o carnaval.

A acerbação dessa crítica, vinda de diferentes espaços do social, direciona-se tanto às moças e mulheres dos estratos endinheirados quanto às dos estratos populares, coibindo ou desmascarando as posturas lascivas de suas condutas durante o carnaval. A tematização sobre a conduta das mulheres burguesas

---

16 A análise dessa questão para o Rio de Janeiro parece ser distinta da constatada em São Paulo. Em *Os Bestializados. A República que não foi*, José Murilo de Carvalho (1987, p.27) traça um perfil bastante flexível para os costumes no Rio de Janeiro.

aparece nas alegorias relativas à Colombina e nas descrições de orgias, que aconteciam durante o carnaval, veiculadas em crônicas, romances e folhetos, nas quais são postos em prática os seus instintos lascivos, desconsiderando-se os vínculos de amizade ou sangüíneos. Já em relação às mulheres de origem popular, os requebros das sambistas desvelam o erotismo e sugerem as possibilidades de prazeres desregrados que poderiam ser vividos durante esses festejos, bem como a beleza da mulher branca notadamente italiana, e sinalizam os perigos de perdição para as mulheres desses grupos.

Considerando essas questões, penso que seria o caso de relativizar as projeções feitas pelas crônicas e pelos romances, que insistem na maior liberdade usufruída pelas moças das classes populares. Essa crítica exacerbada talvez seja um elemento forte para corroborar a hipótese sobre a continuidade dos preceitos que valorizavam o recato e o ideal de pureza, requeridos para a mulher de família – não importando sua condição social – que deveriam estar garantidos até mesmo durante o carnaval. Porém, cabe observar que as situações mais ousadas eram apenas sugeridas em fantasias cujos personagens anunciavam a transgressão. Qualquer gesto que levasse à exposição do corpo era considerado pernicioso e impróprio à conduta da mulher ou da moça de família. Exemplo disso pode ser observado na fantasia da moça, vestida de princesa (ou cortesã?) oriental, que se escondeu sob véu transparente, sugerindo um sutil jogo de sedução (Figura 35).

Patrícia Galvão (ver Lobo, 1933), ao abordar o carnaval a partir do universo popular, enfocou o problema sob outro ângulo. Em seu romance *Parque industrial*, realçou a participação das mulheres populares no carnaval de rua com destaque, tanto para as mulheres da comunidade negra quanto para as mocinhas da comunidade italiana e de colônias estrangeiras que moravam no Brás. Porém, a preocupação central ainda era o perigo que esses festejos propiciavam a essas mocinhas diante dos apelos diversos ali existentes. A pulsão erótica presente nesses festejos foi capturada por Patrícia Galvão, quando afirma que as fantasias reprimidas afloram: "os sexos estão ardendo" [...] "todas as meninas bonitas estão sendo bolinadas" (apud Lobo, 1933, p.42).

Em seu entendimento, não se tratava apenas de um chamamento da libido sem alvos determinados. O carnaval era uma festa na qual ganhava espaço a postura amoral e desregrada da burguesia que, aproveitando o clima de liberalidade, colocava em prática os seus instintos lascivos de sedução irresponsável, em suas investidas amorosas a mocinhas ingênuas e bonitas da classe trabalhadora, que sonhavam com ascensão social via casamento.

Galvão descreveu o carnaval do Brás, reconhecido pela sua animação, até mesmo pelos "burgueses (que) passavam nos carros" e também por aqueles que buscavam ali exercitar a sua licenciosidade. Sem nuançar a questão, a escritora interpretou a participação burguesa nesses festejos como uma atitude de perversão e violência, ao afirmar que "A burguesia procura(va) no Braz carne fresca e nova". Essa perspectiva foi explicitada nas falas do personagem Alfredo que, aproveitando a animação propiciada pela folia momesca, dirigiu-se ao Brás à procura de novas emoções, junto às ingênuas mocinhas italianas, "bonitas e ignorantes" (ibidem, p.43).

Não eram somente as moças italianas que estavam ameaçadas de desagregação durante o carnaval. Os mesmos problemas eram apontados para as moças proletárias de distintas origens, dentre elas as da comunidade negra, que se deixassem enredar pelas promessas amorosas e de licenciosidade, propiciadas pelos festejos carnavalescos. As conseqüências eram: a gravidez, a perda de emprego e o abandono familiar, que desencadeavam o início de um processo de degradação daquelas que se deixassem seduzir por promessas que não seriam cumpridas. Uma vez transigidos tais parâmetros, estava destinada, sem possibilidades de retorno, a essa moça pobre, branca ou negra, a marginalidade social que fatalmente resultaria em sua prostituição.

Deduz-se de sua análise, incisivamente crítica, que os festejos carnavalescos estavam longe de expressar um sentido universalizante e ingênuo no qual o riso irônico, a brincadeira e a irreverência destroçariam os limites hierárquicos e morais que organizavam o cotidiano dos indivíduos. Pelo contrário, tratava-se de uma festa que propiciava e se constituía em armadilhas às mocinhas ingênuas e bonitas das classes populares que, durante esses festejos, eram presas fáceis para homens inescrupulosos das elites, que se aproveitavam da liberalidade momesca para colocar em prática seus instintos libertinos e irresponsáveis.

Embora esse ideal de recato/pureza, preconizado para as relações sociais e de sociabilidade da mulher, fosse transposto para o carnaval, algumas das representações elaboradas no período duvidaram de sua eficácia. A ocultação do corpo era mantida, por exemplo, por meio de interdições, pois os banhos de mar à fantasia – tão ao gosto do carioca – e os bailes com desfiles de nu artístico, anunciados pelo conceituado e conservador jornal *Correio Paulistano*, simbolicamente desafiavam essas regras. Ao serem anunciados publicamente em jornais, lidos por essas famílias guardiãs da "boa" moral e dos "bons" costumes, expressavam certo afrouxamento das regras do comportamento, algumas delas vistas por muitos desses contemporâneos como excessivamente fechadas.

Lembra Denise Sant'Anna (1995) que, nessa época, "o banho de mar" ainda era recomendado para tratamento de saúde. A roupa de banho descrita garantia a ocultação do corpo de modo que ficasse a salvo dos olhares desejosos. Mas a análise de contemporâneos, como Jorge Americano (1962), ao comparar as condutas das famílias dos anos 1920 (ano base:1915) com as dos anos 1930 (ano base: 1935), evidenciou mudanças radicais em curso, transformando as proibições e as censuras em passado remoto, conforme assinalamos anteriormente.

> Os maiôs, que substituiram as roupas de baeta, vieram, para os homens, curtos (25 centímetros acima dos joelhos) o busto recoberto, mas sem mangas.
> Os maiôs femininos vieram simples, lisos, cores escuras, refegos, sem mangas decote ligeiro e a coxa recoberta até a metade. O mais das vezes, um saiote curtinho.[...]
> Desde 1925 os maiôs encurtaram 3 centímetros, e os saiotes foram eliminados. Quanto aos rapazes, começaram a usar o busto descoberto. (Americano, 1962, p.194)

A ousadia dessas novas mudanças não passou despercebida ao presidente Artur Bernardes, que fez sua polícia expedir "portaria determinando quais deveriam ser as dimensões mínimas dos trajes de banho", informou-nos Jorge Americano. Ele ironizou a eficácia dessa medida, pela dificuldade de controle e falta de definição da forma que seria acionada para sua execução.

Tal qual o banho de mar, a circulação da mulher pelas ruas ou por espaços públicos, no âmbito dessa moral conservadora, estava condicionada à companhia de outras pessoas, como evidenciam tanto as fontes quanto a bibliografia especializada[17], situação cada vez mais em desuso, como ocorria entre as mulheres dos segmentos populares.

Diante de reiteradas normatizações, as dúvidas quanto à eficácia dessas imposições são crescentes, o que nos leva a perguntar se elas eram bem-sucedidas entre as mulheres das elites. Ou, ainda, se as interações entre os sujeitos, durante esses festejos, eram tão fortes a ponto de provocar tais rupturas, como anunciavam as representações produzidas sobre as festividades carnavalescas. Ora, se estávamos diante de desejos, como pensar as imagens e representações expressas nas crônicas e romances que explicitaram práticas ousadas, inaugurando novas formas de sociabilidade, livre de amarras e convenções sociais?

---

17 Refiro-me às reflexões de Patrícia Galvão (Mara Lobo) em *Parque Industrial* e, igualmente, às de Edméia Ribeiro (1986).

As fantasias de carnaval

As pesquisas realizadas em diferenciados materiais sinalizam para *os sonhos de carnaval,* que projetam a quebra de regras que estruturavam o cotidiano de homens e mulheres. Percebemos que a figura feminina insinua-se nesses festejos de diferentes maneiras, e sua presença na sociedade foi vista distintamente.

O universo de elaborações foi bastante diversificado, convivendo percepções mais críticas com as fantasias que exploram temas míticos do universo romântico, como Pierrô, que figurou nas fantasias dos grupos de foliões nos bailes sofisticados da Sociedade Hípica Paulista, no corso da Avenida Paulista e nos demais clubes da cidade. Isso significa reconhecer que a irreverência e a busca de originalidade, presentes em alguns trajes nos desfiles de rua e nos bailes dos clubes, conviveram ao longo dessas décadas em meio a outros, pouco precisos e distantes de qualquer tom jocoso.

No cotidiano desses festejos, a mulher paulistana metamorfoseou-se, emergindo em diferentes disfarces e, em algumas situações, manifestou os seus desejos. Travestiu-se em índia americana estilizada, personagens de contos de fada, como a Branca de Neve, ou ainda em figuras orientais. Vestiu-se de rainha, Colombina, Pierrô/Pierrete, serviçal doméstica, prisioneira, cigana, espanhola e bandeirante. Em algumas dessas representações fez troça e criticou os valores considerados anacrônicos.

Figura 33 – Espanhola com xale (*A Cigarra,* 1922).

A busca ou o reforço das origens foi recorrente nessas representações, notadamente a nacionalidade que foi reafirmada ao longo dos anos. A espanhola, com sua mantilha, foi tematizada de forma ímpar nos diversos carnavais.

Em âmbito local, também alguns mitos foram reatualizados. Nesse sentido, é paradigmática a afirmação da paulistanidade, associada ao mito bandeirante, expressa na capa de *A Cigarra*, em 1926 (Figura 34). A fantasia sugere alguns desdobramentos, embora o seu alcance seja imprevisível. As três moças, com os seus trajes verdes, invadem o espaço da capa e, por extensão, o do social ao materializarem simbolicamente as "caçadoras de esmeraldas", indicando que, momentaneamente, ocupam o lugar dos bandeirantes. Esse travestimento traduz, de forma clara, o significativo investimento simbólico voltado para os lendários bandeirantes que remete à sua condição de personagens míticos de nossa história e, como tais, passam a assumir a função de semióforos, ou símbolos de ligação entre o passado e o presente, numa eterna atualização desses signos. Os personagens aludidos, por serem signos de poder, relacionam o visível ao invisível e permitem a comunhão entre os indivíduos, mesmo que o momento seja o carnaval (Chauí, 2004, p.12).

Figura 34 – Bandeirantes (Capa de *A Cigarra*, 1926)

As mulheres também apareceram nos desfiles do corso ou mesmo nos bailes à fantasia dos clubes da cidade, vestidas de forma bastante discreta, distinguindo-se do dia-a-dia apenas pelo uso do chapéu de feitio exagerado e outros enfeites em excesso. Em regra, as fantasias privilegiaram essas estratégias (verificar as fotos do corso referentes às figuras 17, 18, 22, 23 e 26).

A magia do Oriente dos "contos de mil e uma noites", a mitologia greco-romana e bíblica e a sagração à natureza estiveram presentes nas elaborações das folionas paulistanas endinheiradas. A sagração à natureza, por exemplo, apareceu de forma estilizada na fantasia "*bouquet* de violeta", de moça da sociedade paulistana (Figura 35). Para sua realização, foram empregadas cerca de dez mil violetas. A legenda da foto de *A Cigarra* diz que a fantasia fez grande sucesso no salão.

Figura 35 – Moça fantasiada de *bouquet* de violetas (*A Cigarra*, 1923).

A extrapolação dos limites da ordem instituída, por meio da brincadeira, ficou acentuada de forma marcante em várias imagens do carnaval de 1924, expressas na capa de *Fon-Fon* e na revista *A Cigarra*. Essa última revista registra a irreverência no corso na Avenida Paulista, ao clicar um grupo de moças e rapazes fantasiados de prisioneiros e, também, em algumas fantasias usadas pelas moças de famílias, exibidas nos bailes de alguns clubes da cidade de São Paulo.

Os desejos de sair por aí, distante do olhar que controlava e vigiava, foram expressos por algumas fantasias dos foliões ou em capas dos mensários. Nessa situação, a mulher também partilhava plenamente dos sonhos de liberdade, projetados para os dias de folia. Tal qual o homem, ela esqueceu as convenções e inocentemente saiu para vivenciar as múltiplas possibilidades de prazer sugeridas por essa festa da loucura e do desatino, como sugeriu a capa de *Fon-Fon/RJ*, de março de 1924. Nela, uma jovem de rosto matreiro e inocente, em traje arrematado ao redor do pescoço por um par de asas estilizadas, indicou de forma sugestiva a sua "fantasia" de sair para explorar as "possibilidades de prazer" oferecidas pelo carnaval, e que o desenhista, brincando com essa liberalidade momesca, intitulou de "A baratinha que sahiu p'ra passeiar" (Figura 36).

Essas possibilidades acenadas para as mulheres, embora sejam indicativas dos novos tempos, sugerem, igualmente, limites. Se olharmos atentamente o desenho, veremos que essa mulher, já destituída de disfarce, ganhou asas bastante diminutas, o que sugere que seu vôo era circunscrito e devia ser lido como uma brincadeira de carnaval. Mesmo assim, a ambigüidade ainda permaneceu. A legenda alegoricamente acenou para outros possíveis caminhos, bem como o "jeito matreiro" de seu olhar. Ambos sugerem possibilidades de transgressões, independentemente do alcance de seus vôos.

Figura 36 – "A baratinha que sahiu p'ra passear" (*Fon-Fon/RJ*, 1924)

Apesar dessas projeções, o espectro dos foliões nesse ano de 1924 não apresentou mudanças marcantes em relação ao ano anterior, repetindo-se as fantasias vinculadas aos mitos do carnaval. Embora as fotos sejam fragmentos de um universo bem mais amplo dos festejos momescos, aquelas selecionadas pela revista *A Cigarra* apresentaram temas históricos clássicos e não tão críticos como algumas das situações refletidas no carnaval dos anos anteriores. Mas o tom irreverente ainda permanecia nesses festejos. O exemplo disso pode ser visto no "Bloco de casar... eu posso", no qual a mulher bem-comportada foi fustigada. Um grupo de foliões, moças e rapazes, vindos do Rio de Janeiro (e filhas do coronel João da Cruz Zanny, do Exército), aproveitando-se da licenciosidade carnavalesca, fez troça dessa mulher. No "Bloco de casar...eu posso" (Figura 38), as roupas das moças satirizavam as "rainhas do lar", de estilo antigo: vestiam roupas que cobriam todo o corpo e tinham como complementos avental, xales sobre os ombros e pano na cabeça. Os homens, fantasiados de Pierrôs, projetavam-se no modelo lírico-amoroso construído em torno desse personagem, cuja paixão carregava em seu âmago a idéia de entrega absoluta. Tal perspectiva envolveu esse personagem e construiu em torno de si a aura de renúncia em nome do idílio amoroso a que estava submetido (*A Cigarra*/SP, março de 1924). O grupo ganhou o prêmio de fantasias do baile do Theatro Cine República.

Figura 37 – "Bloco de casar...eu posso" (*A Cigarra*, 1924).

Certo tom crítico apareceu na fantasia da moça de família que se ocultou maliciosamente sob o véu transparente, numa fantasia de princesa oriental (ou cortesã) (Figura 38), num jogo de sedução sutil, seguindo os padrões da época. A fantasia foi premiada.

Os mistérios que se escondem sob o véu da mocinha, ao mesmo tempo é indicativo do recato e das possibilidades dos muitos pecados presentes nesse jogo de sedução carnavalesca. Ao sinalizar para a dubiedade da regra e sua quebra, em eterno convite para recriar novas possibilidades de relacionamento longe dos parâmetros que regem as relações cotidianas dos súditos de Momo, sugere, igualmente, o incitamento ao prazer. A personagem e o cenário, por suas características ambivalentes, oscilam entre a inocência e a perversão, num processo de coroamento e descoroamento dos valores, tal qual sugere Bakhtin (1987).

Figura 38 – Moça vestida de odalisca (*A Cigarra*, 1924).

Essa situação repete-se em outras fantasias, já que não apenas os tipos mobilizaram a imaginação das paulistas folionas nesse ano de 1924. Elas também buscaram inspiração nos grupos marginais da sociedade, como os piratas, presos e ciganos, cujos valores se constituíam no reverso da "boa" sociedade. Mesmo assim, tais grupos foram projetados nas avenidas e nas salões, o que nos conduz a algumas indagações sobre o significado dessas opções. Ou seja, por que esses tipos e grupos extravasaram o universo popular, e o que significava para as elites a recorrência às fantasias que tematizavam esse campo? Como pensar essa incorporação de elementos que extrapolavam o seu mundo?

Penso que refletir sobre as fantasias implica, por um lado, perscrutar os significados simbólicos que envolvem certas tematizações, os quais não podem ser abstraídos dos sujeitos reais que serviram de inspiração, independentemente de serem ou não os estereótipos desses grupos. E, por outro, que nessas fantasias existem dois aspectos importantes a realçar, além dos já mencionados: um deles é a preocupação em garantir os elementos que permitem provocar o riso, mediante a inversão de papéis; o outro é a busca de diálogo com o público, por meio da zombaria. Mesmo entre as elites, esses foram elementos importantes do seu aparecer no espaço público, castigando em algumas situações, de forma impiedosa, valores considerados anacrônicos que os aprisionavam em seu cotidiano. Exemplos das situações apontadas podem ser percebidos em algumas fantasias, como o "Bloco de casar... eu posso", "o grupo de prisioneiros", as "serviçais domésticas", cujas inversões propiciavam o chiste, a zombaria e a busca, por meio do riso motejador, de interlocução com o público.

Os presos, por exemplo, serviram de inspiração para um grupo de foliões – homens e mulheres – que, fantasiados de "prisioneiros" (Figura 39), desfilaram no corso da Avenida Paulista. Roupas listradas, número de identificação no peito e máscaras pretas, garantindo o completo disfarce. Nesse caso, "o riso enquanto arma de destruição" (Propp, 1992) demolia a falsa autoridade e a falsa grandeza de Momo. Os foliões, ao se inspirarem naqueles que de fato subvertiam as regras do viver em sociedade, metaforicamente pretendiam transgredir a ordem reinante e, aproveitando-se da "liberdade carnavalesca", escapar do aprisionamento dos valores aos quais estavam submetidos em seu cotidiano.

Já os trajes ciganos podem ser pensados a partir de uma representação mais ampla que remete a suposta vida do próprio grupo e aos significados a ele atribuídos pela sociedade, em sentido mais amplo[18]. Nas percepções veiculadas na sociedade, o grupo é visto numa dupla acepção que traduz aspectos de sua cultura marginal, com suas faces ao mesmo tempo negativa e positiva. Nucleando esse entendimento, encontra-se a magia de uma vida nômade que aparece marcada por percepções que enfatizam a sensualidade, as paixões ardentes, supostamente vivenciadas por homens e mulheres do grupo que

---

18 Os estudos que abordam a cultura cigana enfatizam que aspectos desse imaginário estão calcados em estereótipos criados ao longo dos séculos para justificar as políticas de exclusão e violência que se abateram sobre esses grupos e suas culturas, em diversos países. Foram perseguidos, aprisionados e mortos, e suas crianças separadas dos pais em nome desses mesmos princípios. Carlos Jorge Sousa Santos, especialista no assunto, em texto disponível na internet afirma que "todos acham que conhecem a cultura cigana. Mas o que se conhece são os estereótipos que se cristalizaram a partir do século XV" (disponível em www.multiculturas.com/carlos-sousa.htm). No *site* em questão, acessado em 6 abr. 2008, há bibliografia que contém os vários estudos de pesquisadores das culturas cigana, publicados nos países europeus. Entre eles, destacam-se os livros publicados por Carlos Jorge Santos Sousa e outros pesquisadores portugueses. Nessa bibliografia também foi incluído o livro *Os ciganos*, de Nicole Martinez, publicado no Brasil em 1989, pela Papirus.

se manifestariam em seu estilo de vida e em suas músicas e danças. Talvez aí estivessem os elementos que despertavam a curiosidade e a imaginação em sua volta. Os ciganos, por assumirem uma postura marginal à sociedade, constituíam-se em apelo para serem recorrentemente tematizados durante o carnaval, em detrimento dos conhecimentos efetivos ou não de seus costumes. Em conseqüência, seria o caso de se perguntar se por trás desses invólucros estariam possibilidades reais de liberação sexual e de costumes.

Figura 39 – "Grupo de prisioneiros" – Corso na Avenida Paulista – *A Cigarra*, 1924

Se essas quebras de regras foram efetivas ou não, dificilmente poderemos ter certeza. Porém, os indícios assinalam que, nos desfiles de rua e nos salões, as mulheres ciganas inspiraram mocinhas da sociedade a recriarem um mundo livre que acenava para a busca de alternativas para suas relações, nesses dias de folias, mesmo que para muitas delas não passasse de fruto de sua imaginação. Essas projeções apresentavam-se carentes de conhecimentos e efetivos, tanto em relação às mulheres que serviam de inspiração, quanto às regras do viver em sociedade que impunham limites rigorosos às suas condutas.

Independentemente dos possíveis sentidos que se possam realçar, em 1924 o grupo cigano novamente inspirou moças e rapazes das elites que desfilaram em carro aberto na Avenida Paulista, portando seus trajes característicos. As moças vestiam blusa branca de manga curta sob colete curto, de cor contrastante (a foto era em preto-e-branco). Usavam como adorno um lenço amarrado na cabeça em forma de touca. Os brincos de argola complementavam o traje. Os homens vestiam o mesmo disfarce: camisa branca sem gola, colete pequeno e uma tira amarrada na cabeça. Examinando os materiais de pesquisa, ao longo dos anos é possível afirmar que esse grupo foi recorrentemente tematizado nos Dias Gordos, sugerindo outras formas de sociabilidade mais livres das amarras, dos códigos e regras, vigentes na sociedade mais ampla.

Figura 40 – Cigana (*A Cigarra*, 1922).

Na tentativa de colocar em xeque a mesmice cotidiana, as paulistanas foram pródigas em suas elaborações. Em 1925, travestida da personagem "Colombina", transfigura-se em mulher fatal, símbolo dos desejos masculinos, que transita entre o jogo de sedução sem compromissos de Arlequim e o amor absoluto de Pierrô, projeção já bastante disseminada no imaginário coletivo do país. Quais os limites dessas projeções? É sabido que essa personagem não estava presa a nenhuma convenção social e, recorrentemente, aceitou a corte de Arlequim, sugerindo o vivenciar de experiências amorosas apenas toleradas aos homens.

Mas, nesse mesmo ano, tal mulher foi castigada pela sátira carnavalesca. Em inocente desenho de Belmonte, intitulado de "Frivolidades de Colombina", ela foi destroçada de forma impiedosa. A cena abordada tem ao fundo uma lua cheia, árvores ladeando o casal, em clássico jardim, propiciando ao par romântico todo um clima sedutor. Porém, o cenário onírico foi violentamente destroçado pela legenda que arrebentou os efeitos ilusionistas que davam sustentação àquela paisagem. A mesma postura demolidora desdobra-se à legenda que, no diálogo entre os amantes, evidencia um Pierrô distraído e nada romântico. Colombina tenta partilhar de seu "estado de espírito", indagando sobre os motivos de sua tristeza. Porém, tem como resposta um assunto oposto ao esperado pelo cenário romântico que os envolve e, por isso mesmo, tem a força destroçadora das múltiplas projeções que se criaram em torno desses personagens míticos e também do carnaval, conforme é possível observar na Figura 41:

Figura 41 – Belmonte, "Frivolidades de Colombina" (*A Cigarra*, 1925).

– Por que estás tão triste Pierrot?.
– Porque não sei até onde vae o toucinho.

Em outras palavras, a charge acena para algumas possibilidades de demolição do convencional: a primeira evidencia o descompasso entre imagem e legenda que buscou, por meio do contraste, provocar o riso do leitor e imprimir sua crítica arrasadora a esse mito do carnaval duplamente banalizado. Já na segunda, remetida ao desenho, o autor brinca com alguns dos significados da paisagem para a pintura, que sinalizam para essa característica ilusionista.

Além desses contrastes que configuram um dos princípios dos *comics* e elemento primordial do riso de derrisão, tal elaboração procurou, ainda, destruir as ilusões construídas em torno dos sonhos de carnaval, expressos no mito de Colombina. Mulher de beleza ímpar e arrebatadora, é capaz de provocar sentimentos de amor e paixão, mas também passível de deixar-se seduzir por um conquistador qualquer, tal qual Arlequim. Na cena em questão, essa simbologia foi destroçada pela indiferença de Pierrô que não notou sua presença, mesmo que o cenário estivesse carregado de ícones do romantismo, que sempre enlevaram elaborações românticas sobre a relação amorosa.

Aqui e acolá, grupos fantasiados buscavam manter o chiste como elemento próprio do carnaval. Em 1927, por exemplo, nos desfiles do corso da Avenida Paulista, foram raros os registros de grupos que marcaram de forma contundente a irreverência carnavalesca. Num deles, foi surpreendido um grupo de moças com o rosto semi-oculto sob véu transparente. Ou, ainda, desfilando em carro aberto, um grupo de "serviçais domésticas", com suas toucas e aventais de organdi adornados com rendas. Nesse caso, trazia ao espaço público o sentido irônico do carnaval, a partir de um dos elementos de inversão que provoca o riso que é parecer o que não era. O grupo usou a fantasia para compor um tipo, mas o público sabia que os seus integrantes eram mocinhas das famílias endinheiradas. Aí residia a graça da transfiguração, uma vez que o personagem escolhido era antípoda ao mundo real daqueles sujeitos (Propp, 1992).

Ora, se a mulher foi uma figura coadjuvante ou não nos festejos carnavalescos não é o mais significativo, se considerarmos a importância assumida no âmbito das diferentes percepções engendradas nessas e sobre essas festividades. Pensando a questão sob um outro ângulo, diria que a mulher, de símbolo de beleza e da própria paixão, também migrou para outros espaços. Em alguns deles tornou-se alvo da irreverência e da quebra da ordem. Em outros, o seu reforço. Ou ambos, como nos blocos de sujos e das melindrosas.

A figura feminina também apareceu na música popular. Mas nem sempre de forma enaltecedora. Numa linhagem, embora submissa, foi expressa de forma lúdica e amorosa. Noutra, foi violentamente execrada. No carnaval de 1930, o compositor Ary Barroso lançou uma marchinha cuja letra destroçava publicamente essa antimulher, caracterizada como "fofoqueira", "falastrona" e "venenosa". A letra sugere o corretivo destinado a tal personagem, que foi exposta à desmoralização pública por seu comportamento intolerante e abusivo. O título "Dá nela" é revelador. No carnaval de 1933, ainda era sucesso e foi imortalizada nos romances *No país do carnaval* (Amado), e em *Parque industrial* (Galvão). Os seus versos traduziam, sem nenhuma mediação, a vontade de punir tal sujeito/personagem, promovendo um verdadeiro charivari[19] coletivo; essa execração pública foi praticada de forma reiterada ao longo dos anos seguintes, tal o entusiasmo dos foliões em cantarolar nos salões, pelo Brasil afora, os versos dessa ferina cançoneta que imprimia censura e castigava certas práticas consideradas intoleráveis nas relações homem-mulher. A letra critica certo tipo de mulher cujo perfil negativo define-se por sua "falta de modos" que se expressa em seu comportamento barulhento e predisposto a intrigas e a maledicências, envolvendo a vida alheia. A desqualificação pública e o castigo físico foram as panacéias indicadas para tal mulher, não muito diferente das soluções machistas vigentes na sociedade da época, mesmo que se trate de uma pândega carnavalesca. Vejamos os versos:

> Essa mulher há muito tempo me provoca
> Dá nela
> Dá nela
> É perigosa, fala que nem pata choca
> Dá nela
> Dá nela
>
> Fala língua de trapo – bis
> Pois da tua língua eu não escapo – bis
> Agora deu pra falar abertamente
> Dá nela
> Dá nela
> É intrigante, tem veneno e mata a gente
> Dá nela
> Dá nela
> ("Dá nela", Ari Barroso, 1930) (Alencar, 1985, p.192).

---

19 Era uma forma de denunciar publicamente os vícios e os defeitos dos outros permitindo, a partir da humilhação pública e do castigo, a punição coletiva e a condenação de práticas abusivas e intoleráveis à comunidade. Consultar sobre o assunto Davis (1990).

As transgressões não foram evidenciadas apenas nos trajes e nas letras de música. Como já assinalamos anteriormente, elas aparecem em situações que sinalizam para certa liberalidade dos costumes, expressa nas intimidades amorosas (apalpadelas, beijos e abraços, sugerindo relações amorosas mais íntimas), trocadas entre os foliões, enfaticamente registradas pela crônica jornalística e pelos romances do período (*No país do carnaval*, de Jorge Amado e *Parque Industrial*, de Patrícia Galvão). Contudo, tais condutas não podem ser tomadas como práticas corriqueiras do dia-a-dia de homens e mulheres, fora dessas festividades. O recato ainda era um valor caro aos brasileiros, sobretudo se pensarmos que mesmo as fantasias femininas das moças de elite e de classe média apenas insinuavam ligeiras transgressões. Elas eram expressas no realce das formas e no uso de fantasias de tecidos transparentes, sempre forrados, indicativas de possibilidades novas de sedução e de liberalidade dos costumes.

Essa, porém, não foi a idéia divulgada pelo livreto *As amantes de Momo*, assinado por Aponnio de Mahomet (1928) (Figura 42). Nesse folheto, o autor analisa o carnaval carioca de 1928 como um momento de quebra de todas as convenções e barreiras morais, no âmbito da família burguesa, que se entrega aos seus instintos lascivos, não respeitando os laços de amizade ou mesmo sangüíneo.

Figura 42 – Apponio Mahomet, capa do livreto *As amantes de Momo* (1928)

O livreto assume uma postura libertina, na própria capa, ao trazer um Momo em atitude pouco comportada, abraçando duas mulheres, uma delas com um seio à mostra, evidenciando a quebra dos padrões vigentes, já que não era comum tal tipo de fantasia. A postura provocativa aparece no título da brochura e sinaliza para o desregramento que dilui os mundos real e surreal, em cuja fronteira o relacionamento homem-mulher passa a se definir a partir de outros padrões morais.

A história tem como núcleo "a família burguesa Pádua Murton", residente no bairro do Leblon, formada pelo chefe galanteador e mulherengo Leandro Padua Murton, a infiel e dissimulada mulher Eleonora, e os filhos Júlio e Wanda, "volúveis por costume e ardentes por herança sensual". A narrativa seguia os estereótipos de perversão e desfarçatez projetados para as famílias burguesas. Tem início durante um almoço, no qual as discussões dos filhos se voltam aos preparativos para os bailes do High-Life e do "Casino" de Copacabana, notadamente, para a escolha das fantasias e, também, os segredos em torno delas. Wanda aposta com o irmão que ele não a reconheceria nos salões, podendo até ser alvo de suas investidas sedutoras. Essa conversa provoca protesto do pai, mas não da mãe que acha o anonimato misterioso e moderno. A narrativa prossegue com os irmãos firmando a aposta que se completa com o delineamento de cada personagem, definido por uma postura pouco avessa a moral puritana, tendo como cenário o próprio carnaval.

No desenrolar dos Dias Gordos, a família e seus amigos próximos empunham suas fantasias – amparadas no segredo do anonimato preestabelecido – e participam do carnaval de rua e dos salões, esquecendo toda e qualquer regra moral. O pai se envolve com a filha de seu melhor amigo, a qual pretende ser sua nora; a mãe trai o marido com o seu melhor amigo; e os seus filhos, sob as fantasias de Colombina e Pierrô, trocam juras de amor durante todos os dias de carnaval, até descobrirem que eram irmãos, no último dia da folia, quando resolvem consumar o *affair*. Mesmo após a descoberta, Julinho queria continuar a transa, o que horroriza a irmã que sai correndo nua, em busca de um lugar seguro. A cada porta que abre vai descobrindo o "quadro de orgia": o pai nos braços da amiga, a mãe com o amigo da família, a outra amiga com o seu pretendente, até deparar com um francês, de seu círculo de amizades, que a "protege" em seus braços. Ou seja, uma história de perversão e libertinagem, contada sem nenhuma mediação e sutileza.

No outro pólo, a literatura engajada da época[20] evidencia a vulnerabilidade da mulher popular durante tais festejos, colocando-a como presa fácil aos apelos da libido e às investidas libertinas dos jovens burgueses, sempre à caça de novas emoções, livres de compromissos.

Essa não é a posição da imprensa vinculada a esses estratos populares. Embora não dê destaque particularizado a esse segmento, noticia a participação e o êxito de jovens e senhoras nas celebrações de Momo, em diferenciados níveis: participando dos desfiles, integrando as diretorias de agremiações, organizando bailes, dirigindo os blocos ou concorrendo a prêmios em bailes à fantasia em seus próprios clubes, conforme já assinalamos anteriormente.

Deduzimos dessas avaliações que, embora fossem preconizadas regras rígidas para as mulheres de todos os segmentos sociais, os festejos momescos propiciavam aos diferentes estratos sociais experiências novas, a partir de outros padrões de valores, independentemente de sua condição social. Tanto é assim que as críticas às "condutas desviantes" atingiram, igualmente, as mulheres das elites e das classes populares.

Uma discussão mais ampla sobre o papel das mulheres nesses festejos esbarra em falta de informações mais detalhadas sobre o seu aparecer, em tais celebrações. A situação agrava-se quando tentamos acompanhar a desenvoltura da mulher popular em tais festividades. Por ser uma festa ainda subordinada aos valores e ao gosto das elites, essa característica define, igualmente, os registros de seu acontecer, nos meios de comunicação, como os jornais e as revistas da época que privilegiam os segmentos endinheirados e médios da sociedade paulistana. Constatar tal situação não significa assumir que somente essa elite controlava as regras e todos os espaços desses festejos. O carnaval popular, cada vez mais, pressionava no sentido de garantir a partilha do espaço público e de chegar às avenidas principais, palco privilegiado desses festejos, até então, território da elite do período.

---

20 Ver, por exemplo, o romance de Patrícia Galvão, *Parque industrial*, que explora a problemática da mulher popular, branca e negra, jovem e ingênua que, em seu entendimento, torna-se presa fácil de jovens burgueses sem escrúpulos, durante esses festejos.

Considerações finais

Neste livro, procurei discutir os diferentes sentidos que foram atribuídos pelos contemporâneos e pela bibliografia especializada ao carnaval brincado na cidade de São Paulo, de 1923 a 1938. Ao longo desse percurso, também foram detectadas as disputas diversas ocorridas nesses carnavais que evidenciam os vínculos e as diferenças de classe, presentes na organização, estruturação dos espaços das brincadeiras e apresentação dos foliões, e no registro ou não das diversas *performances* pela imprensa.

As reflexões, decorrentes da leitura de uma vasta documentação, visaram também demarcar a significativa diferenciação nos carnavais brincados na década de 1920 e sinais visíveis de mudança na estrutura desses festejos, no início dos anos 1930, que apontam para sua oficialização. Em São Paulo, essas alterações foram colocadas em prática na gestão do prefeito Fábio da Silva Prado, nos carnavais de 1935 a 1937, sofrendo um longo interregno nas décadas seguintes, para ser institucionalizado somente em 1968.

O estudo desses festejos, mesmo que circunscrito à cidade de São Paulo, mostrou que o percurso do carnaval atual nem sempre foi tão democrático quanto se supôs. Na verdade, essa festa pagã sempre passou pelo crivo das elites no poder e foi organizado para sua diversão. No período em estudo, esses festejos estavam submetidos a regras que haviam sido instituídas, desde o início da República e envolviam as brincadeiras que aconteciam nos espaços fechados e na rua, como os préstitos das grandes sociedades carnavalescas, que exibiam os ricos carros alegóricos, e também o corso, praticado pelas famílias endinheiradas. Era uma modalidade de festejo que conferia prestígio àqueles que se envolviam em tais pândegas constitutivas do chamado "carnaval elegante" ou carnaval burguês que se completava com os ricos bailes à fantasia.

No decorrer dos anos republicanos, além dessas modalidades, passaram a existir outras brincadeiras que compunham o carnaval de rua, estruturadas a partir dos blocos, grupos, cordões e ranchos que agregaram os segmentos médios e proletários. Essas novidades foram vigiadas de perto pelas autoridades públicas que definiram a obrigatoriedade de inscrição na polícia, das sociedades e congêneres, e o pagamento de taxas à prefeitura, se quisessem desfilar, com seus préstitos, nos espaços públicos.

Assim, o "carnaval elegante" passou a dividir com os demais foliões os diversos palcos desses festejos ainda por longo tempo, notadamente com os adeptos das brincadeiras que remetiam a antigas tradições, como o velho Entrudo – mesmo que as proibições fossem a prisão e o pagamento de multas – e, também, com as novas brincadeiras estruturadas a partir dos blocos, ranchos e cordões.

Enfim, era uma festa marcada por múltiplos cenários e também por disputas de classe, mas que foram apreendidas por certa leitura do carnaval a partir da dicotomia carnaval de elite *versus* carnaval popular, insistentemente reiterada na bibliografia especializada. Essa interpretação trouxe mais problemas do que elementos para esclarecer a diversidade das brincadeiras carnavalescas no âmbito da sociedade brasileira e as interações e divergências aí estabelecidas.

O fato de os palcos das festanças carnavalescas não serem os mesmos para os diferentes sujeitos serviu para a fixação de interpretações que insistem na continuidade das mesmas hierarquias sociais durante essas celebrações. Essas leituras, porém, desconsideram que nem sempre as normas eram seguidas pelos afoitos foliões. E, igualmente, esquecem as críticas feitas pelos artistas do traço e pelas esquerdas anarquista e comunista, que qualificam essas folganças de alienadas e de instrumentos de dominação, usados para amenizar os conflitos de classe.

Admitindo as distinções mencionadas, em alguns momentos também houve a inserção dos segmentos populares nos circuitos do carnaval elegante e de segmentos das elites que passaram a freqüentar os redutos do carnaval popular de rua, como o Brás. Nesse sentido, seria mais acertado pensar que tais hierarquias e rigidez espaciais não podem ser tomadas como os únicos diferenciais para caracterizar as relações de conviviabilidade durante essas festanças, uma vez que, no escopo das transformações, a interação entre os diferenciados grupos também foi redimensionada, detectando-se elementos comuns nos disfarces, no consumo de músicas e ritmos, como marchas e sambas provenientes dos segmentos populares, que foram extravasados para além do universo popular, chegando aos salões freqüentados pelas elites e pelos segmentos médios da sociedade brasileira.

Diria que esse extravasamento plasmou-se na partilha (mesmo que desigual) dos espaços públicos – no corso e nos desfiles oficiais – e da mídia (jornais e rádios) que, ao divulgar e promover as criações específicas dos segmentos populares para além de seu universo, tornou possível sua inserção no mundo das elites, de tal forma que redefiniu o perfil desses festejos, cujo tom passou a ser marcado pelo ritmo e gingado do samba e do batuque, originários do universo cultural dos segmentos afro-brasileiros. Esse processo, contudo, não foi linear e muito menos isento de tensões, se pensarmos que pesadas interdições recaíam duramente sobre as sociedades e blocos populares, que, além do registro oficial, os seus membros deveriam ser revistados antes mesmo da saída as ruas, ainda na sede de suas entidades. Nesse sentido, as regras gerais nem sempre tiveram uma aplicação universal, uma vez que tais cuidados não foram extensivos às sociedades carnavalescas elegantes.

O mesmo poder-se-ia dizer dos espaços públicos que, por longas décadas, destinavam-se ao corso das famílias endinheiradas e aos desfiles das sociedades carnavalescas, também da elite. Cabia às classes populares, nessa perspectiva, o papel de espectador desse carnaval ou então colocar seus blocos nas ruas marginais a esses espaços cenográficos. Segundo essa compreensão, os espaços públicos não passavam de desdobramentos dos espaços privados, o que nos sugere que o acesso livre à rua era um sonho de carnaval. Para chegar ao palco principal desses festejos, os segmentos populares precisaram disputar e barganhar o direito de exibir as suas propostas, ora desobedecendo ao já consagrado, ora negociando essa presença. Outro aspecto a considerar é que a desobediência por parte dos foliões também fez parte do acontecer carnavalesco que, embora fosse organizado para a elite divertir-se, mobilizava o conjunto da população. Assim, ano após ano, as ruas foram teimosamente invadidas por grupos, blocos e mascarados, mesmo que tivessem que se sujeitar às imposições legais ou simplesmente desobedecer a elas.

O crescente interesse manifesta-se no aparecimento em São Paulo de "blocos" populares, ao longo das décadas de 1910 e 1920, ampliando-se nos anos 1930, momento em que o carnaval sofrerá profundas modificações. As implicações desse processo foram a incorporação dos segmentos populares ao conjunto desses festejos, impondo à elite, igualmente, os seus padrões estéticos e o gosto refinado do carnaval de luxo. Tal incorporação ocorreu a partir das regras definidas para os desfiles diversos e para a participação em concursos e premiações que foram instituídos ao longo dos anos 1920 e 1930. Porém, as alterações radicais ocorreram na década de 1930, com a instituição das comissões julgadoras oficiais, formadas por poetas, músicos e artistas plásticos, de formação acadêmica, originários das escolas de belas-artes e dos conservatórios de música e, também, por representantes dos poderes públicos.

Essa aceitação do carnaval popular como parte constitutiva do conjunto dos festejos momescos, por um lado sinalizou para as pressões de segmentos das elites e das classes populares, para mudanças gerais, que se expressaram na política, na educação e nos valores que estruturavam a sociedade brasileira, desde a década de 1920. Por outro, também marcou o interesse econômico do comércio, da indústria e dos meios de comunicação de massa – imprensa e rádios – que viam aí a possibilidade de negócios lucrativos. Nesse sentido, além de se afirmar como festa nacional que congregava os seus cidadãos em torno de um objetivo comum, também se constituía um excelente negócio.

Mas, a imposição de um modelo único para o carnaval e a destruição das formas espontâneas de expressão dos foliões que saíam às ruas, para divertirem-se e divertirem o outro, comprometeram de forma irreversível alguns dos elementos dos festejos carnavalescos. Constatamos essas modificações com algumas medidas acionadas, no início dos anos 1930, em particular as objeções em relação ao uso de máscaras. Em 1931, tais regras estabeleciam a identificação do usuário, em qualquer espaço, pela autoridade competente. No ano seguinte, a medida foi mais radical, com a proibição aos foliões de seu uso, fosse na rua ou nos clubes. Essa medida tornava cada vez mais difícil a metamorfose do folião, de sujeito em personagem, o que permitia satirizar tudo e todos, uma vez que o disfarce era um dos elementos em que se apoiavam as transgressões e, também, o chiste e a zombaria, pré-requisitos para a interlocução com o público que partilhava com os foliões, dos questionamentos a práticas ou a valores considerados obsoletos ou indesejáveis a certos setores da sociedade.

Essas alterações conduziram à busca de um padrão único para o carnaval brincado no país, tendo ainda no carnaval-*show*/carnaval de luxo, o modelo para as exibições dos diversos préstitos nos espaços públicos.

Referências bibliográficas

ALENCAR, E. de. *O Carnaval carioca através da música*. Rio de Janeiro: Francisco Alves; Brasília: INL, 1985.
ALMEIDA, M. A. O ideário feminista na Bahia dos anos 30. *História* (São Paulo), v.12, p.63-83, 1993.
ALMEIDA, P. M. *De Anita ao museu*. São Paulo: Perspectiva, 1976.
AMADO, J. *No país do carnaval*. Rio de Janeiro: Record, 1997.
AMARAL, A. A. *Tarsila, sua obra e seu tempo*. São Paulo: Perspectiva/Edusp, 1975, 2v.
_____. *Blaise Cendrars no Brasil e os modernistas*. São Paulo: Martins Fontes, 1970.
_____. *Arte para quê?* A preocupação social na arte brasileira. 1930-1970. São Paulo: Nobel, 1984.
AMERICANO, J. *São Paulo nesse tempo (1915-1935)*. São Paulo: Edições Melhoramentos, 1962.
ANDRADE, M. *Aspectos das artes plásticas no Brasil*. 2. ed. Brasília: Martins/INL, 1975.
ANDREWS, G. R. *Negros e brancos em São Paulo (1888-1988)*. Bauru: Edusc, 1998.
ARENDT, H. A crise na cultura: sua importância social e política. In: _____. *Entre o passado e o futuro*. São Paulo: Perspectiva, 1972.
AUGUSTO, S. *Este mundo é um pandeiro:* a chanchada de Getúlio a JK. São Paulo: Companhia das Letras, 1989.
BACZKO, B. Imaginação social. In: *Enciclopédia Einaudi*. Lisboa: Imprensa Nacional-Casa da Moeda, 1986, v.5.
BAKHTIN, M. *A cultura popular na Idade Média e no Renascimento*. São Paulo: Hucitec/UnB, 1987.
BASTIDE, R. A imprensa negra do estado de São Paulo. In: _____. *Estudos afro-brasileiros*. São Paulo: Perspectiva, 1973.

BENJAMIN, W. *Magia e técnica, arte e política.* São Paulo: Brasiliense, 1986.

BERGSON, H. L. *O riso:* ensaio sobra a significação do cômico. Rio de Janeiro: Zahar, 1980.

BRITTO, I. M. *Samba na cidade de São Paulo (1900-1930):* um exercício de resistência cultural. São Paulo: FFLCH/USP, 1986.

BURKE, P. El descubrimiento de la cultura popular. In: SAMUEL, R. *História popular y teoria socialista.* Barcelona: Grijalbo, 1984, p.78-92.

_____. *Cultura popular na Idade Moderna.* São Paulo: Companhia das Letras, 1989.

_____. Learned culture and popular culture in Renaissance Italy. *Revista História,* (São Paulo), n.125/126, ago.-dez./1991, jan.-jul./1992.

_____. *Variedades de história cultural.* Rio de Janeiro: Civilização Brasileira, 2000.

CABRAL, S. *As escolas de samba.* Rio de Janeiro: Fontana, 1974.

CAMPOS, A. L. V. *A república do pica-pau amarelo.* Rio de Janeiro: Martins Fontes, 1986.

CAMPBELL, S. Carnival, calypso and class struggle in Nineteenth Century Trinidad. *History Workshop Journal,* n.26, p.1-27, Autumn, 1988.

CANCELLI, E. *O mundo da violência.* A polícia na Era Vargas (1930-1945). Brasília: Edumb, 1993.

CARVALHO, J. M. *Os bestializados. O Rio de Janeiro e a República que não foi.* 3. ed., 8ª reimpressão. São Paulo: Companhia das Letras, 1987.

_____. *A formação das almas.* O imaginário da República no Brasil. São Paulo: Companhia das Letras, 1990.

CERTEAU, M. ; JULIA, D. A beleza do morto: o conceito de "cultura popular". In: REVEL, J. *A invenção da sociedade.* Lisboa: Difel, 1989.

CHARTIER, R. *A história cultural:* entre práticas e representações. Lisboa: Difel, 1990.

CHAUI, M. *Brasil.* Mito fundador e sociedade autoritária. 5ª reimpressão. São Paulo: Fundação Perseu Abramo. 2004.

CUNHA, M. C. P. *O Espelho do mundo.* Juquery, a história de um asilo. Rio de Janeiro: Paz e Terra, 1986.

_____. Você me conhece? Significados do carnaval na belle époque carioca. *Projeto História* (São Paulo): Educ, n.13, p.93-108, jun. 1996.

_____. *Ecos da folia:* uma história social do carnaval carioca entre 1880 e 1920. São Paulo: Companhia das Letras, 2001.

CRUZ, H. F. *São Paulo em papel e tinta.* Periodismo e vida urbana. 1890-1915. São Paulo:Educ/Fapesp, Arquivo do Estado/Imprensa Oficial, 2000.

DA MATTA, R. *Universo do carnaval:* imagens e reflexões. Rio de Janeiro: Pinakotheke, 1981.

_____. *Carnavais, malandros e heróis:* para uma sociologia do dilema brasileiro. Rio de Janeiro: Zahar, 1983.

DAVIS, N. Z. *Culturas do povo*: sociedade e cultura no início da França moderna. Rio de Janeiro: Paz e Terra, 1990.

DEL PRIORI, M. (Org.) *História das mulheres no Brasil*. São Paulo: Editora Unesp/ Contexto, 1997.

DIAS, M. O. L. S. *Quotidiano e poder em São Paulo no século XIX*. São Paulo: Brasiliense, 1984.

ECO, H. Los marcos de la "liberdad" cômica. In: ECO, U.; IVANOV, V. V; RECTOR, M. *Carnaval*. México: Fondo de Cultura Econômica, 1989, p.9-20.

ENEIDA. *História do carnaval carioca*. Rio de Janeiro: Civilização Brasileira, 1958.

EFEGÉ, J. *Figuras e coisas do carnaval carioca*. Rio de Janeiro: Funarte, 1982.

FABRIS, A. (Org.) *Fotografia*. Usos e funções no século XIX. São Paulo: Edusp, 1991.

_____. *Portinari, pintor social*. São Paulo: Perspectiva: Edusp, 1990.

FAUSTO, B. (Org.). *O Brasil republicano*. Estrutura de poder e economia (1889-1930). H.G.C.B. São Paulo: Difel, t.3, v.1, 1975.

FONSECA, J. *Caricatura*: a imagem gráfica do humor. Porto Alegre: Artes e Ofícios, 1999.

FONSECA, M. C. L. *O patrimônio em processo*. Trajetória da política federal de preservação no Brasil. 2.ed. Rio de Janeiro: Editora UFRJ/Minc-Iphan, 2005.

FRANCASTEL, P. *Pintura e sociedade*. São Paulo: Martins Fontes, 1990.

FERRARA, M. N. A imprensa negra paulista (1915-1963). *Revista Brasileira de História* (São Paulo), Anpuh/Marco Zero. v. 5, nº 10, p.197-207, 1985.

_____. *A imprensa negra paulista (1915-1963)*. São Paulo. FFLCH/USP, 1986.

FERREIRA, A. C. *A epopéia paulistana:* letrados, instituições, invenção histórica (1870-1940). São Paulo: Editora Unesp, 2002.

GARDELL, L. D. *As escolas de samba*. Rio de Janeiro: Kosmos, 1967.

GASKELL, I. História das imagens. BURKE, P. (Org.) *A escrita da história*. Novas Perspectivas. São Paulo: Editora Unesp, 1992.

GINZBURG, C. *O queijo e os vermes*. O cotidiano e as idéias de um moleiro perseguido pela Inquisição. São Paulo: Companhia das Letras, 1989.

GOLDWASSER, M. J. *Palácio do samba*. Rio de Janeiro: Zahar, 1975.

GOTLIB, N. B. *Tarsila do Amaral*. São Paulo: Brasiliense, 1983.

_____. *Tarsila do Amaral:* a modernista. 2.ed. São Paulo: Editora Senac, 2000.

HAHNER, J. E. *Emancipação do sexo feminino*. A luta pelos direitos da mulher no Brasil. 1850-1940. Florianópolis: Editora Mulheres, 2003.

HEERS, J. *Festas de loucos e carnavais*. Lisboa: Dom Quixote, 1987.

HERCULANO, A. *Tempo de bambas:* o carnaval da Praça Onze. Rio de Janeiro: Rioarte, 1983.

KOSSOY, B. *Fotografia e história*. São Paulo: Ática, 1989.

_____. *Realidades e ficções na trama fotográfica*. 2.ed. São Paulo: Ateliê Editorial, 2000.

KUNIYOSCHI, C. *Imagens do Japão:* uma utopia de viajantes. São Paulo: Estação Liberdade, Fapesp, 1998.

LARA, S. H. Escravidão, cidadania e história do trabalho no Brasil. *Projeto História.* (São Paulo): Educ, n.16, p.25-38, fev. 1998.

LAZARRI, A. *Coisas para o povo não fazer.* Carnaval em Porto Alegre (1870-1915). Campinas: Editora da Unicamp/Cecult, 2001.

LE ROY LADURIE, E. *O Carnaval de Romans:* da Candelária à Quarta-Feira de Cinzas (1579-1580). São Paulo: Companhia das Letras, 2002.

LESSER, J. *A Negociação da identidade nacional.* Imigrantes, minorias e a luta pela etnicidade no Brasil. São Paulo: Editora Unesp, 2001.

LEITE, M. M. *Retratos de família.* Leitura da fotografia histórica. São Paulo: Edusp, 1993.

LEITE, S. H. T. A. *Chapéus de palha, panamás, plumas e cartolas.* A caricatura na literatura paulista. 1900-1920. São Paulo: Editora Unesp, 1996.

LIMA, H. *História da caricatura no Brasil.* Rio de Janeiro: José Olympio, 1963.

LIMA, S. F. & CARVALHO, V. C. *Fotografia e cidade:* da razão urbana à lógica do consumo. Álbuns da cidade de São Paulo (1900-1954). Campinas: Mercado das Letras; São Paulo: Fapesp, 1997.

LIRA, M. *Chiquinha Gonzaga.* Rio de Janeiro: Funarte, 1979.

LOBATO, J. B. M. *Idéias de Jeca Tatu.* São Paulo: Brasiliense, 1956a.

_____. *Mr. Slang e o Brasil e Problema Vital.* São Paulo: Brasiliense, 1956b.

LOBO, M. (GALVÃO, Patrícia). *Parque industrial.* (1933) São Paulo: Alternativa, s/d (edição fac-similar).

LOBO, E. S. & PAOLI, M. C. Notas sobre o movimento no feminino. *Desvios*, ano 1, n.1, p.46-56, nov. 1982.

LOPES, N. *O samba na realidade:* a utopia da ascensão social do sambista. Rio de Janeiro: Codecri, 1981.

MAHOMET, A. *As amantes de Momo.* Novella humorística-galante de Carnaval. Rio de Janeiro: Livraria João do Rio, 1928.

MALUF, M. & MOTT, M. L. Recônditos do mundo feminino. In: *História da vida privada no Brasil.* Coordenador Geral da Coleção Fernando Novais, organizador do volume Nicolau Sevcenko. São Paulo: Companhia das Letras, 1998, v.3, p.367-421.

MATOS, C. *Acertei no milhar*: malandragem e samba no tempo de Getúlio. Rio de Janeiro: Paz e Terra, 1982.

MINOIS, G. *História do riso e do escárnio.* São Paulo: Editora Unesp, 2003.

MORAES, J. G. V. *Metrópole em sinfonia.* História, cultura e música popular na São Paulo dos anos 30. São Paulo: Estação Liberdade, 2000.

MORAES, W. R. *Escola de samba de São Paulo.* São Paulo: Imesp, 1978.

NEEDELL, J. D. *Belle Époque Tropical:* sociedade e cultura de elite no Rio de Janeiro na virada do século. São Paulo: Companhia das Letras, 1993.

OLIVEIRA, E. V. *Festividades cíclicas em Portugal.* 2ª ed. Lisboa: Publicação Dom Quixote, 1995.
ORTIZ, R. *Românticos e folcloristas.* São Paulo: Olho D'Água, 1992.
_____. *A moderna tradição brasileira.* Cultura brasileira e indústria cultural. 5.ed. 1.reimp. São Paulo: Brasiliense, 1995.
PEREIRA, L. A. M. *O carnaval das Letras.* Rio de Janeiro: Secretaria Municipal de Cultura, 1994.
PRADO JR., C. *A cidade de São Paulo.* Geografia e História. 1ª reimpressão. São Paulo: Brasiliense, 1998.
PROPP, V. *Comicidade e riso.* São Paulo: Ática, 1992.
QUEIROZ, M. I. P. Carnaval brasileiro: da origem européia a símbolo nacional. *Ciência e Cultura – SBPC*, v. 39, n.8, p.717-29, 1987.
_____. *Carnaval brasileiro.* O vivido e o mito. São Paulo: Brasiliense, 1992.
_____. A ordem carnavalesca. *Tempo social. Revista de Sociologia da USP*, v.6, n.1-2, p.25-45, 1995.
RAGO, M. *Do cabaré ao lar.* A utopia da cidade disciplinar. Brasil. 1890-1930. Rio de Janeiro: Paz e Terra, 1985.
REGO, J. L. *O moleque Ricardo.* Usina. Rio de Janeiro: José Olympio, 1961.
REIS, M. C. S. *Tessitura de destinos.* Mulher e educação. São Paulo: Educ, 1993.
RIBEIRO, E. A. *Meninas ingênuas:* uma espécie em extinção? A sexualidade feminina: entre práticas e representações – Maringá 1950-1980. Assis, 1986. Dissertação de (Mestrado em História) Faculdade de Ciências e Letras – Unesp.
_____. *Meninas ingênuas:* uma espécie em extinção? Práticas e representações femininas e discurso jurídico em Maringá. 1950-1980. Curitiba: Aos Quatro Ventos, 2004.
RUIZ, J. M. M. *Etiqueta:* sociabilidade e moda. A identidade da elite paulistana (1895-1930). Assis/SP: Faculdade de Ciências e Letras, Unesp, 2000.Dissertação (Mestrado em História) Faculdade de Ciências e Letras, Unesp, 2000.
SALIBA, E. T. *Raízes do riso.* A representação humorística na história brasileira: da Belle Époque aos primeiros tempos do rádio. São Paulo: Companhia das Letras, 2002.
SANTOS, F. A. O. *Uma festa e suas máscaras:* carnavais populares do Rio de Janeiro de 1888 a 1923. Assis, 2000. Dissertação (Mestrado em História) Faculdade de Ciências e Letras, Unesp, 2000.
SANT'ANNA, D. B. Cuidados de si e embelezamento feminino: fragmentos para a história do corpo no Brasil. In: _____. (Org.) *Política do corpo.* São Paulo: Estação Liberdade, 1995.
SCHPUN, M. R. *Beleza em jogo.* Cultura física e comportamento em São Paulo dos anos 20. São Paulo: Editora Senac/Boitempo Editorial. 1999.
SCHWARCZ, L. M. *O espetáculo das raças:* cientistas, instituições e questão racial no Brasil. 1870-1930. São Paulo: Companhia das Letras, 1993.
SEBE, J. C. *Carnaval, carnavais.* São Paulo: Ática, 1986.

SEVCENKO, N. *Orfeu extático na metrópole:* São Paulo, sociedade e cultura nos frementes anos 20. São Paulo: Companhia das Letras, 1992.

SILVA, A. A. DA & BRAIA, A. (Org.) *Memória do Seu Nenê da Vila Matilde.* São Paulo: Lemos, 2000.

SILVA, M. A. *Prazer e poder no Amigo da Onça.* Rio de Janeiro: Paz e Terra, 1988.

_____. *Caricata república.* Zé Povo e o Brasil. São Paulo: Marco Zero/CNPq, 1990.

_____. A construção do saber histórico. Historiadores e imagens. *Revista de História* (São Paulo) n. 125-126, 1991-1992.

SILVA, E. J. *Bola na rede:* o futebol em São Paulo e no Rio de Janeiro. Do amadorismo à profissionalização. Assis, Unesp, 2000, Dissertação (Mestrado em História). Faculdade de Ciências e Letras, UNESP, 2000.

SILVA, Z. L. *A domesticação dos trabalhadores nos anos 30.* São Paulo: Marco Zero/CNPq, 1990.

_____. A cultura popular nas artes plásticas: estudo da obra de Tarsila do Amaral. 1923- 1938. *História* (São Paulo): n.11, p.121-35, 1992.

_____. O carnaval dos anos 30 em São Paulo e no Rio de Janeiro. (De festa de elite a "brincadeira popular"). *História* (São Paulo) Editora Unesp, v.16, p.173-84, 1998a.

_____. Os espaços da festa: o carnaval popular de rua do Brasil dos anos 20. *História & Educação* (Londrina), v.4, p.153-72, 1998b.

_____. *A República dos anos 30.* A sedução do moderno. Novos atores em cena: industriais e trabalhadores na Constituinte de 1933/1934. Londrina: Eduel, 1999.

SIMSON, O. R. M. VON. *A burguesia se diverte no reinado de momo:* sessenta anos da evolução do carnaval na cidade de São Paulo (1855-1915). São Paulo, 1984, 283f. Dissertação (Mestrado em Ciências Sociais). Faculdade de Filosofia, Ciências e Letras. Universidade de São Paulo, 1984.

_____. *Brancos e negros no carnaval popular paulistano.* 1914-1988. São Paulo: Faculdade de Filosofia, Ciências e Letras. USP, 1989, 2451f. Tese (Doutorado em Ciências Sociais) – Faculdade de Filosofia, Ciências e Letras, Universidade de São Paulo, 1989.

_____. "Mulher e carnaval: mito e realidade. (Análise de atuação feminina nos folguedos de Momo desde o Entrudo até as Escolas de Sambas)". *Revista de História* (São Paulo) n.125/126, p.7-21, ago-dez/1991 a jan-jun/1992.

SOIHET, R. *A subversão pelo riso:* estudos sobre o carnaval carioca da Belle Époque ao tempo de Vargas. Rio de Janeiro: Editora Fundação Getúlio Vargas, 1998.

SOUZA, G. M. *O espírito das roupas.* A moda no século XIX. São Paulo: Companhia das Letras, 1993.

SUBIRATS, E. *A flor e o cristal:* ensaios sobre a arte e arquitetura modernas. São Paulo: Nobel, 1988.

SUSSEKIND, F. *Cinematógrafo das letras:* literatura, técnica e modernização no Brasil. São Paulo: Companhia das Letras, 1987.

TANNO, J. L. *Repressão e controle social no governo Vargas*. (1930-1945). Assis, 1995. Dissertação (Mestrado em História) Faculdade de Ciências e Letras, Unesp.

VELLOSO, M. P. *As tias baianas tomam conta do pedaço*. Espaço e identidade no Rio de Janeiro. Estudos Históricos (Rio de Janeiro), v.3, n.6. p.207-228, 1990.

VIEIRA FILHO, R. R. Diversidade no carnaval de Salvador. As manifestações afro-brasileiras (1876-1930). *Projeto história* (São Paulo), n.14, p.217-230, 1997.

VILHENA, L. R. *Projeto e missão*. O movimento folclórico brasileiro (1947-1964). Rio de Janeiro: Funarte/Fundação Getúlio Vargas, 1997.

WILLIAMS, R. *Cultura e Sociedade*. 1780-1970. São Paulo: Editora Nacional, 1969.

ZALUAR, A. C. Carnaval e clientelismo político. *Cadernos do Ceru*, n.1, 1985.

ZÍLIO, C. *A querela do Brasil*. A questão da identidade nacional na arte brasileira: A obra de Tarsila, Di Cavalcanti e Portinari. 1922-1945. Rio de Janeiro: Funarte, 1981.

Dicionários, enciclopédias e outros

Dicionários

ABREU, A. A. de (Coord.) *Dicionário histórico-biográfico brasileiro pós-1930*. Rio de Janeiro: FGV/CPDOC, 2001, 5v.

SCHUMAHER, S & BRAZIL, E. V. (Orgs.) *Dicionário Mulheres do Brasil:* de 1500 até a atualidade. Biográfico e ilustrado. 2.ed. Rio de Janeiro: Jorge Zahar Editor, 2000.

FERREIRA, A.B. H. *Novo dicionário da língua portuguesa*. Rio de Janeiro: Nova Fronteira, 1975.

GRIMAL, P. *Dicionário da mitologia grega e romana*. Lisboa: Difel, 1993.

KURY, M. G. *Dicionário de mitologia grega e romana*. Rio de Janeiro: Zahar, 1992.

MELO, L. C. *Dicionário de autores paulistas*. São Paulo. Comissão do IV Centenário da Cidade de São Paulo, 1954.

Enciclopédias/outras

ALMANAQUE d' O Estado de S. Paulo. 1940

CONSTITUIÇÃO DA REPÚBLICA DOS ESTADOS UNIDOS DO BRASIL. 1934. In: *Constituições do Brasil*. São Paulo: Livraria Cristo-Rei Editora, 1944.

ENCICLOPÉDIA MIRADOR INTERNACIONAL. São Paulo: Enciclopédia Britânica do Brasil Publicações, 1992.

FERNANDES, P. P. S. (Coord.) *Guia dos documentos históricos da cidade de São Paulo*. 1554/1954. São Paulo: Hucitec/Neps, 1998.

LIVRO DA CIDADE DE SÃO PAULO. Secretaria Municipal da Cultura. Prefeitura de São Paulo, s.d.

Periódicos

Grande imprensa (jornais e revistas)

O Estado de S. Paulo – 1923-1938
Correio Paulistano – 1923-1938
A Platéia – 1930-1933
Correio da Manhã – 1923-1938
A Cigarra – 1920-1931
Fon-Fon/RJ – década de 1920
Eu Sei Tudo – 1938

Jornais operários

A Plebe (Órgão da Corrente Anarquista) – 1920-1936
O Lanterna (Órgão Anticlerical da corrente anarquista) – 1935
Classe Operária (Órgão do Partido Comunista do Brasil, criado em 1925) – 1925-1938
O Apito (Órgão do Sindicato dos Ferroviários de São Paulo) – 1932

Jornais da comunidade negra

O Clarim – 1924
O Clarim d'Alvorada – 1924-1932
Elite – 1924
Progresso – 1928
Evolução – 1933
A Voz da Raça – 1933-1938
Chibata – 1932

Ilustrações (telas, caricaturas, fotos e desenhos)

Arthur Timotheo da Costa
O Carnaval (O dia seguinte), 1913
Óleo s/ tela, 136x200 cm
Coleção Luiz Buarque de Holanda, RJ

Rodolpho Chambelland
Baile à fantasia, 1913
Óleo s/ tela, 140x209 cm
Col. Museu Nacional de Belas Artes, RJ

Caricaturas, desenhos e fotos

Charges de Belmonte
Carnaval (Momo) – *A Cigarra*, Ano X, n° 201, 1° fev/1923
Pierrô/Colombina/Arlequim – Capa de Belmonte, *A Cigarra*, Ano XII, n° 226, 15 de fev. 1924.
Arlequinadas – *A Cigarra*, Ano XIV, n° 248, 1ª quinzena/março/1925.
Momo desbanca a política – *A Cigarra*, Ano X, n.° 201, fevereiro/1923
Nas vésperas do carnaval – *A Cigarra*, Ano X, n° 200, janeiro/1923.
Carnaval avinhado – A Cigarra, Ano XIII, n° 271, 2ª quinzena/fev/1926, p.39
Ironias – *A Cigarra*, Ano XIII, n° 271, 2ª quinzena/fev/1926, p.42.
Frivolidades de Colombina – *A Cigarra*, Ano XIV, n° 248, 1ª quinzena/março/1925.

Desenhos (Capas de *Fon-Fon*)
Sátiro – Capa de *Fon-Fon*. Ano XVI, 20/02/1927
A noite de Pierrô – Capa de *Fon-Fon*. Ano XX, n. 8, 20/02/1926, Orozio
O dia seguinte de Pierrô – Capa de *Fon-Fon*. Ano XIX, n. 9, 28/02/1925, desenho de Tarquínio.
A baratinha que sahiu p'ra passear – Capa de *Fon-Fon*. Ano XVII, n. 10, 08/03/1924.

Desenhos e fotos (*A Cigarra*)
Capa de *A Cigarra*, Ano VIII, n. 154, 1921 – Meirelles
Grupo de Pierrôs e Pierretes – *A Cigarra*, Ano IX, n. 180, 2ª quinzena de 1922
Fantasias de baile infantil da Sociedade Hípica Paulista – *A Cigarra*, Ano X, n. 201, 1/02/1923
Menina pastora – *A Cigarra*, Ano XI, 15/03/1924
Crianças fantasiadas de Cupido – *A Cigarra*, Ano XI, 1/03/1924
Corso na Avenida Paulista – *A Cigarra*, Ano XI, 1/03/1924
Corso na Avenida Paulista – Capa de *A Cigarra*, Ano XII, n. 227, 1925
Corso na Avenida Angélica – *A Cigarra*, Ano XIII, 1926
Carnaval de 1927 – Corso na Avenida Paulista, *A Cigarra*, Ano XIV, 1927
Corso na Avenida Paulista – Capa de *A Cigarra*, Ano XV, n. 342, 1928
Espanhola com chale – *A Cigarra*, Ano IX, n. 179, 1ª quinzena de 03/1922
Bandeirantes – Capa de *A Cigarra*, Ano XIII, n. 271, 1926
Bouquet de violetas – *A Cigarra*, Ano X, 1/02/1923
Bloco de casar...eu posso – *A Cigarra*, Ano XI, n. 227, 1/03/1924
Moça vestida de odalisca – *A Cigarra*, Ano XI, n. 229, 1/04/1924
Grupo de prisioneiros – Corso na Avenida Paulista, *A Cigarra*, Ano XI, n. 227, 1/03/1924
Cigana – *A Cigarra*, Ano IX, n. 179, 1ª quinzena de 1922

Fotos (Departamento do Patrimônio Histórico Prefeitura do Município de São Paulo)

Maria foi-se embora – Foto DPH/PMSP, Carnaval de 1930, Bexiga/SP, Col. Rafael Moschetti.
Cordão do Milhionário – Foto DPH/PMSP, Bexiga/SP, Col. Rafael Moschett
Rancho do Folião Paulista – Foto DPH/PMSP, Bexiga/SP, 8/02/1932- Col. Rafael Moschett.
Rei Momo – Foto DPH/PMSP, Av. S. João/SP, 1936

Museu da Imagem e do Som

Carro Alegórico do Clube Carnavalesco Lapeano
Corso na Lapa – Família Barreto
Carro alegórico "Orquestra dos Malucos" da Lapa (1925)
Carro Alegórico do Clube Carnavalesco da Lapa (1927)
Préstito dos Fenianos no centro da cidade

Desenhos (outras publicações)

Emblema do G. C. Campos Elyseos – *O Clarim d'Alvorada* (15/01/1927)
As amantes de Momo – Capa de livreto, 1928, Apponio de Mahomet

Anexos

Anexo 1 – Calendário dos carnavais (1923-1938)

Ano	Sábado/dia	Domingo/dia	segunda-feira/dia	terça-feira/dia
1923	10/02	11/02	12/02	13/02
1924	1º/03	02/03	03/03	04/03
1925	21/02	22/02	23/02	24/02
1926	13/02	14/02	15/02	16/02
1927	26/02	27/02	28/02	29/02
1928	18/02	19/02	20/02	21/02
1929	09/02	10/02	11/02	12/02
1930	1º/03	02/03	03/03	04/03
1931	14/02	15/02	16/02	17/02
1932	06/02	07/02	08/02	09/02
1933	25/02	26/02	27/02	28/02
1934	10/02	11/02	12/02	13/02
1935	02/03	03/03	04/03	05/03
1936	22/02	23/02	24/02	25/02
1937	06/02	07/02	08/02	09/02
1938	26/02	27/02	28/02	1º/03

Fonte: *O Estado de S. Paulo* (1923-1938); *Correio Paulistano* (1923-1938)

Anexo 2 – Prefeitos da Cidade de São Paulo (1920-1945)

Período de gestão	Nome dos prefeitos (nascimento-morte)	Súmula biográfica
1920 a 1926	Firmino de Morais Pinto (1861-1938)	Formado em 1882 pela Faculdade de Direito de São Paulo. Exerceu vários cargos públicos em âmbito estadual e federal. Era fazendeiro de café em Dourados.
1926 a 1930	José Pires do Rio (1880-1950)	Engenheiro formado pela Escola de Minas de Ouro Preto e jornalista; membro atuante do PRP. Exerceu vários cargos políticos, inclusive o de ministro da Viação no governo Epitácio Pessoa.
1930	José Joaquim Cardoso de Melo Neto (1883-1965)	Doutor em 1906 pela Faculdade de Direito de S. Paulo, passando a integrar o quadro docente dessa instituição. Foi um dos fundadores, em 1926, do Partido Democrático. Foi prefeito da capital em 1930 e deputado à Assembléia Nacional Constituinte de 1933/1934, entre outros cargos administrativos.

Período de gestão	Nome dos prefeitos (nascimento-morte)	Súmula biográfica
14 de novembro a 4 de dezembro de 1931	Luís Ignácio de Anhaia Mello (1891-?)	Engenheiro e arquiteto formado pela Escola Politécnica de São Paulo.
5 de dezembro de 1931 a 23 de maio de 1932	Henrique Jorge Guedes (1887-1973)	Formou-se em engenharia pela Escola Politécnica de São Paulo, da qual tornou-se professor substituto em 1920 e, posteriormente, professor catedrático. Assumiu vários cargos em companhias do setor privado do setor energético e de construção. Exerceu cargos públicos, primeiro como prefeito de São Paulo e depois como deputado federal pelo PRP, de 1935 a 1937.
24 de maio a 2 de outubro de 1932	Goffredo T. da Silva Telles (1888-1980)	Filho de famílias tradicionais do Rio de Janeiro ingressou em 1910 na Faculdade de Direito de São Paulo, bacharelando-se em 1915. Ligado ao PRP paulista, foi nomeado prefeito de São Paulo em maio de 1932. Participou do Levante Constitucionalista de São Paulo, exilando-se na França, após o seu término. De volta ao Brasil, afastou-se da vida pública; dedicou-se à administração de sua fazenda em Araras/SP.
2 de abril a 22 de maio de 1933	Arthur Saboya	
23 de maio a 30 de agosto de 1933	Oswaldo Gomes da Costa (1878-?)	Militar de carreira fez os seus estudos na Escola Militar, inclusive o curso de Engenharia, com especialidade em física e matemática.
19 de agosto de 1933 a 1934	Antonio Carlos Assumpção	Foi nomeado prefeito pelo interventor Armando de Sales Oliveira.
7 de setembro de 1934 a abril de 1938	Fábio da Silva Prado (1887-1963)	Filho de Martinho da Silva Prado Júnior, família de políticos, e de Albertina Pinto Prado. Era formado em engenharia industrial pela Escola Politécnica de Liége (Bélgica). Exerceu vários cargos em companhias de diversos ramos industriais e de transporte e, também, em instituições científicas e culturais. Já havia sido vereador da capital quando foi nomeado prefeito por Armando Sales de Oliveira. Casou-se com Renata Crespi da Silva Prado, filha de Rodolfo Crespi, industrial de sucesso do ramo têxtil.
Abril de 1938 – 15 dias	Paulo Barbosa de Campos Filho	

Período de gestão	Nome dos prefeitos (nascimento-morte)	Súmula biográfica
16 de fevereiro a 30 de abril de 1938	Fábio da Silva Prado (1887- 1963)	Ver súmula anterior
Abril de 1938 a outubro de 1945	Francisco Prestes Maia (1896-1965)	Engenheiro formado pela Escola Politécnica de São Paulo em 1917. Montou escritório e, ao mesmo tempo, começou a trabalhar na Secretaria de Viação e Obras Públicas do governo estadual. Foi por dez anos professor da Escola Politécnica. Assumiu a chefia da Secretaria de Viação e Obras Públicas da Prefeitura de São Paulo durante a gestão do prefeito José Pires do Rio (1926-1930), elaborando um plano de reestruturação da cidade divulgado em 1929 e muito elogiado em âmbito internacional. Foi prefeito de São Paulo de 1938 a 1945. Voltou ao cargo de prefeito da capital na década de 1960.

Fonte: *Livro da Cidade de São Paulo* (s.d.), Moares (2000, p.42-3); Melo (1954); Abreu (2001)

Anexo 3 – Bailes carnavalescos realizados nos clubes, teatros, cassinos e cinemas da cidade de São Paulo (1923-1938)

Nome	Endereço
Club Athletico Paulistano	Rua Colômbia, 1
Sociedade Hippica Paulista	Rua Líbero Badaró, 293
Circolo Italiano	R. S. Luiz
Club Portuguez	Avenida São João, 12
São Paulo Tennis	Rua Pedroso, 55
Sociedade Harmonia	Sem sede própria
Tennis Club Paulista	Rua Gualachos, 183
Club Carnavalesco Tenentes do Diabo	Travessa do Comércio, 44 – sob
Congresso dos Excêntricos Carnavalescos	Rua Quintino Bocaiúva, 41
Clube dos Fenianos	R. Líbero Badaró, 52
Clube dos Democráticos	Não identificado
Clube dos Argonautas Carnavalescos	R. 15 de Novembro, 35
Clube Carnavalesco Lapeano	Não identificado
Lygia Club	Não identificado
Clube da Liberdade	R. Brigadeiro Luiz Antonio, 84

Nome	Endereço
Clube Espéria	R. Voluntários da Pátria
Portugal Club	R. São Bento, 405
Centro Republicano Português	R. São Luiz
Centro Republicano do Brás	Av. Rangel Pestana, 385
Centro Gaúcho	Rua Aurora, 163-A
Esporte Club Syrio	Pedro Vicente, 109
C. A. Bandeirante	São Bento, 51 ou R. Aurora, 64
E. C. Germânia	Rua D. José de Barros, 206
Clube Natação Estrella	Rua Augusta
Esporte Club Corinthians Paulista	Rua São Jorge, 777
Jardim América	Sede – Rua Teodoro Sampaio, 142
C. A. Juventude	Sede – Rua Javry, 25
Texano Club	Não identificado
Pallas Club	Não identificado
Mappin Stores Club	Praça Ramos de Azevedo
Centro Democrático Royal	Não identificado
Avenidas Clube	Não identificado
Assoc. dos Empregados do Comércio	R, Líbero Badaró, 386
Theatro Municipal	Praça Ramos de Azevedo
Theatro Apollo	24 de Maio, 42
Theatro Santa Helena	Praça da Sé, 49
Theatro Mafalda	Av. Rangel Pestana, 198
Theatro Odeon	Rua Consolação
Theatro Braz Politheama	Av. Celso Garcia
Theatro Colombo	Largo da Concórdia
Theatro Moulin Bleu	Praça da Sé
Salão Teçaindaba	Rua Epitácio Pessoa, 10
Salão Egypcio	Sem identificação
Cassino Antarctica	Rua Anhangabaú, 67
Cassino América	Rua Consolação, 1992
Cine Odeon	Rua da Consolação, 40
Cine República	Praça da República
Hotel Esplanada	Rua Municipal, 156
Hotel Terminus	Rua Brigadeiro Tobias

Fonte: *O Estado de S. Paulo* (1923-1938); *Correio Paulistano* (1923-1938); *A Platea* (1932-1934); *Catálogos Telefônicos.* (1923-1938, Museu do Telefone/SP).

Anexo 4 – Crianças Fantasiadas

Nome	Fantasia
Luis Antonio Anhaia Filho	Chinês
Maria Lourdes Brotero	*Soubrette*
Marina Roudge	Dançarina mexicana
Leônidas Rudge	Dançarino mexicano
Luiz Andrade	*Cowboy*
Jose Alfredo Rudge	Príncipe
Maria Antonietta Prates	Soldado de chumbo
Maria Cândida Prates	Soldado de chumbo
Maria Helena Prates	Soldado de chumbo
Vera Cecília Alves Lima	Cerejeira
Yone Backeuser	*Camponesa*
Sonia Alves Lima	Portuguesa
Antonio Caio Alves Lima	Holandês
Caio Alves Lima	Holandês
Ruth Prates Baptista	Campainha de carnaval
Alexandre Thiollier	Ciganos
Nazareth Thiollier	Ciganos
Ivan Neves	Palhaço
Reynaldo Porohat	*Jockey*
Helena Toledo Pisa	Holandês
Maria Nazareth Pacheco Chaves	Portuguesa
Vera Prado	Holandesa
Luiz Teixeira Carvalho	Palhaço
Maria Gabriella Procópio Carvalho	Magdalena
Yara Salles Abreu	Camilla
Marina Moraes Barros	Noiva finlandesa
Leilla Rodrigues	Chapeuzinho vermelho
Alice Moraes Barros	Noiva finlandesa
Luiz Almeida Prado	Napoleão
Doré Silveira Corrêa	Palhaço

Nome	Fantasia
Carlos Alfredo Mendes	Pequeno polegar
Roberto Sodré	Buda
Martha Rodrigues	Camponesa russa
Marina Sodré	Camponesa romena
José Mário Cardoso de Almeida	Valete de espadas
Caio Cardoso de Almeida	Valete de copas
Marcello Nogueira	Dançarino russo
Sergio Nelson Cruz	Tenista
Maria Cecília Amaral	Camponesa francesa
Sergio Almeida Prado	*Boxeur*
Erasmo Amaral	*Boxeur*
Carlos A. s. Sarmento	Pescador holandês
Lucia Beatriz Sarmento	Holandesa
Dora Caiuby	Holandesa
Antonio Augusto Rodrigues	Holandesa
Helena Silva Prado	"1830"
Haraldo Gracia Braga	Casanova
Waldir Silva Prado	Espanhol
Carlos Alfredo Dias de Castro	D. Garcia Infante de Espanha
Paulo Bicudo Ferras	Príncipe
Carlos Pereira de Campos Vergueiro	Boneco de Lenci
Leonor Ferreira	Cigana
Helena, Cecília e Maria Luiza Camargo	"1820"
Lilia Ferreira	Bolsa
Guy Ferreira Rosa	Duque Aiglon
Franco Brunetti	Mexicano
Ludovico Brunetti	Turco
Marina Almeida Lima	Tom Mix
Maria Antonietta Prado Uchôa	Dançarino americano
Roberto Prado Uchôa	Dançarino americano
Maria Emiliana Gonçalves	Cigana
Iria Emiliana Novaes	"1830"

Nome	Fantasia
Carolino e Antonio Novaes	*Cowboy*
Luizinho Moura Azevedo	Russo
Maria América Coimbra	Boneca
Horácio Coimbra	Soldado russo
Alfredo e Jorge Pujol Penteado	Príncipes russos
Marília Pederneiras	"1830"
Ruth Rodrigo Octavio Filho	Mexicana
Colibri Souza Queiroz Filho	Bailarina
Graziella Porchat	*Groom*
Eusébio Queiroz Mattoso Filho	Grilo
Carlos Alberto Alves Lima	Português
Helena Penteado Resende	Holandesa
Sarah Penteado Resende	Camponesa russa
Carlos Penteado e Luiz Penteado Resende	Bretão
Maria Helena Moura Campos	Operária
Joaquim Bento Alves Lima Neto	Português
Maria Helena Alves Lima	Portuguesa
Armando Pereira	Holandês
Maria Stella Gurgel	II Império
Cecília Carmen Vidigal	Concha
João Adelino Almeida Prado	Holandês
Sebastião Adelino Almeida Prado	Holandês
Maria Teresa Arruda Botelho	Folia
Maria Carlota Arruda Botelho	Lanterna
Judith Arruda Botelho	Piamontesa
João Francisco Junqueira Franco	Holandês
Henriquetta Junqueira Franco	Cigana
Edgard Souza Toledo	Holandês
Jorge Alves Lima Junior	Russo
Maria Apparecida Moraes	Havaiana
Celso Moraes	Apache
Alberto Moraes Bueno Neto	Apache

Nome	Fantasia
Cecília Cardoso de Almeida	Cisne
Cássia Revoredo	Suíça
Carolina Revoredo	Holandesa
Anna Maria Revoredo	"1830"
Maria Lucia Revoredo	Chapeuzinho vermelho
Herman Revoredo	Holandês
Vera Lara	"1870"
Paulo Ferraz Sampaio	Escocês
Luiz Carlos Mendonça	Palhaço
José e Carlos Revoredo	Palhaço
Anna e Ellen Rothschild	Balão
Beatriz Berrini	Ramona
João Carlos Berrini	Holandês
Elza Pacheco Silva	Holandesa
Lily Pacheco Silva	Oriental
Nicoletta Toliberti	Boneca
Maria C. Sampaio	Oriental
Maria Lucia e Jorge Figueiredo	Noivos camponeses franceses
Manuel Mello Machado	Pintinho
Joanna Maria Cunha Bueno	Princesa sonhos dourados
Antonio e Sonia Mello Bueno	Campônios holandeses
Lucy Pestana Silva	Camponesa russa
Cecília Nova	Alsaciano
Anna Maria Moraes Salles	Tico-tico
Josephina Elizabeth Macedo Motta	Chinesa
Genoveva Junqueira	Hortênsia
Maria Helena Gomes	Portuguesa
Aisa Maria Castro	Mefistófeles
Carlos Camargo Vergueiro	*Cowboy*
Yolanda Camargo Vergueiro	Holandesa
Erics Castro	Apache
Dora Porto	Alsaciana

Nome	Fantasia
Luiz Loureiro Neto	Holandês
Filhinha Corrêa	Bayadera
Roberto Corrêa	Espanhol
Elza Corrêa	Espanhola
Consuelo Stamato	Bailarina
Evelina Pereira	II Império
Magdalena Nogueira	Espanhola
Lucia Resende	Escocesa
Conceição Cantinho	Caçadora Luiz XV
Manuel Cintra	Russo
Olga Maria Alvares Rubião	Apache
Véra Lygia	Pompom
Eglantina Abreu Pereira	Holandesa
Celina Coimbra	Boneca de Lenci
Rodolpho Coimbra Neto	Soldado russo
Olívia Martins de Camargo	"1860"
Maria Amália M. Camargo	Pierrô
Zita Martins de Camargo	Pierrete
Maria Helena Cunha Bueno	Pirata
Carlos Amaral	Bello Brumell
Vera Delamain	Christina
Nair Cecilia	Marquesa Pompadour
Paulo G. Ferraz	Príncipe
Benedicta Vasconcellos	Portuguesa
Stella Barbosa	Chinesa
Luiz Carlos Lara Campos	Pirata
Jayme Silva Telles	Holandeses
Maria Eugenia Silva Telles	Holandeses
Rodrigo Cláudio Campos Goulart	"1808"
Maria Helena Nobre	Duquesa futurista
Heloisa Brandão	Filho de Zorro
Robby Simões Nunes	Felipe IV

Nome	Fantasia
Yolanda Martins de Camargo	Pastora
Maria Corrêa	Holandesa
Olga Ferreira	Hortência
Olympia C. Sampaio	Oriental

Fonte – *O Estado de S. Paulo* (10 fev. 1929, p.6)

Anexo 5 – Glossário

Apolo É um deus que pertence à segunda geração dos Olímpicos, filho de Zeus e de Latona, e irmão da deusa Ártemis. Era representado como um deus muito belo, de elevada estatura, notável pelos seus longos cabelos negros, de reflexos azulados. Também teve muitos amores, com ninfas e com mortais. Era como deus da música e da poesia que Apolo era representado no monte Parnaso. Apolo era ainda um deus guerreiro, capaz de, com seu arco e suas flechas, enviar de longe, tal como sua irmã Ártemis, uma morte rápida. (Grimal, P., 1993, p.32)

Arlequim 1. Personagem da antiga comédia italiana (*commedia dell'arte*), de traje multicolor (feito em geral de losangos), que tinha a função de divertir o público nos intervalos, com chistes e bufonadas, e paulatinamente foi se introduzindo nas peripécias das comédias, transformando-se numa de suas mais importantes personagens. 2. Farsante. 3. Fig. Indivíduo irresponsável; fanfarrão brigão. 4. Amante cínico. 5. Fantasia carnavalesca inspirada na roupa desse personagem. (Ferreira, 1975, p.132)

Colombina A principal personagem feminina da *commedia dell'arte*, amante ou esposa de Arlequim, namoradeira, alegre, fútil e bela. (ibidem, p.347)

Cupido Auxiliar de Afrodite é a personificação do desejo amoroso. É visto como o deus menino do amor, filho de Vênus e uma repetição romana de Eros (Kury, 1992, p.97)

Descante Dizer mal, censurar, descantar do próximo. Cantar ao som de um instrumento. (Ferreira, 1975, p.443)

Figura 1. Forma exterior de um corpo, de um ser. 2. Aspecto, aparência, estatura, configuração de pessoa humana. 3. Personalidade marcante, vulto. 4. Imagem, símbolo, emblema. 5. Forma imaginária que se dá aos seres metafísicos. 6. Representação, desenho, ilustração. 7. Impressão que as coisas produzem sobre uma pessoa. 8. Seqüência de movimentos que formam um todo, particularmente em dança e alguns esportes, em exercícios de acrobacia aérea, carrossel eqüestre, picadeiro. Pop. Rosto, cara. (ibidem, p.626)

Folia Do francês folie (=loucura); folgança ruidosa, pândega. (ibidem, p.642)

Folião 1. Histrião, farsante; 2. Indivíduo folgazão, carnavalesco. 3. Aquele que anda em folias; adj. 4. Diz-se de indivíduo folião. [Fem.: foliona]. (ibidem, p.642)

Momo "Deus da galhofa e das phrases alegres, filho do Somno e da Noite. Elle se ocupava unicamente em criticar as acções dos deuses e dos homens, e de os censurar com liberdade. Representa-se erguendo a máscara do rosto e tendo a marotte na mão. Os deuses aborrecidos dos seus sarcasmos expulsaram-no do Olympo. Ele se uniu aos deuses da vindima" (apud Mahomet, 1928). Na interpretação de Georges Minois (2003, p.29), o personagem Momo, além dessas características, "zomba, caçoa, escarnece, faz graça, mas não é desprovido de aspectos inquietantes: ele tem na mão um bastão, símbolo da loucura, e usa máscara. O que quer dizer isso? O riso desvela a realidade ou a oculta? Enfim, não é possível esquecer que suas irmãs são Nêmesis, deusa da vingança, Angústia e a 'Velhice Maldita'".

PIERRÔ É um personagem da comédia italiana, ingênuo e sentimental, transportado para o teatro francês e depois para o pantomima, e cuja indumentária (casaco e calça muito amplos) é ornada de pompons e de grande gola franzida. 2. Fantasia de carnaval que é a reprodução do vestuário de tal personagem. (Ferreira, 1975, p.1084)

SÁTIRO Semideus grego que habita a floresta, também chamado de Sileno. Era participante do séqüito de Dioniso. Os sátiros eram representados com a parte inferior do corpo igual à de um cavalo (ou de um bode), e a parte superior igual à de um homem. Em ambos os casos eles ostentavam uma cauda longa e volumosa como a de um cavalo e um membro viril avantajado e permanentemente ereto. "Eram imaginados a dançar pelos campos, bebendo com Dioniso e perseguindo as Ménades e as Ninfas, vítimas mais ou menos relutantes da sua lubricidade". Com o passar do tempo as representações atenuam o caráter bestial de seu aspecto que assume o formato humano. Os seus membros inferiores tornam-se humanos. Têm pés em vez de cascos. Como indício de sua antiga forma apenas permanece a cauda. (Grimal, 1993, p.417)

TIPOS 1. Modelo ideal que reúne em alto grau os caracteres essenciais ou distintivos de todos os indivíduos ou objetos da mesma espécie. 2. Categoria formada por um conjunto de propriedades, de características gerais. (Ferreira, 1975, p.1380).

SOBRE O LIVRO

Formato: 16 x 23 cm
Mancha: 27,7 x 44,9 paicas
Tipologia: Horley Old Style 11/15
Papel: Offset 75 g/m² (miolo)
Cartão Supremo 250 g/m² (capa)
1ª edição: 2008

EQUIPE DE REALIZAÇÃO

Coordenação Geral
Marcos Keith Takahashi

Impressão e Acabamento: Gráfica Ave-Maria